# TEORIA, TÉCNICA E PSICOPATOLOGIA PSICANALÍTICAS

Blucher

# TEORIA, TÉCNICA E PSICOPATOLOGIA PSICANALÍTICAS

Organizadora

Hericka Zogbi Jorge

*Teoria, técnica e psicopatologia psicanalíticas*

Editora Edgard Blücher Ltda.

*Publisher* Edgard Blücher
*Editores* Eduardo Blücher e Jonatas Eliakim
*Coordenação editorial* Andressa Lira
*Produção editorial* Luana Negraes
*Preparação de texto* Maurício Katayama
*Diagramação* Negrito Produção Editorial
*Revisão de texto* MPMB
*Capa* Leandro Cunha
*Imagem da capa* iStockphoto

**Blucher**

Rua Pedroso Alvarenga, 1245, 4º andar
04531-934 – São Paulo – SP – Brasil
Tel.: 55 11 3078-5366
contato@blucher.com.br
www.blucher.com.br

Segundo o Novo Acordo Ortográfico, conforme 6. ed. do *Vocabulário Ortográfico da Língua Portuguesa*, Academia Brasileira de Letras, julho de 2021.

Dados Internacionais de Catalogação na Publicação (CIP)
Angélica Ilacqua CRB-8/7057

Teoria, técnica e psicopatologia psicanalíticas / organizado por Hericka Zogbi Jorge. – São Paulo : Blucher, 2023.

350 p.

Bibliografia

ISBN 978-65-5506-575-6

1. Psicanálise I. Jorge, Hericka Zogbi.

23-4029 CDD 150.195

Índice para catálogo sistemático:
1. Psicanálise

# Conteúdo

# 1. O processo psicanalítico[1]

*Hericka Zogbi Jorge*

## *Introdução*

Este capítulo apresentará fundamentalmente os referenciais teóricos de Etchegoyen (2004a) por sua base sistemática sobre o processo analítico na obra *Fundamentos da técnica psicanalítica*, com enfoque na quinta parte, denominada "As etapas da análise"; Meltzer (1971a) em sua obra denominada *O processo analítico da criança ao adulto*, com atenção aos capítulos iniciais, nos quais demonstra as etapas do processo analítico em comparação às etapas do desenvolvimento; Meltzer (1971b) quando revisita, vinte anos depois, o processo psicanalítico; e Meltzer (1971a/1997) num trabalho intitulado "Sinceridade: um estudo do clima das relações humanas", considerado um elemento-chave para o desenvolvimento ótimo do processo psicanalítico. Além desses, Freud, com o texto "Análise terminável e interminável" (1937/2006), as conferências

1 Agradecimentos especiais ao professor Roberto Gomes, analista didata da Sociedade Psicanalítica de Porto Alegre (SPPA).

introdutórias XXVII e XXVIII (1916-1917/2006) e a conferência XXXIV das *Novas conferências introdutórias* (1933/2006).

A realização deste trabalho surge da motivação pelo aprofundamento teórico da técnica psicanalítica a partir de um olhar que parte de autores clássicos, os quais particularmente considero uma leitura obrigatória. Ao final dos quatro anos de seminários, reconheço uma necessidade permanente de retornar aos clássicos, a fim de solidificar cada vez mais o conhecimento psicanalítico, cuja construção se inicia desde os primórdios da graduação em psicologia e culmina na formação psicanalítica de adultos.

Nesse contexto, as discussões acerca da técnica na psicanálise são vastas: as modificações necessárias ao longo do tempo, mudanças de perfil de pacientes, de questões econômicas e sociais, um enfoque maior na pessoa do analista ou no paciente, ou em ambos, discussões acerca de estruturas de base de personalidade e estratégias possíveis de manejo psicanalítico, especialmente dos casos mais graves, entre outras inúmeras variáveis que poderiam ser citadas.

## *Questões teóricas acerca da técnica*

Há temas que não podem deixar de ser apresentados, mesmo que brevemente, como é o caso das definições acerca da transferência e da contratransferência.

Favalli (2016, p. 211) sistematiza a questão técnica em Freud, explicando que os artigos do autor que fundam e organizam a técnica psicanalítica são escritos entre 1910 e 1915 e são explícitos quanto à atitude do analista como observador neutro. Favalli, no mesmo artigo, retoma a colocação de Freud sobre a transferência como a resistência mais poderosa ao tratamento, e essa observação

– bem como a observação a respeito de que, ao revelar o inconsciente, a transferência induz a novas resistências, dada a dificuldade evidente em admitir um impulso reprimido – nos remete ao que o autor chamou de fragilidade da proposta de um analista-observador neutro. O tema da transferência seria tratado em 1912, no texto "A dinâmica da transferência", tendo sido abordado em breves considerações em 1905 ao final da história clínica de Dora e depois nas conferências introdutórias e nas novas conferências.

Favalli continua, no momento em que Freud pela primeira vez falara a respeito da contratransferência, no artigo "As perspectivas futuras da técnica analítica", de 1910, dizendo que a contratransferência se estabelece como resultado da influência que o paciente exerce sobre os sentimentos inconscientes do analista, e acrescenta que o analista só poderá conduzir seus tratamentos dentro dos limites permitidos por seus próprios complexos e resistências interiores. Aqui Freud preconiza que todos os que se proporem a praticar o ofício da psicanálise "terão de ser primeiro analisados por alguém com conhecimento técnico" (FREUD, 1912/2006, p. 114). Em seu artigo, Favalli vai em direção ao conceito de campo, o qual não abordaremos aqui.

Freud (1916-1917/2006, p. 452), na conferência XXVIII a respeito do que chamou de terapia analítica, afirma que "um tratamento exige do médico, assim como do paciente, a realização de um trabalho sério, que é empregado para desfazer as resistências internas". Freud continua, dizendo que por meio da superação dessas resistências a vida mental do paciente é modificada permanentemente, elevada a um nível de evolução, e ficaria protegida quanto à possibilidade de adoecer novamente. Porém, em 1937, no artigo "Análise terminável e interminável", Freud (1937/2006) questiona a condição permanente de melhora, tendo em vista que há fatores prejudiciais à eficácia da análise e que podem torná-la interminável. Ele aponta que a força constitucional do instinto (pulsão) e uma alteração desfavorável do ego adquirida em sua luta defensiva (no sentido de ele ser deslocado e restringido) são os elementos que podem tornar a análise de duração interminável. Freud continua, afirmando que há uma tendência a se pensar que a força do instinto (pulsão) seria responsável pela alteração do ego, mas considera que este último possui sua etiologia própria. Assim, Freud afirma que os analistas, em vez de pensarem em como se dá a cura pela análise, deveríamos nos perguntar quais são os obstáculos no caminho da cura.

Nas conferências introdutórias de 1916-1917, Freud afirma que uma pessoa que se tornou livre da operação de impulsos instintuais reprimidos em sua relação com o médico permanecerá assim em sua própria vida mesmo depois de o médico ter se retirado dela. E prossegue, afirmando que, uma vez alcançado esse patamar, o paciente ficaria protegido quanto a novas possibilidades de adoecer. Mas, como pudemos ver no parágrafo acima, no decorrer da obra essa conquista não parece ser assim tão permanente.

Freud (1916-1917, p. 454-455) apresenta o mecanismo de cura sob a ótica da teoria da libido na conferência XXXVIII, pensando que, no intuito de manter sua libido reprimida a fim de impedir suas manifestações, dispende muita energia nesse empenho, o que impede o sujeito de aproveitar a vida, pois sua libido não se dirige a nenhum objeto real. Esse sujeito se tornaria sadio se o conflito entre seu ego e sua libido chegasse ao fim e se o ego tivesse essa libido à sua disposição, e não apenas a serviço do exercício da repressão. Para Freud, a tarefa terapêutica consiste em liberar a libido de suas ligações atuais e torná-las utilizáveis. A libido do neurótico está nos sintomas e, a fim de solucionar os sintomas, devemos remontar às suas origens, reconstituindo o conflito com o auxílio de forças que no passado não estavam à disposição do paciente, conduzindo o conflito a um desfecho diferente. Na transferência, na reedição desses conflitos com o médico, o paciente gostaria de se comportar do mesmo modo como fez no passado, ao passo que o analista deve compelir o paciente a chegar a uma nova decisão.

Assim, nessa época, o trabalho terapêutico contém duas fases: na primeira, a libido é retirada dos sintomas e colocada na transferência, sendo nela concentrada. Na segunda, trava-se uma luta pelo novo objeto e a libido é liberada dele, estando então à disposição do ego. As lutas no processo terapêutico são, por um lado, a aversão do ego a determinadas inclinações da libido, aversão essa expressa pela tendência à repressão, e, por outro lado, a tenacidade ou adesividade da libido, à qual desagrada abandonar objetos que ela uma vez catexizou.

Nas *Novas conferências introdutórias*, na conferência XXXI, "A dissecção da personalidade psíquica", Freud (1933/2006) escreve que a intenção da psicanálise é "fortalecer o ego, ampliar seu campo de percepção e aumentar sua organização de maneira que possa apropriar-se de novas partes do id. Onde era id ficará o ego" (p. 80), entendendo a melhora em psicanálise como a prevalência do processo secundário sobre o processo primário. O ego destronaria o princípio do prazer e o substituiria pelo princípio da realidade, que promete maior certeza e maior êxito (FREUD, 1933/2006, p. 80). A questão que permanece aqui é o quanto esse processo pode ser permanente.

Na conferência XXXIV, Freud afirma que, comparada a outros procedimentos psicoterapêuticos, a psicanálise é sem dúvida o mais eficiente, e também o mais laborioso, demorado, tendo seus limites bem definidos. Para Freud (1933/2006, p. 151) a expectativa de que todo fenômeno neurótico possa ser curado pode ser derivada da crença do leigo de que as neuroses são algo muito desnecessário, sem qualquer razão de existir, mas ele prossegue, afirmando que, no entanto, elas são doenças graves, fixadas na constituição do sujeito e permanecem assim por longos períodos.

Sobre as limitações, Freud diz que, por maiores que sejam a elasticidade da vida mental e a possibilidade de reviver antigas situações, nem tudo pode ser trazido à luz novamente; em outros casos, há o enrijecimento geral da vida psíquica, quando os processos mentais parecem incapazes de trilhar novos rumos; determinadas relações de dependência podem ser demasiado poderosas em comparação com as forças opostas que somos capazes de mobilizar. Ele finaliza esse raciocínio, dizendo que a incerteza é um estímulo constante para aperfeiçoar a análise e especialmente a transferência.

## *Questões técnicas acerca da teoria*

Etchegoyen (2004b, p. 340) inicia questionando se é possível propor etapas ao tratamento analítico, informando que a maioria dos autores concorda que é possível. E, quando dizemos que há etapas, o que se quer dizer é que no processo analítico há momentos característicos, definidos, diferentes de outros, com uma dinâmica especial de distinção entre si. Ele inicia citando Freud (1911-1913/2006) em "Sobre o início do tratamento (novas recomendações sobre a técnica da psicanálise I)", quando afirma, logo no primeiro parágrafo, que o exercício do tratamento psicanalítico se assemelha às limitações do xadrez, nas quais fica posto que apenas o início e o final admitem sistematização e que há uma variedade infinita de jogadas que se desenvolvem depois da abertura.

Etchegoyen (2004b), ao comentar essa passagem, nos diz que o analista experiente pode determinar essas etapas com bastante exatidão. O autor cita Glover, apresentando as três etapas do tratamento, quais sejam: a) a primeira etapa, ou abertura da análise, com a primeira sessão, que pode oscilar de dois a três meses, caracterizada pelos ajustes entre os participantes; b) a segunda etapa ou etapa intermediária, a menos típica e a mais longa e criativa, que começa quando o analisando aceitou as regras do contrato e prolonga-se por um tempo variável, até que a doença original tenha desaparecido ou se modificado substancialmente. Essa seria uma etapa de maior flutuação do processo, com as regressões e progressões, sempre regidas pela resistência; c) a terceira etapa ou término de análise, que, segundo Etchegoyen, para os autores clássicos não se prolongaria por muito tempo.

Segundo o autor, essa divisão em três partes é tão natural e previsível que pode ser difícil pensar em mudá-la. Nesse sentido, Meltzer (1971a/1997) propôs uma divisão mais complexa e pormenorizada, que consta de cinco etapas, dividindo as antigas segunda e terceira em duas. Para formular essa proposta, Meltzer se baseou nos pressupostos teóricos fundamentais de Melanie Klein, nos conceitos de identificação projetiva e introjetiva) e nas posições esquizoparanoide de depressiva, as quais correspondem aos processos de identificação, respectivamente.

Meltzer (1971a/1997) apresenta as suas etapas da seguinte forma:

### Etapa inicial

a) Coleta/colheita da transferência: corresponde à abertura do processo, podendo durar poucas semanas ou vários meses. Meltzer não acredita na formação de uma resistência intratável nesse período. A definição do autor para o termo "colheita" da transferência (MELTZER, 1971a/1997, p. 10) fala de uma tendência de os processos transferenciais encontrarem expressão onde as ansiedades possam ser aliviadas. É o momento em que pode ocorrer uma "fuga para a saúde" ou cura transferencial, na forma de uma melhora muito rápida, porém não duradoura. Meltzer afirma que essa colheita é mais comum em crianças, mas não deixa de aparecer em adultos em função das fixações infantis.

## Etapa intermediária

b) Confusões geográficas: nesse momento opera maciçamente a identificação projetiva contra a angústia de separação, provocando uma confusão de identidade, em que pode não se saber quem é quem, entre analista e analisando. Nesse momento, o analista pode assumir todos os tipos de papéis. Meltzer (1971a/1997, p. 31) diz que é uma fase da análise que pode durar anos. Se o analista puder tolerar as confusões e perseverar na dianteira da transferência, pode-se pensar em progresso do processo. Nesse momento o analista deve funcionar como continente das ansiedades do paciente. O paciente deposita, ou melhor, evacua sua ansiedade. Esse objeto, cuja função é receber o que paciente evacua, Meltzer denominou de seio-latrina. À medida que o processo se desenvolve, o paciente adquire confiança no objeto e vai consumando sua introjeção ao longo do processo.

c) Confusões zonais: na medida em que pode ser moderada a angústia de separação com o andamento do tratamento, são superados os problemas de identidade (quem é um, quem é outro e quais seus lugares), analista e paciente estão diferenciados e em seus lugares, surgem as confusões zonais, que se configura numa confusão de funcionamento. Para Meltzer (*apud* ETCHEGOYEN, 2004d), seria a etapa mais longa do tratamento e consiste em ir se esclarecendo as confissões nas zonas erógenas, com o que se destacam cada vez mais a relação com o seio e a situação triangular edípica. Segundo Etchegoyen, quando isso vai sendo obtido, começam por fim a predominar os processos introjetivos sobre os projetivos e o analisando se aproxima da posição depressiva. Aqui

Meltzer encaminha o pensamento de Klein, de que o término da análise se vincula ao ressurgimento das angústias depressivas, ligadas essencialmente à perda do seio. Nesse momento o paciente começa a sentir ansiedade porque somente a partir da diferenciação entre sujeito e objeto pode-se começar a sentir todas as adversidades do vínculo, que antes, de fato, não havia ou não era reconhecido como tal. Por trás dessas confusões, sempre está a premissa básica de negar a diferença entre o adulto e a criança.

## Etapa final

d) Limiar da posição depressiva: domínio dos mecanismos introjetivos; o analista passa a ser visto como um objeto de amor e a quem se pode perder. A onipotência cedeu e o paciente reconhece o valor de seu vínculo com o analista e que depende dele. As angústias depressivas ocupam agora o centro do cenário, mas, como o predomínio das angústias depressivas no aparelho psíquico é sempre precário e instável, Meltzer denomina o estágio como limiar da posição depressiva, indicando que ainda não está alcançada a posição depressiva propriamente dita.

e) Desmame: quando o analisando consegue aprofundar-se suficientemente nessa área, começa a impor-se a ele a aproximação de uma separação inevitável e não desejada, entrando no último período de análise. É quando o seio assume a função alimentar e não apenas de seio-latrina. Os dois ganhos básicos dessa fase de análise são o estabelecimento interno da dependência introjetiva infantil com o seio materno e a diferenciação de níveis pelos quais o segmento mais maduro da personalidade, através de sua identificação projetiva, começa a desenvolver capacidades de introspecção, pensamento analítico e responsabilidade.

As duas últimas etapas estão sob a atmosfera do luto, com o qual a análise termina para muitos autores, não apenas os kleinianos. As duas últimas etapas nem sempre se distinguem claramente, mas é o momento inegável em que o paciente se depara com a possibilidade de terminar a experiência analítica e com o momento em que isso realmente se consuma.

## *Análise terminável e interminável*

Freud (1937/2006, p. 235) questiona se existe algo que se pode chamar de término de análise. Do ponto de vista prático, diz respeito a um momento em que paciente e analista deixam de se encontrar na sessão analítica. Segundo Freud, isso acontece quando duas premissas foram aproximadamente preenchidas: primeiro, o paciente não mais está sofrendo de seus sintomas e superou suas ansiedades e inibições e, segundo, quando o analista julga que foi tornado consciente tanto material reprimido "que foi explicada tanta coisa ininteligível que foram vencidas tantas resistências internas que não há necessidade de temer uma repetição do processo patológico". Se houver impedimentos externos a esses fatores, o melhor seria falar em análise incompleta ou análise inacabada.

Para Freud, um outro significado para o término de análise é muito mais ambicioso, no sentido de indagar se o analista exerceu tanta influência sobre o paciente que não se pode esperar mais nenhuma mudança, como se fosse possível, por meio da análise, chegar a um nível de normalidade psíquica absoluta, capaz de permanecer estável tal como se houvera êxito em sanar todas as repressões do paciente.

Nesse trabalho, Freud afirma que apenas quando um caso é predominantemente traumático é que a análise alcançará sucesso.

Já a força constitucional do instinto (pulsão) e uma alteração desfavorável do ego são fatores prejudiciais à eficácia da análise e podem torná-la interminável. Nesse ponto, creio que Freud insinua o caráter mais primitivo das fixações e traumas precoces como determinantes do sucesso ou não de uma análise.

## *Referências*


ETCHEGOYEN, H. A etapa inicial. *In*: ETCHEGOYEN, H. *Fundamentos da técnica psicanalítica*. 2. ed. Porto Alegre: Artmed, 2004a. p. 340-343.

ETCHEGOYEN, H. A etapa intermediária da análise. *In*: ETCHEGOYEN, H. *Fundamentos da técnica psicanalítica*. 2. ed. Porto Alegre: Artmed, 2004b. p. 344-349.

ETCHEGOYEN, H. Teorias do término. *In*: ETCHEGOYEN, H. *Fundamentos da técnica psicanalítica*. 2. ed. Porto Alegre: Artmed, 2004c. p. 350-355.

ETCHEGOYEN, H. Clínica do término. *In*: ETCHEGOYEN, H. *Fundamentos da técnica psicanalítica*. 2. ed. Porto Alegre: Artmed, 2004d. p. 356-360.

FAVALLI, P. H. Revisitando o campo psicanalítico. *Revista de Psicanálise da Sociedade Psicanalítica de Porto Alegre*, v. XXIII, n. 2, p. 209-230, 2016.

FREUD, S. (1910). As perspectivas futuras da terapêutica psicanalítica. *In*: FREUD, S. *Edição standard das obras psicológicas completas de Sigmund Freud*. Rio de Janeiro: Imago, 2006. v. XI. p. 143-156.

FREUD, S. (1911-1913). Sobre o início do tratamento (novas recomendações sobre a técnica da psicanálise I). *In*: FREUD, S.

*Edição standard das obras psicológicas completas de Sigmund Freud*. Rio de Janeiro: Imago, 2006. v. XII. p. 137-159.

FREUD, S. (1912). Recomendações ao médico que pratica a psicanálise. *In:* FREUD, S. *Edição standard das obras psicológicas completas de Sigmund Freud*. Rio de Janeiro: Imago, 2006. v. XII. p. 23-136.

FREUD, S. (1916-1917). Conferências introdutórias. *In*: FREUD, S. *Edição standard das obras psicológicas completas de Sigmund Freud*. Rio de Janeiro: Imago, 2006. v. XVI. p. 251-448.

FREUD, S. (1933). Novas conferências introdutórias. *In*: FREUD, S. *Edição standard das obras psicológicas completas de Sigmund Freud*. Rio de Janeiro: Imago, 2006. v. XVI. p. 13-180.

FREUD, S. (1937). Análise terminável e interminável. *In*: FREUD, S. *Edição standard das obras psicológicas completas de Sigmund Freud*. Rio de Janeiro: Imago, 2006. v. XXIII. p. 225-274.

MELTZER, D. (1971a). Sinceridad: un estudio en el clima de las relaciones humanas. *In*: HAHN, A. (ed.) *Sinceridad y otros trabajos*: obras escogidas de Donald Meltzer. Buenos Aires: Patia Editorial, 1997. p. 165-267.

MELTZER, D. (1971b). *O processo psicanalítico: da criança ao adulto*. Rio de Janeiro: Imago, 1971.

# 2. O percurso e os percalços que advêm do campo analítico na formação em psicologia

*Bianca Ebeling Barbosa*

## *Introdução*

A teoria psicanalítica nasce dos trabalhos de Freud e foi a partir da sua prática clínica e das reflexões por ela suscitadas que ele ao longo dos anos foi criando, modificando e aperfeiçoando os princípios-base da técnica utilizada por psicoterapeutas de orientação psicanalítica e analistas. A partir dos escritos de Freud, e de sua prática clínica, outras vertentes da teoria psicanalítica foram sendo construídas, por profissionais de áreas distintas (PADOVAN; DARRIBA, 2016; ZIMERMAN, 2008).

Pode-se pensar na psicanálise como uma árvore, em que Freud é a raiz, e partindo de suas postulações muitas outras sementes foram germinando, buscando acompanhar as transformações sociais. É da prática clínica que surgem as transformações teóricas, e estas, por sua vez, modificam a clínica. No consultório, inicialmente, Freud atendeu pacientes neuróticos que apresentavam sintomas típicos, como mulheres histéricas, depois pacientes fóbicos, obsessivos e com transtornos caracterológicos (PADOVAN; DARRIBA, 2016; ZIMERMAN, 2008).

Schultz e Schultz (2012) e Zimerman (2008) abordam as transformações psicanalíticas e apontam a relevância das colaborações de Klein, pois foi a sua prática que possibilitou a compreensão de que a psicanálise se aplicava a pacientes mais regressivos, os psicóticos, por exemplo. Anna Freud, assim como Melanie Klein, com seus estudos e atendimentos, cooperaram para o entendimento de que as crianças também se beneficiam da psicoterapia de orientação psicanalítica. Hoje o atendimento clínico psicanalítico abrange mães e bebês, crianças, adolescentes, adultos e idosos.

Na psicologia, a psicanálise é uma das abordagens teóricas utilizadas para compreender como se constitui a personalidade de um indivíduo, a partir do entendimento de como se estruturou o aparelho psíquico. Portanto, é nos cursos de graduação em Psicologia que futuros psicólogos terão o seu primeiro contato com as teorias psicanalíticas. Conforme Zimerman (2008), essas teorias são muitas, e em alguns pontos encontram-se e em outros podem até mesmo divergir, sendo o mais interessante o fato de o psicoterapeuta ter uma formação pluralista, de forma que o profissional possa escolher o que melhor se encaixa com o seu modo autêntico de ser, lembrando-se que se trata de uma prática, ofício de um indivíduo como sujeito com outro indivíduo como sujeito (SCHNAIDERMAN, 1988).

O par analítico se dá pela relação psicoterapeuta e analisando,[1] e a partir do encontro dessa dupla foram construídas as regras dessa relação, assim como foram modificando-se as compreensões sobre

1 No presente trabalho optou-se pelo termo analisando ao invés de paciente, pela compreensão de campo analítico de que a dupla constrói junto o processo.

os fenômenos ocorridos entre a dupla. Zimerman (2008) explana que no período ortodoxo e clássico a pessoa do psicoterapeuta era vista pelas suas habilidades de decodificar os conteúdos latentes que surgiam por meio de vestígios manifestos, fossem por meio de atos falhos, sonhos, sintomas ou pela livre associação de ideias. O profissional deveria ser fiel às regras da abstinência, da neutralidade e do anonimato, mantendo-se distante do seu analisando. Aos psicoterapeutas cabiam as interpretações, descobrindo através do que era narrado pelo analisando os significados simbólicos (ZIMERMAN, 2008). No entanto, o trabalho do psicoterapeuta está para além de saber interpretar à luz da teoria, conhecimento que não torna ninguém analista, conforme salientou Schnaiderman (1988), uma vez que a teoria vai orientar o profissional, mas não possibilita prever, tão pouco fornecer soluções ao analisando.

A partir das concepções kleinianas, o psicoterapeuta e o analisando passam a trabalhar na compreensão do aqui-agora, com o analista e por meio das interpretações transferenciais que se dirigiam aos objetos internalizados, o que significa que o psicoterapeuta era percebido pelo analisando como um objeto parcial, um seio ou um pênis bom ou mau, idealizado ou perseguidor, ou como um objeto total, composto por esses quatro rudimentos (ZIMERMAN, 2008).

Nessas vertentes psicanalíticas, a relação analítica dava-se, em um primeiro momento, de modo unilateral, em que o analisando era alguém que sofria e que deveria comprometer-se em falar tudo o que lhe viesse à mente, associando livremente, deixando emergir o material que é analisado e interpretado pelo psicoterapeuta, que tinha o suposto saber. Schnaiderman (1988), sobre esse aspecto, salienta que nem mesmo as ciências exatas asseguram-se teoricamente e que, portanto, fazer a atividade de elucidação na clínica psicanalítica vai além do conhecimento teórico do psicoterapeuta, pois analisar é elaborar, é um fazer com o outro, o analisando.

Zimerman (2008) expõe que hoje, com a psicanálise contemporânea, que é fruto das contribuições das diferentes correntes psicanalíticas, trabalha-se mais na compreensão do par analítico. Dentro dessa nova concepção o papel do psicoterapeuta sofreu mudanças significativas. A partir de Bion, o psicoterapeuta passa a ser considerada uma pessoa treinada e preparada, que, junto com o analisando, constitui o campo analítico, que é a interação mútua e permanente entre a dupla, na qual cada um vai influenciar e ser influenciado pelo outro. Nessa relação de permanente interação entre analisando e psicoterapeuta, emergem os "fenômenos psíquicos do setting, a resistência, a transferência e a contratransferência, a comunicação, a interpretação, os actings, as identificações, o insight, a elaboração, além de outros, que constituem o campo analítico" (ZIMERMAN, 2008, p. 25).

Constata-se assim que a teoria psicanalítica vem sendo pensada, transformada, revista e que novas concepções sobre o que acontece na relação psicoterapeuta-analisando vão sendo construídas. Com a teoria psicanalítica e suas diferentes vertentes, muito se tem construído e refletido sobre a relação psicoterapeuta--analisando e o que acontece no campo analítico.

## *Quando nasce uma(um) psicóloga(o)?*

Uma das primeiras concepções teóricas que um graduando aprende ao ter contato com a teoria psicanalítica é sobre a relevância do tripé analítico. Dentro da formação de um indivíduo que pretende trabalhar com a psicanálise, sempre será ressaltada a importância da prática/estudos, associada à supervisão e ao tratamento pessoal do psicólogo/psicoterapeuta (ZIMERMAN, 2008; SCHNAIDERMAN, 1988).

É difícil determinar com exatidão quando alguém se torna psicóloga ou psicólogo, ou se alguém se torna (embora receber o diploma de graduação signifique tal conquista). Ou ainda se essa construção algum dia se dará por finalizada, já que somos processos e mudanças constantes. Calligaris (2004), em *Cartas a um jovem terapeuta*, vai explanar sobre as habilidades e características que, do seu ponto de vista, são desejáveis a um terapeuta. O autor inclusive vai além, mencionando em seus escritos que alguns indivíduos, por conta das suas crenças e do seu modo de compreender a sociedade, a cultura e as questões sociais, não deveriam dedicar-se a tal prática.

Nas associações da existência, a psicologia pode encontrar-se com a vida de uma graduanda antes que esta tivesse clareza de quem ela é. Podem encontrar-se na adolescência, em outra graduação ou enquanto área do conhecimento. A psicologia pode contribuir com a compreensão de por que a arte é catártica e dos motivos que levam pessoas a emocionarem-se, rirem, brigarem e sentirem-se leves após aulas de teatro.

Relembrar os encontros entre uma psicóloga em formação e a psicologia faz lembrar uma frase do Paulo Freire (1991, p. 58): "ninguém começa a ser educador numa certa terça-feira às quatro horas da tarde. Ninguém nasce educador ou marcado para ser educador. A gente se faz educador, na prática e na reflexão sobre a prática". Ninguém nasce educadora ou psicóloga, tão pouco se nasce com dons. Nascemos humanos e vamos nos constituindo como sujeitos ao longo dos anos e experiências. Freire, com sua reflexão, possibilita a compreensão de que não há como demarcar cronologicamente quando e se alguém se tornou psicóloga/psicoterapeuta, ou se vai tornar-se. Porém, é possível ressaltar que as experiências de vida de um sujeito lhe possibilitam interessar-se pelo cuidado com outras pessoas, fomentando, por exemplo, o desejo de transformar um pouquinho do universo que o circunda, e assim fazer alguma diferença no mundo.

As experiências anteriores abrem portas que podem levar o sujeito a muitos lugares, e um deles pode ser a psicologia. O encontro com a psicanálise pode se dar, e se deu. E por que a psicanálise? Durante a graduação há o contato com outras abordagens teóricas que permitiriam de igual modo trabalhar com a psicologia clínica. A escolha pela teoria psicanalítica se dá pelo que ela possibilita ao psicoterapeuta. Por permitir à psicóloga ou ao psicólogo o entendimento sobre a formação da personalidade de cada indivíduo que a ele chega enquanto analisando. É a partir da fundamentação teórica que esse profissional compreenderá saúde, sintoma e adoecimento psíquico. E, nesse caso, é Freud e os seus contemporâneos que embasam a prática clínica da qual se vai falar, sendo essas as teorias que norteiam a construção de um fazer clínico em uma graduação de Psicologia.

Não se pode pensar o fazer clínico sem abordar a relevância do tripé da formação do psicoterapeuta de orientação psicanalítica e o quanto é complicado, para não dizer impossível, realizar a prática clínica caso o psicoterapeuta, futuro psicólogo, não esteja fazendo tratamento pessoal – psicoterapia ou análise. E, de fato, as experiências na clínica possibilitam a consciência do quanto é essencial fazer psicoterapia, demonstrando o quanto é necessário ser analisanda(o) antes de ser um psicólogo em formação e um psicólogo de fato.

Os papéis na clínica psicanalítica não só se interferem, como se conectam. De igual modo, não haverá clínica se não houver uma supervisora, com larga experiência, que oriente o percurso e os percalços que advêm do campo analítico. A respeito das supervisões e da formação psicanalítica, Schnaiderman (1988, p. 13) salienta que "ensinar psicanálise é um ato psicanalítico e é um projeto de desalienação. Desalienação desta vez não do sujeito analisando, mas desalienação do discurso que se tem sobre o fazer psicanalítico". Sendo assim, é por meio de associações sobre a prática clínica, junto da teoria psicanalítica, das supervisões e do seu tratamento pessoal, que se constroem algumas reflexões sobre a formação de uma futura psicóloga.

## *Os fenômenos do campo analítico: o primeiro atendimento na formação em psicologia*

A experiência começa no momento da ligação para marcar o dia e horário do primeiro atendimento do futuro analisando e, de modo ideal, encerra-se com a passagem do analisando para outro psicólogo em formação, ou com a alta do analisando.

Sobre o primeiro contato entre a possível futura dupla, Zimerman (2008) salienta que normalmente se dá por contato telefônico e será por meio dessa ligação que começará a formação de algum tipo de vínculo que pode se estabelecer ou não. Antes de realizar as ligações, teve-se acesso a breves informações sobre os dois possíveis analisandos: uma mulher de 40 anos e um rapaz de 21 anos. Foi orientada a marcar apenas um deles. Como a primeira ficha recebida era a da mulher de 40 anos, ligou-se primeiro para ela, e, enquanto a psicóloga em formação ouvia o telefone chamar, pensou: "Tomara que ela não atenda". A possível analisanda acabou, de fato, não atendendo a ligação, e a aprendiz, naquele momento, não compreendeu de pronto o fenômeno que começava a acontecer na situação de psicoterapia. Não percebeu que os relatos e informações recebidos sobre o caso, aliados ao pensamento da psicóloga em formação ao ligar, já criavam uma relação terapêutica (ZIMERMAN, 2008).

Nessa mesma manhã se fez contato telefônico com o rapaz de 21 anos. A psicóloga em formação apresentou-se, falou sobre o dia e horário disponível e o rapaz prontamente confirmou sua disponibilidade. Estava assim marcado o seu primeiro atendimento clínico.

O analisando, ao telefone, demonstrou uma voz mais baixa e com uma tranquilidade diferente, o que lhe pareceu ter relação com os motivos de busca dele pela psicoterapia, sintomas depressivos. Já pela ligação se pode ter a primeira impressão do analisando; isso porque, conforme Zimerman (2008, p. 57), o modo como ele "utiliza a sua conduta, atitude e linguagem podem estar expressando uma importante maneira de comunicação, portanto, um jeito seu de 'ser', em um nível que extrapola o da linguagem unicamente verbal".

Minutos depois do agendamento do primeiro paciente, a mulher de 40 anos retorna a ligação, e marca-se com ela também o primeiro atendimento, mesmo não sendo a recomendação das supervisoras. Abriu-se a exceção pois não é incomum que os pacientes confirmem o interesse pelo atendimento, mas não apareçam no dia e horário marcado. Após as duas ligações, a estudante de psicologia tinha sentimentos diferentes por cada um dos dois futuros analisandos. O rapaz tinha despertado empatia, sua voz e prontidão haviam passado a impressão de que ele realmente queria fazer psicoterapia. A mulher de 40 anos tinha um tom de voz mais imponente, como se estivesse mandando; chegou a tentar impor o dia e horário que ela gostaria, o que, conforme Zimerman (2008), pode estar dando indícios do jeito de ser de cada indivíduo, da personalidade.

No dia dos atendimentos, vinte minutos antes do primeiro, o nervosismo toma conta: o corpo treme, surgem calor no inverno e angústia. Era o primeiro atendimento e o medo de não saber o que fazer tomava conta. Esse sentimento de angústia no psicoterapeuta é esperado no início da prática clínica; no entanto, ele não se detém apenas ao primeiro atendimento. A esse respeito, Zimerman (2008), parafraseando Bion, salienta que nas relações psicoterapeuta-analisando sempre vão existir dois indivíduos angustiados, porém um deles deve estar menos que o outro, o psicoterapeuta.

Minutos antes do horário marcado, vem a informação de que a mulher de 40 anos não poderia comparecer ao atendimento, pois seu filho estava doente. Naquele momento um misto de sentimentos: por um lado, alívio; por outro, o telefonema da mulher parecia informar que aquela relação não seria fácil. Nessa situação é interessante observar o modo como essa relação e o vínculo psicoterapeuta-analisanda foi se construindo, pois a psicóloga em formação, após o primeiro contato por telefone com a analisanda, pensou que poderia se tratar de uma pessoa arrogante e que ela talvez não fosse ao primeiro atendimento. Seus sentimentos foram levados à supervisão, e, com o auxílio da supervisora, percebeu que já havia se criado algo na relação da futura dupla e que a partir da primeira impressão, por telefone, era possível pensar o quanto para essa mulher começar a psicoterapia poderia estar sendo angustiante, e que talvez o seu modo de falar ao telefone pudesse ser uma forma de defesa diante de uma personalidade narcisista, ou de uma fragilidade psíquica, já que agora ela ligava para justificar a sua ausência (ZIMERMAN, 2008).

Com a informação de que a mulher de 40 anos não iria, se deu a frustração, uma vez que o primeiro analisando não compareceu ao atendimento, embora se fizesse presente por telefone. A pergunta imperava: "E se o segundo também não fosse?" Será que isso já estava anunciando que o a prática seria difícil? Muitas perguntas vieram à mente dessa psicóloga em formação, até que seus pensamentos foram interrompidos pela notícia de que o analisando das 10h já havia chegado, com 25 minutos de antecedência.

Mentalmente a aluna[2] retomou o que deveria fazer, como se na prática fosse possível seguir algum roteiro, mas para diminuir a sua angústia em pensamento construiu uma ordem. Primeiro apresentava-se, depois fazia o contrato (apresentação do serviço-escola, a combinação do dia e horário, explicação sobre como funcionavam as faltas e de como seria o trabalho nas sessões), depois perguntaria ao analisando o que o fez buscar a psicoterapia.

A prática clínica vai além de domínio ou conhecimento da teoria. Vai demandar do psicoterapeuta o que Baranger (1992, p. 573) aponta como "duas atitudes um tanto contraditórias: de um lado, escuta e interpreta com base em seus conhecimentos teóricos, suas experiências, seu esquema referencial; de outro lado, deve abrir-se ao novo, ao imprevisto, ao surpreendente".

Não se pode determinar como os fenômenos do setting se dão, por mais que se conheça o passo a passo teórico. Winnicott (1978), ao falar do setting, diz que este é a soma de tudo o que ocorre no manejo e salienta que, no seu trabalho, é mais relevante do que a interpretação, pois se for suficientemente bom para a necessidade do analisando, ele permitirá que o self verdadeiro "possa finalmente ser capaz de assumir os riscos que o início da experiência de viver implica" (WINNICOTT, 1978, p. 486). Aqui o risco de viver mencionado pode ser associado ao risco ao qual todo analisando se coloca quando busca psicoterapia, porque, se o psicoterapeuta não for capaz de lhe dar segurança pela relação da dupla, ele não conseguirá projetar e repetir pela transferência o que introjetou no seu mundo interno.

2 "Aluno: 1) Pessoa que recebe instrução em um estabelecimento de ensino, como colégio, liceu, escola superior etc. 2) Pessoa que recebe ou recebeu instrução ou educação de um mestre ou preceptor; discípulo, educando. 3) Indivíduo que tem poucos conhecimentos em determinada matéria; aprendiz" (ALUNO, 2023).

O psicoterapeuta, nesse caso, não tem domínio do que vai ocorrer entre o par analítico, pois a sua escuta e interpretação vão se dar a partir dos fenômenos do campo intersubjetivo, "que engloba conjuntamente os dois participantes e tem sua dinâmica própria, em parte inconsciente" (BARANGER, 1992, p. 573). Dentro do campo e pensando em interpretação, temos a transferência e a contratransferência. Nessa relação é frequente que a transferência esteja carregada de ansiedade, com a qual o analisando não consegue lutar e que "precisa ser contida pela situação analítica. Esta continência depende da capacidade do analista para reconhecer e enfrentar o que o analisando projetou e suas próprias reações contratransferenciais a isso" (STEINER, 1992, p. 410). Esses fenômenos do campo, muitas vezes, são mais bem compreendidos ou percebidos quando o psicoterapeuta dá o que chamam de segunda olhada para o material trazido pelo analisando, nas suas anotações e na supervisão (BARANGER, 1992).

## *As cartas*

Cartas são um modo de comunicação, que se sabe que já foi bastante utilizado tempos atrás. Freud comunicou-se muito por cartas (ZIMERMAN, 2008). Mas hoje qual é a função das cartas? Quem escreve cartas a outras pessoas? Na relação psicoterapeuta-analisando, qual é o papel das cartas? O que significa o analisando levar uma carta escrita por uma terceira pessoa à sessão?

Quando a psicóloga em formação se deparou com o analisando tirando do seu bolso um papel dobrado e estendendo o braço em sua direção, em um primeiro momento, ficou surpresa e pensou no que deveria fazer. No não saber, estendeu a mão e pegou o papel. Foi quando ele comunicou que era uma carta de uma paixão antiga; aqui tem-se a transferência. A carta foi aberta e lida com cuidado. Ao terminar de ler, perguntou-se mentalmente: e agora, o que devo fazer/dizer?

Naquele exato momento não foi possível ler completamente o campo, no sentido de que levar a carta à sessão se tratava de uma comunicação; por isso, a dúvida: quais seriam os próximos passos nas intervenções daquela profissional em formação? Era perceptível a angústia do analisando com o fato de seu ex-romance seguir procurando-o e por eles seguirem se relacionando, mesmo sem o considerado relacionamento sério. A angústia que existia no analisando existia na dupla, pois foi em um dos primeiros atendimentos do par, e ainda não havia, com certeza, um relacionamento sério. Como diz Winnicott (1978, p. 488), "esse trabalho exige muito do analista, em parte porque é necessário ter sensibilidade para as necessidades do paciente e o desejo de prover um setting que atenda a estas necessidades".

Aliás, ao longo dos onze meses em que esse analisando esteve em psicoterapia, por diversas vezes, as transferências foram ou pareceram claras durante as sessões. Algumas foram identificadas, interpretadas e devolvidas à possível elaboração do paciente. Outras foram difíceis de identificar e algumas não foram percebidas pela profissional em formação.

No entanto, apenas por meio da utilização dos seus próprios erros é que ele, o analista, pode fazer a parte mais importante do tratamento nessas fases, a parte em que dá ao paciente a oportunidade de ficar pela primeira vez zangado com relação aos detalhes do fracasso de adaptação que (na época em que ocorreram) produziram uma ruptura. É essa parte do trabalho que liberta o paciente da dependência do analista (WINNICOTT, 1978, p. 488).

Teoricamente todo psicoterapeuta de orientação psicanalítica sabe que é por meio da transferência que o analisando poderá reviver as questões que precisam ser elaboradas (ZIMERMAN, 2008).

No entanto, nem sempre é tão evidente, ao menos aos iniciantes, o que é uma transferência e como se pode trabalhar com ela. Não é anormal inclusive que o aluno, de modo inconsciente e defensivo, mude de assunto, por um receio seu de não saber como abordar determinado conteúdo, o que se observou na prática em questão com este analisando.

Em diferentes momentos da psicoterapia desse analisando, a aluna, pela contratransferência comum dos iniciantes, acabou interpretando ou explicando em demasia ao analisando o que ele havia comunicado, sentido ou o que fazia, o que causava grande angústia no analisando. Steiner (1992, p. 410) afirma que, nessas situações, "o paciente vivencia tais interpretações como falta de continência, e sente que o analista está empurrando os elementos projetados de volta para dentro dele. Ele os projetou precisamente porque não podia enfrentá-los".

Para que se chegasse a essa compreensão, as supervisões e acompanhamentos da supervisora aos seus atendimentos na sala de espelhos foram essenciais. As supervisões sobre esse analisando sempre foram muito ricas, uma vez que é perceptível que os materiais trazidos por essa dupla nas sessões eram carregados do que se aprende sobre a teoria psicanalítica, fosse na compreensão de como constitui-se o aparelho psíquico desse rapaz e sua personalidade e/ou no que se refere aos fenômenos do campo analítico do par.

Entre os avanços e os percalços da dupla, trabalhou-se a forma como o analisando relacionava-se com sua figura materna e a namorada – de modo muito semelhante –, o que demonstrava a compulsão a repetição, enquanto uma forma de resistência quanto à mudança (ZIMERMAN, 2008). Era visível pelo relato do analisando que a relação dele com as duas mulheres o incomodava, todavia, ele precisou de alguns meses para mostrar na sua relação com a psicóloga em formação como ele se relacionava com elas e como se davam as discussões entre eles e com a própria psicoterapeuta. Até que, em uma das sessões, ele se mostrou incomodado com algo que a psicoterapeuta disse e se dirigiu a ela dizendo: "Bah, meu, assim não dá, é pra foder o cara" (*sic*). A sua fala chega à psicoterapeuta carregada de agressividade e nota-se uma mudança em sua fisionomia. Naquele momento, por meio da transferência a aluna conseguiu perceber como o analisando relacionava-se com a mãe e a namorada quando se sentia desvalorizado ou frustrado e conseguiu pela contratransferência lidar com a raiva do paciente interpretando o que a frase carregava de símbolos.

Pensando na contratransferência, a aluna entendeu e comunicou ao analisando – de forma menos técnica do que se explica agora – que a raiva do analisando era uma projeção de seu mundo interno e de seus modelos de relação internalizados. O ataque a ela representava o medo e o desejo do ataque a esses objetos. O paciente surpreendeu-se com a interpretação e mudou sua fisionomia, como se relaxasse. Depois de um sorrisinho reparador, ele relatou que costumava se dirigir dessa forma à mãe e à namorada durante as discussões, mas que não estava bravo com a psicoterapeuta. Algumas sessões depois, o analisando voltou a se dirigir a psicoterapeuta como "meu", numa comunicação que ao mesmo tempo representava intimidade e a maneira como ele tratava suas relações íntimas. Foi preciso algum tempo na psicoterapia, falando sobre situações em que se sentia com raiva e frustrado, para que o analisando experimentasse outros modos de expressão da raiva e frustração, para que ele conseguisse internalizar outro modo de se colocar em suas relações e diante de situações em que ele se sentia desvalorizado. Ferro (1998) comenta que a estruturação no aqui e agora de um objeto nascido dessa nova relação irá habitar o mundo interno e a história desse analisando, possibilitando as lembranças de novas experiências, mas para isso se fazem necessários meses, anos e muitas passagens.

A construção de uma nova forma de relação a partir de outro objeto é complexa como se imagina. E com esse processo psicoterapêutico foi possível ver como isso foi se dando. Certa vez ele disse que a relação que tinha com a psicoterapeuta era diferente da que tinha com a mãe e namorada, e de fato era, pois era uma nova relação. Mas para ele era diferente, porque com a psicoterapeuta ele não tinha vínculo. Em um primeiro momento a psicoterapeuta em formação pensou: "Como ele pode achar que não tem vínculo comigo se ele está fazendo psicoterapia há quatro meses, nunca faltou, consegue associar, contar seus sonhos e falar sobre suas angústias?".

Baseando-se em parte da teoria psicanalítica, ela não conseguiu entender como ele pensava não ter vínculo com sua psicoterapeuta, até que relatou em supervisão a fala do analisando e a sua supervisora mostrou o que a aluna não estava conseguindo ver. A dupla tinha vínculo, do contrário o analisando não teria continuado sua psicoterapia, mas a compreensão de vínculo dele era outra. Compreendeu-se que, para o analisando, o vínculo era baseado no modo como ele relacionava-se com a mãe e a namorada, em que elas ditavam as regras, elas decidiam o que ele devia fazer. Na nova relação que ele construía no processo psicoterapêutico, a psicoterapeuta não agia como seus outros pares, pois aquele era um espaço dele em que ela não dizia o que ele deveria fazer e não era agressiva verbalmente quando ele a atacava verbalmente. A psicoterapeuta não o tratava do mesmo modo que a mãe e a namorada, logo, na compreensão dele, eles não tinham vínculo, e ele ainda não compreendia o relacionar-se com outra pessoa de outra forma que não a que aprendeu com o seu objeto materno. A esse respeito, Zimerman (2008, p. 41) aborda que,

> *em relação ao primário vínculo da mãe com o filho (equivale ao do analista com o seu paciente), Bion aprofundou a importância da função de rêverie materno, a função de continente da mãe (ou analista) ter condições de acolher e conter as necessidades e angústias que, por meio de excessivas identificações projetivas, os filhos (pacientes) colocam dentro dela. Assim, representa um fundamental avanço técnico a noção de que o analista deve, acima de tudo, ter bem desenvolvida essa capacidade de continência, para que, além de conter a carga nele projetada, também possa decodificar o seu significado, dar um sentido e devolver para o paciente, devidamente desintoxicada e, sobretudo, nomeada.*

Sessão, após sessão foram sendo compreendidas, pela supervisora e pela aluna, possibilidades no tratamento desse jovem e alguns progressos. Porém, em muitos momentos ele tinha a tendência a se autossabotar, por medo de frustrar-se, de não ser bom, de reprovar ou de não conseguir fazer algo. Normalmente ele decidia não fazer muitas coisas em sua vida. Ele tinha como objetivo, em 2017, fazer o cursinho e passar no vestibular. Trabalhou-se para que ele conseguisse alcançar essas metas, mas às vezes parecia uma realidade distante diante de sua desmotivação. Foi o que pensaram a supervisora e a psicóloga em formação, todavia, ao retornarem as sessões em 2018, depararam-se com a feliz notícia de que o analisando havia passado em duas faculdades, uma privada e uma pública. A psicoterapeuta ficou feliz com a conquista do analisando e manifestou claramente isso a ele, pois era um homem que precisava, ainda, que o externo o dissesse/validasse que ele era capaz de conquistar o que desejava.

Dessa conquista em diante, a dupla começou a vivenciar alguns percalços, porque o analisando de 2017 mudou, teve progressos importantes, e a psicoterapeuta por algumas sessões não soube como conduzir essa mudança. Ao mesmo tempo em que o analisando havia alcançado um novo papel e lugar de ser, ele parecia regredir no nível do que demandava na psicoterapia. Podemos compreender essa mudança de situação como:

> *o processo ocorre dentro de uma história, a história dessa relação analítica, que tem seus vai vens, momentos de avanço e etapas de estancamentos, às vezes interrupções. Isso significa que a interpretação está relacionada a esse ou aquele momento do processo: não há de ser a mesma – embora só mude de forma e não de objeto – no início, depois de um tempo já prolongado de análise, ou perto de seu final. (BARANGER, 1992, p. 577)*

Olhando o processo desse analisando, ele teve avanços significativos ao longo dos meses de psicoterapia. Algumas das questões que o fizeram buscar a psicoterapia foram sendo aprofundadas, havendo resultados significativos em sua vida. Esse foi o analisando que ficou por mais tempo em atendimento e o que mais pareceu beneficiar-se do tratamento.

## *Os inconscientes se conversam*

Entre os profissionais que se identificam com a psicanálise se costuma dizer recorrentemente a frase "os inconscientes se comunicam" (BARANGER, 1992). Essa afirmação reflete bem a relação da psicóloga em formação com a analisanda de 40 anos, em que de fato essa comunicação ocorria. Desde a primeira ligação para marcar o atendimento, até a última, em que se combinou que a analisanda seria passada a outra psicóloga em formação, os inconscientes comunicaram-se.

Os sentimentos que essa analisanda despertou na psicóloga em formação são semelhantes aos descritos por Ferro (1998) com uma de suas analisandas, Claudia, que tinha problemas de tipo narcísico, o que a levava a negar seu sofrimento. O analista comenta que, no caso da sua analisanda, desde o princípio soube que era um tratamento com grande probabilidade de interrupção, acting e traços de reações terapêuticas negativas. Percepção esta que a psicóloga em formação teve da sua analisanda.

Ela era uma mulher de 40 anos, casada e com dois filhos.

Em algumas sessões as queixas da analisanda referentes ao local de trabalho incomodavam a psicoterapeuta, pois se assemelhavam às da aluna com relação à sua vida profissional; isso se dava inicialmente de modo inconsciente. Zimerman comenta que, nos casos em que o analista se identifica de modo inconsciente com o analisando e com suas projeções, ele passa a não ter como interpretar o material trazido. Nessas situações sua mente dá branco e se, "em estado de contra-resistência, vier a se socorrer da teoria e pseudo-interpretar as 'resistências' do seu paciente a persistência disso costuma provocar no paciente uma descarga ansiosa, que se expressa por actings" (ZIMERMAN, 2008, p. 109).

Os atendimentos dessa analisanda sempre foram os mais difíceis para a aluna. Geralmente ela se mostrava com raiva do seu chefe, ou pai, insatisfeita com o horário que havia acordado, com as suas dores no corpo, e a psicóloga em formação tentava trazer a situação para o setting, para o aqui e agora; ela negava que estivesse se sentindo incomodada ou irritada, ou que tais sentimentos fossem com a psicoterapeuta. A esse respeito, com o auxílio das supervisões foi possível perceber o quanto as interpretações da psicoterapeuta geravam pensamentos persecutórios na analisanda.

Ferro (1998, p. 93), a esse respeito, explana que, com uma paciente, quando "se interpretava essa persecutoriedade ou os sentimentos que as intervenções geravam (inveja, ciúme, dificuldade para depender), apareciam as faltas às sessões e relatos de brigas furiosas".

Com essa analisanda, toda vez que a dupla conseguiu aprofundar algo ou trabalhar algo mais primitivo, nunca foi possível dar continuidade, porque na sessão seguinte ou ela faltava ou negava toda e qualquer interpretação feita pela psicoterapeuta. E, apesar do seu discurso e da raiva explícita, ela sempre estivera bem, embora soubéssemos, eu e a supervisora, que não era real. A esse respeito, pode-se dizer que existem analisandos que "parecem odiar a ideia toda de ser compreendido, tentando repudiá-la e livrar-se de todo contato significativo. Entretanto, mesmo esse tipo de paciente necessita que o analista registre o que está ocorrendo e reconheça sua situação e seu apuro" (STEINER, 1992, p. 410).

Certa vez, a psicóloga em formação chegou para atendê-la com a voz diferente e espirrando, pois estava com crises de rinite. Na semana seguinte a analisanda chegou gripada, com aparência brava, mas com um sorriso irônico disse que havia pegado gripe (*sic*) dela, que perguntou "como foi pegar gripe na sessão?" (*sic*). Imediatamente a analisanda sorriu e disse que estava bem, que já estava melhor, ou seja, ela achou um modo de reparar o ataque que acabava de manifestar e novamente criava-se um impasse no tratamento dela.

Essas situações foram se repetindo, até que a aluna começou a ter dificuldades de acordar nos dias em que a atendia. Algumas vezes chegou minutos antes do atendimento, outras no horário do atendimento e duas vezes atrasada. Em uma das vezes que chegou atrasada para o atendimento, a analisanda estava falando de modo bem irritado na recepção e avisando que iria embora, pois naquele dia tinha outro compromisso no horário da sessão. Aqui aparece a contratransferência, que, conforme Zimerman (2008), significa o todo dos sentimentos vivenciados pelo analista em "resposta emocional" ao paciente, sendo às vezes inconscientes. No entanto, após a dupla começar a sessão, a analisanda optou por ficar no atendimento e não quis sair mais cedo para ir ao compromisso que tinha.

Quase quatro meses se passaram até a psicoterapeuta informar à analisanda sobre o período de férias. Ao dar a informação, a psicoterapeuta percebeu pela reação corporal da analisanda e pela sua comunicação verbal que ela não voltaria para os atendimentos em 2018, ao menos não com ela. E, de fato, quando foi feito contato por telefone, em fevereiro, os horários dela não fechavam com os da psicoterapeuta. A analisanda chegou a dizer na ligação que não gostaria de mudar de psicoterapeuta, mas afirmava que só poderia à tarde, o único turno em que a aluna não poderia atendê-la. A situação foi levada para a supervisão e decidiu-se que a analisanda seria passada para outra psicóloga em formação.

## *O silêncio*

É corriqueiro uma mãe buscar psicoterapia para o seu filho a pedido da escola, por questões comportamentais e de agitação. O que é no mínimo curioso é a criança apresentar comportamentos totalmente diferentes nos atendimentos dos relatados pela mãe e pela escola.

O menino, que tinha 10 anos, falava baixinho e sorria bastante, não se mostrava agitado nem angustiado. Mas fazia notar o quanto queria a mãe próxima a ele, talvez pelo fato de ele morar com a avó paterna, embora a casa fosse próxima à da sua mãe. Talvez tenha sido nessa tentativa de aproximar-se da sua mãe que o analisando começou a convidá-la para entrar no consultório com ele. Depois pediu a ela que jogasse com a dupla, ele e a psicoterapeuta. Durante os jogos o menino se mostrava feliz pela presença da mãe e, quando falava, sua voz era mais audível do que costuma ser quando estava apenas com a psicoterapeuta. Sobre a relevância da participação dos cuidadores na psicoterapia da criança, Zimerman (2008, p. 352) explana:

> *a presença dos pais também é muito significativa, pois possibilita a formação de muitas oportunidades para a observação de desempenho de papéis, possíveis transtornos da comunicação e a emergência de transferências e de dissociações com as respectivas identificações projetivas de uns nos outros. O analista deve estar suficientemente bem-preparado para reconhecer e manejar tais situações.*

Nas situações em que a mãe entrava no consultório junto, ela parecia sentir-se desconfortável. Na primeira vez que o analisando a convidou, ela disse que preferia olhar a dupla analítica jogando para só depois jogar junto. Até que em uma das sessões o menino quis jogar, apenas com a mãe, o jogo da vida e pediu à psicoterapeuta que fosse o banco. Entendeu-se a sua ação como um pedido para que a psicóloga em formação auxiliasse na relação deles. Durante o jogo ele mostrava-se feliz e ao mesmo tempo competitivo com a mãe.

Esse analisando não teve muitas sessões, embora ele nunca tenha faltado. Os atendimentos começaram próximo ao final do ano e logo veio o período de férias. Quando se combinou com ele e a mãe o período de férias, algo demonstrava que ele não voltaria no ano seguinte aos atendimentos. Não saberia explicar se foi pelo fato de a mãe mostrar-se desconfortável todas as vezes que ele a convidou para entrar no consultório, se foi por ele não apresentar os comportamentos que constavam na queixa da escola, ou ainda se foi por conta das conversas entre a mãe e a psicóloga em formação sobre o desejo do analisando de passar mais tempo com ela que estava sendo comunicado por ele no setting. Nas conversas com a mãe, a psicóloga em formação falou sobre a indicação de que ela também fizesse psicoterapia, pois na entrevista inicial sobre o analisando ela contou que havia tido uma vida difícil e triste.

Levantaram-se essas hipóteses do não retorno do analisando, visto que os pais podem vir a interromper a psicoterapia por um medo inconsciente de que o seu filho escape do seu controle caso haja a melhora. Portanto, não é incomum que os pais façam a interrupção dos atendimentos ao se deparar com a melhora dos pequenos ou com a solicitação do psicoterapeuta de que também façam acompanhamento (ZIMERMAN, 2008).

De fato, quando a aluna retornou das férias e fez contato com a mãe, ela não atendeu as ligações, encerrando-se, assim, o processo desse menino, e o que não foi dito foi comunicado, mesmo no silêncio.

## *A caixa*

A analisanda foi encaminhada pelo serviço de psicologia de um hospital, após três internações por problemas de pele. A menina tinha 9 anos e foi diagnosticada com dermatite atópica, que na psicanálise pode ser compreendida como uma manifestação psicossomática, ou seja, como um modo de o corpo manifestar uma demanda do psiquismo, uma caixa de ressonância (ZIMERMAN, 2008).

Conversando com a mãe, na entrevista inicial, a psicoterapeuta foi informada de que os pais se separaram quando a menina era bebê. A mãe e a filha tinham uma boa relação, mas que a mãe "gostaria de ajuda para, por exemplo, tirar a mamadeira da menina" (*sic*). A psicoterapeuta, ao saber que a menina ainda tomava mamadeira, perguntou sobre como era a hora de dormir e foi informada de que as duas sempre dormiram juntas, na mesma cama. Esse fato nos remete a uma relação simbiótica, em que a relação da mãe com o bebê persiste, mantendo-se a fusão e a indiferenciação do eu-outro (ZIMERMAN, 2008).

Ao conhecer a analisanda, foi possível perceber que a menina apresentava comportamentos e uma fala muito adulta, embora tivesse fisionomia de menina e estivesse vestida adequadamente a sua idade. Durante as sessões a analisanda contou algumas histórias que traziam à tona seus medos de perder a mãe e o pai, as lembranças de um assalto que vivenciou na escolinha, e contou sobre uma pessoa próxima da família que faleceu. A psicoterapeuta propôs assim que a dupla construísse uma caixa para que lá ela pudesse colocar seus medos. Embora a analisanda adorasse tintas, desenhos e trabalhos manuais, ela disse que ainda não queria fazer essa caixa. O que mostra que ela ainda tinha algum receio em trabalhar essas questões em psicoterapia.

Certo dia a analisanda traz na sessão um conteúdo que a possibilitou falar sobre a mamadeira que ela ainda tomava. Quando a psicoterapeuta perguntou sobre a mamadeira, sobre o motivo de ela ainda se alimentar dessa forma, embora não precisasse, e sobre a possibilidade de largá-la, a analisanda mostrou-se angustiada e começou a coçar-se. Todavia, na semana seguinte, ao entrar no consultório, ela, feliz, contou que estava há quase uma semana sem tomar mamadeira. E que agora gostaria de construir uma caixa para guardar a mamadeira, os seus medos e as outras lembranças.

A caixa foi construída pelo par analítico em duas sessões e a analisanda a deixou no consultório, não querendo mostrar a sua mãe. O que permitiu a interpretação de que a caixa é o seu mundo interno, que agora ela dividia com a psicoterapeuta. O não querer que a mãe veja a caixa pode ser entendido como uma questão de saúde da menina, de estar conseguindo e querendo separar-se, ser o eu-outro.

Quando a relação da dupla começou a construir avanços no tratamento, a psicoterapeuta estava finalizando seu estágio e precisou informar a menina. Embora ela tenha pedido apenas que não fosse um psicólogo a atendê-la, ela não retornou aos atendimentos após a passagem do caso a outra psicóloga em formação. E a separação se deu, entre a menina e mãe, a menina e a caixa e, por último, entre a dupla. Já a caixa permanece unida às lembranças que coçam e às que ficaram guardadas.

## *Apontamentos*

A oportunidade de vivenciar a prática clínica de psicologia dentro da graduação possibilita ao acadêmico experimentar-se como futuro profissional. O ambiente do serviço-escola torna-se um facilitador para a preparação do acadêmico, uma vez que permite colocar em prática o que se aprende na teoria perpassando todo o processo que o psicólogo clínico realiza no seu dia a dia. É relevante salientar que as supervisões respaldam o graduando, possibilitando a diminuição de sua angústia diante das demandas e novidades da prática clínica (ZIMERMAN, 2008; SCHNAIDERMAN, 1988).

Na psicologia, em boa parte da graduação, aprende-se teoricamente sobre o campo e suas áreas de atuação. Mesmo que se tenha uma formação generalista, em um determinado momento o graduando começa a identificar-se com uma ou outra abordagem teórica, assim como com as áreas de atuação.

Todavia, percebeu-se que ter alguma base da teoria psicanalítica não garantirá sucesso na prática clínica, assim como saber em demasiado também pode atrapalhar e não saber nada inviabiliza (SCHNAIDERMAN, 1988).

O maior receio da aluna em sua prática era errar. Pois bem, foi necessário passar pelos percalços da prática clínica. Em algumas sessões, situações transferenciais não foram percebidas, em outras, foram interpretadas e o analisando não entendeu nada e, em outras, foram ainda negadas, o que dificulta o trabalho do par analítico. A aluna precisou lidar com as frustrações das faltas, das interrupções de tratamentos, com a raiva dos pais, com a própria raiva e com o término do estágio. Foi preciso saber separar o que era seu do que era material dos analisandos (BARANGER, 1992; FERRO, 1998; STEINER, 1992). O que não é um exercício fácil, e em algumas situações nem mesmo com a ajuda da supervisora e da sua psicoterapeuta foi possível elaborar.

A boniteza da prática clínica está em perceber o quanto a teoria é prática, o quanto é incrível ver o conteúdo latente de um analisando emergindo e ver que na psicanálise a teoria explica aquilo que o par analítico vivencia. Quando a psicóloga em formação clínica vê seu analisando que habitava uma bolha sair para o mundo e conquistar seu espaço, ela compreende a sua escolha profissional e esta ganha um novo sentido. E nesse momento a futura psicóloga percebe que nada disso se deu sozinho, que tudo é soma, são muitos inconscientes se conversando.

Na experiência do primeiro estágio, aprende-se sobre a prática, como é estar no consultório, o que é contrato, relação terapêutica, como se constitui a personalidade dos analisandos. Como funciona cada estrutura de personalidade e como indivíduos de diferentes estruturas vão se relacionar com o par na situação analítica. No segundo estágio vamos além. Descobrimos, sentindo na pele, o que é transferência e contratransferência, o que é campo analítico. Descobre-se que não é preciso desistir da psicanálise por não conhecer toda a teoria pela visão de Freud, ou por não saber todos os fenômenos que Klein descreve em torno da transferência (ZIMERMAN, 2008). Hoje sabe-se que se pode gostar um pouco de Freud, um pouco de Klein, um pouco de Winnicott e agora Bion, pois eles são a psicanálise.

Em um ano de formação clínica, muitas vezes não foi possível lidar com todos os fatos – como não seria de qualquer forma. Outras tantas errou para depois acertar. E acredita-se que, nas vezes em que houve tropeços, junto veio o grande aprendizado, pois, como disse Freire, só se constrói um bom profissional quando a reflexão sobre a sua prática se dá. Saber a teoria foi o básico para iniciar a prática clínica, mas não garantiu acertos com todos os analisandos, nem sucesso em todos os processos. Pois é preciso deixar suspenso o conhecimento teórico no momento de estar com cada indivíduo em análise (SCHNAIDERMAN,1988).

## *Referências*

ALUNO. Michaelis Dicionário Brasileiro da Língua Portuguesa. Editora Melhoramentos, 2023. Disponível em: https://michaelis.uol.com.br/moderno-portugues/busca/portugues-brasileiro/aluno/. Acesso em: 28 jun. 2023.

BARANGER, M. A mente do analista: da escuta à interpretação. *Revista Brasileira de Psicanálise*, São Paulo, v. 26, n. 4, p. 573-586, 1992.

CALLIGARIS, C. *Cartas a um jovem terapeuta*: reflexões para psicoterapeutas, aspirantes e curiosos. Rio de Janeiro: Elsevier, 2004.

FERRAZ, F. C. Transmissão e formação: apontamentos sobre o tripé analítico. *Jornal de Psicanálise*, São Paulo, v. 47, n. 86, p. 87-102, jun. 2014.

FERRO, A. O diálogo analítico. *In*: FERRO, A. *Na sala de análise*: emoções, relatos e transformações. Rio de Janeiro: Imago, 1998. p. 83-108.

FREIRE, P. *A educação na cidade*. São Paulo: Cortez, 1991.

PADOVAN, C.; DARRIBA, V. A noção de psicanálise aplicada nos primeiros anos do movimento psicanalítico. *Revista Psicologia USP*, São Paulo, v. 27, n. 1, p. 104-114, 2016.

SCHNAIDERMAN, R. Política de formação em psicanálise: alinhavando algumas anotações de leitura. *Revista Percurso*, São Paulo, v. 1, p. 11-14, 1988.

SCHULTZ, D. P.; SCHULTZ, S. E. *História da psicologia moderna*. São Paulo: Cultrix, 2012.

STEINER, J. Interpretações centradas no paciente e centradas no analista: algumas implicações da "continência" e da "contratransferência". *Revista Brasileira de Psicanálise*, São Paulo, v. 26, n. 3, p. 409-424, 1992.

WINNICOTT, D. W. Variedades clínicas da transferência. *In*: WINNICOTT, D. W. *Textos selecionados*: da pediatria à psicanálise. Rio de Janeiro: Francisco Alves, 1978. p. 483-489.

ZIMERMAN, D. E. *Manual de técnica psicanalítica*: uma re-visão. Porto Alegre: Artmed, 2008.

# 3. Afrodite e a psicodinâmica da sexualidade

*Sthephany Scola da Rosa*

*Hericka Zogbi Jorge*

## *Introdução e dados do caso*

A paciente que inspirou este estudo recebeu o nome fictício de Afrodite,[1] sendo uma alusão à deusa do amor e da sexualidade, segundo a mitologia grega.[2] A deusa Afrodite é retratada como uma figura vaidosa, sedutora e amante fervorosa, simbolizando também o amor passional, e assim se apresentava a paciente Afrodite, profissional da área da saúde, 25 anos, filha única, nascida em uma cidade pequena e moradora de uma capital desde os 18 anos. Afrodite é uma mulher de 25 anos – embora aparente ter em torno de 20 –, alta, esbelta, com o cabelo escuro, na altura dos ombros, e de face pálida, jovial e delicada. Não usa maquiagem e, inicialmente,

---

1 Afrodite foi uma das principais deusas da religiosidade dos gregos antigos e representava o amor, a beleza, a fertilidade, o desejo. Tinha forte relação com a sexualidade humana e era considerada a deusa mais bela entre todas as divindades gregas.

2 Mitologia grega é o estudo dos conjuntos de narrativas relacionadas com os mitos dos gregos antigos e dos seus significados.

não parece ser vaidosa. Veste-se de modo adequado, de maneira simples, sem adornos. Seu estilo não é formal, mas parece mais sóbrio em relação ao modo das outras mulheres de sua faixa etária se vestirem, ainda que não seja antiquado.

Na marcação da primeira entrevista, por sua voz ao telefone, parecia se tratar de uma moça mais jovem. A paciente chega pontualmente, conforme o combinado. Aguardava na recepção, sentada e parecendo concentrada, enquanto mexia no celular. Estava com o cabelo amarrado, usando calça *jeans*, tênis e uma blusa cinza, sem estampa, além de carregar uma mochila de couro, que, mesmo não sendo tão grande, aos meus olhos parecia enorme e muito pesada, como se fosse difícil de carregá-la.

Quando a chamei, se levantou depressa e esboçou um sorriso tímido. Sentou-se lentamente na poltrona, como se estivesse aguardando que a psicoterapeuta dissesse alguma coisa, e, ao mesmo tempo, no momento em que colocou a mochila no chão, parecia que estava tirando um peso das costas. Nesse momento, colocou uma das almofadas no colo e ajeitou-se na poltrona, com uma postura ereta e as pernas alinhadas, exatamente uma ao lado da outra.

Na primeira entrevista Afrodite referia como sintomatologia causadora de seu sofrimento atual e busca pela psicoterapia um suposto quadro de emetofobia, caracterizado por um medo excessivo e frequente de vomitar e/ou ver outras pessoas vomitando, o que a deixava angustiada e com muito medo de que a situação se agravasse, acreditando que precisava de ajuda urgentemente. As manifestações clínicas da emetofobia têm semelhanças com vários distúrbios psiquiátricos, particularmente com outros transtornos ansiosos, tornando as fronteiras diagnósticas por vezes pouco definidas. Assim, é importante fazer o diagnóstico diferencial, além de avaliar se não é uma situação clínica de coocorrência de mais que um diagnóstico (comorbidade) (LEITE *et al.*, 2011).

Quando começou a falar, mostrou-se mais uma vez aparentemente mais jovem. Em alguns momentos, parecia que estava escutando queixas de uma adolescente.

Afrodite expressava-se bem, interagindo de maneira espontânea e desinibida, como se tivesse muitas coisas para contar. Percebi que estava gostando de ouvi-la e que estava também curiosa, sentindo um interesse de conhecer mais a sua história – que parecia ser uma espécie de aventura, segundo o seu relato – e entender melhor o caso. Em vários momentos, me senti entusiasmada, envolvida e até mesmo seduzida pelo seu discurso, sendo que tudo que foi relatado me pareceu instigante.

Retomou a queixa principal, um suposto quadro de emetofobia. Quando me explicou do que se tratava, achei muito interessante e cogitei várias hipóteses. Uma vez que a emetofobia consiste em um medo exacerbado e frequente de vomitar ou ver outras pessoas vomitando, comecei a pensar no porquê de tanto medo. Quanto mais a escutava, mais curiosa e interessada me sentia e pensava que Afrodite estava reprimindo veementemente alguma coisa. Afinal, o que tinha tanto medo de colocar para fora? Logo, comecei a formular a hipótese de que sua queixa poderia ter alguma relação com a sua sexualidade. Afinal, o que lhe dava prazer? Qual era o seu gozo na vida? Qual era seu medo de expor o que sentia?

Aos poucos, fui percebendo que Afrodite precisava de um espaço para ser ouvida e compreendida. Entretanto, o início foi difícil, porque todo aquele "encanto" gerado no nosso primeiro contato parecia ter se perdido. O ambiente parecia monótono, "pesado", cansativo e cinza, assim como a blusa que Afrodite usou no momento da primeira entrevista. Como dito anteriormente, sua face era pálida, sem cor, "apagada", e sua expressão parecia alternar entre neutralidade e tédio. Porém, não me pareceu que estivesse triste; não aparentava tristeza, mas uma certa falta de vitalidade. Passava a impressão de que sua vida era monótona e sem cor; insatisfatória, segundo o conteúdo presente em seus relatos, assim como o seu rosto, como se ela estivesse em busca de conhecer e experimentar várias tonalidades, mas ainda não sabia disso claramente.

Inicialmente, Afrodite parecia ser uma pessoa cansativa, difícil de escutar, e, de acordo com suas histórias, era possível constatar que ela também se mostrava desse jeito em suas relações, pois a maioria das pessoas de seu convívio perdia a paciência com ela. Sentia-me cansada, tinha dificuldade para prestar atenção no que me falava e sentia que o sono tentava me dominar em vários momentos. Sentia meus olhos pesados, a visão embaçada, o corpo "amolecendo" na poltrona, como se fosse dormir a qualquer instante, e ficava com receio de que isso acontecesse ou de que ela percebesse o que estava sentindo. Ficava ansiosa para acabar logo a sessão e parecia que a hora não passava nunca. Em algumas sessões, pareceu que cinquenta minutos haviam durado uma eternidade. Sentia-me entediada e me perguntava o que havia acontecido com aquela história tão interessante e sedutora, que havia me deixado tão entusiasmada para atendê-la. Por fim, pensava no que ela estava efetivamente comunicando no campo analítico, embora quisesse parecer estar congelando-o.

Nesse momento, temos no campo analítico

> *uma estrutura cristalizada, estagnada, que obstrui o processo, a qual eles chamam de "baluarte". Essa estrutura é formada em torno de uma organização fantasmática, envolve importantes aspectos da história pessoal de ambos os participantes e atribui um papel imaginário e estereotipado a cada um. O paciente tem a tendência de evitar referir-se a esse papel, que poderia ser conectado a sua ideologia, seu objeto de amor imaginário, fantasias aristocráticas, ou o estado de suas*

> *finanças. Para o analisando, o baluarte é um refúgio inconsciente para fantasias onipotentes. Ele não deseja abrir mão deste refúgio, porque isso significaria que ele entraria num estado de vulnerabilidade, de desamparo e de desesperança. Romper o baluarte significa redistribuir aspectos dos participantes envolvidos (analista e analisando). Portanto, constitui uma dessimbiotização. A forma mais extrema dessa simbiose indica um estado de parasitismo (o analista se sente como se estivesse sendo habitado pelo analisando, e como tal, fica preocupado com ele). (DICIONÁRIO..., [s. d.], p. 288)*

Perguntava-me quando ela tocaria novamente no assunto da emetofobia e queria explorar mais sua história, saber mais do seu passado. Mas, a cada sessão, era uma luta constante comigo mesma para permanecer de olhos abertos, embora, em muitos momentos, pudesse parecer que eu estivesse dormindo "mentalmente". Às vezes, era exaustivo. Olhava no relógio, com a sensação de que já tinha se passado muito tempo, mas na verdade tinham passado cinco minutos. O interessante é que, por mais cansativo que fosse, sempre encerrava a sessão com dois ou três minutos a mais após o término. Tinha dificuldade para interrompê-la. Em parte, porque ainda restava curiosidade em escutá-la, mas também por não saber o que fazer, pois parecia que não havia o que dizer.

Às vezes, parecia que não tinha o que fazer nesse cenário e eu me sentia impotente, enquanto Afrodite dominava a sessão e eu era vencida pelo cansaço.

Por fim, percebi que meus sentimentos em relação à paciente eram ambivalentes. Sentia vontade de conhecer melhor a sua história, de compreendê-la e ajudá-la. Afinal, Afrodite estava em busca de si mesma e precisava se apropriar de si. Aos poucos, o interesse inicial pela paciente foi retornando e a sensação de cansaço, tédio e sono foi dando espaço novamente para a curiosidade e a satisfação, ao acompanhar suas mudanças e progressos. Aos poucos, Afrodite começou a se aprofundar um pouco mais e se permitiu olhar para si.

> *Dessa forma, o processo analítico parece ser constituído pela produção de resistências e de baluartes. Suas dissoluções, mediante a interpretação, criam insights e as indicações de insight, por sua vez, abrem uma visão de futuro, evidenciada pelo surgimento de novos projetos e de sentimentos de esperança. (DICIONÁRIO..., [s. d.], p. 288)*

## *História pregressa, atual e psicodinâmica*

Afrodite relatou que já fez psicoterapia quando ainda morava no interior, durante três anos. Quando veio morar na capital, buscou atendimentos gratuitos, sendo atendida por vários estagiários de diferentes instituições, porém abandonava o tratamento por não se sentir acolhida. Também fez acompanhamento psiquiátrico durante três anos, sendo diagnosticada com transtorno bipolar tipo II. Nesse período, começou a tomar lamotrigina e há dois anos não frequentava o psiquiatra, por não ter mais condições de pagar as consultas, que, segundo ela, eram muito caras.

Disse que nunca se sentiu próxima do pai, que viajava muito e, segundo ela, não lhe dava a atenção devida. Sobre a mãe, contou que tentava aproximações com ela, mas o que lembrava é que a mãe fumava muito e ela tinha nojo de se aproximar.

Disse que se arrependia de não ter aproveitado e se experimentado mais, como as outras meninas da sua idade, pois quase não saía de casa para poder estudar. Aos 14 anos, teve o primeiro namorado, com quem perdeu a virgindade, mas Afrodite não sentiu prazer, descrevendo o momento como uma experiência ruim, embora não se arrependesse. Aos 17 anos, saiu da casa dos pais para estudar; tinha o objetivo de fazer a graduação na capital, alegando que queria ver pessoas diferentes e que no interior as coisas eram monótonas e estava sempre com as mesmas pessoas, além de querer ter o próprio espaço e não se sentir mais à vontade na casa dos pais.

Disse que no início foi difícil se adaptar e que achava a capital muito chata, sentindo falta de sua casa, e por isso sentia vontade de voltar para lá todo final de semana; mas, com o passar do tempo, começou a perceber que, quanto mais retornasse para lá, mais difícil seria se adaptar à capital, até porque passava a semana inteira estudando e, por ser uma rotina cansativa, associava a cidade ao seu cansaço e aos estudos, de modo que não cogitava a possibilidade de sair para passear e conhecer os pontos turísticos. Em relação às amigas, se irritava com uma delas porque esta frequentava baladas todos os finais de semana e sempre chegava bêbada em casa, trazendo consigo homens desconhecidos, o que a irritava, porquanto considerava isso como um gesto de imaturidade e irresponsabilidade. Além disso, se sentia incomodada com o fato de ela fumar escondida no quarto, por mais que ela negasse. Além disso, se sentia incomodada não somente pelo fato de a amiga ingerir bebidas alcoólicas, mas por acreditar que podia vomitar, caso bebesse excessivamente, o que a deixava ansiosa e angustiada.

Foi diagnosticada com depressão, tendo que fazer uso de antidepressivos. Nesse período, se sentiu muito mal, estava sempre triste, cansada, com sono e sem vontade de sair da cama. Referiu que houve vários momentos em que considerava que ficou mal durante a adolescência, mas que nenhum havia sido tão forte como esse último. Depois disso recebeu o diagnóstico de transtorno bipolar, viciando-se em Rivotril na época.

Baseada em diversas pesquisas e alguns relatos de pessoas próximas, começou a acreditar que tinha emetofobia (medo de vomitar ou ver outras pessoas vomitando), vindo a participar de um grupo de apoio no Facebook. Acredita que a mãe e o ex-namorado também tinham a fobia e que a incentivaram a piorar. Relata um momento em que havia saído com o namorado e que, após jantarem, ela se sentiu muito enjoada, sendo que, quando chegaram em casa, o namorado pediu que ela não o chamasse e ligasse a torneira e o chuveiro para que ele não a ouvisse vomitando, pois sentia nojo, ao passo que ela acatou sua solicitação, se sentindo sozinha e desemparada em um momento que gostaria que ele tivesse ficado ao seu lado.

Antes do ocorrido, já havia percebido alguns sintomas da emetofobia e, depois disso, percebeu que eles estavam se intensificando, de modo que se sentia angustiada e ansiosa quando andava de ônibus, pois sempre achava que iria passar mal ou que alguém vomitaria perto dela, deixando-a nervosa.

De acordo com Roudinesco e Plon (1998, p. 243), em psicanálise a fobia é um sintoma, e não um diagnóstico. A expressão "histeria de angústia" é a escolha para explicar os quadros fóbicos, em lugar da palavra "fobia". A histeria de angústia é uma neurose do tipo histérico que converte uma angústia (de ordem sexual) num "terror imotivado frente a um objeto, ser vivo ou situação" (emetofobia) que não apresentam em si nenhum perigo real.

De acordo com Bergeret (1988, p. 111-112), na estrutura histérica conversiva a representação simbólica atua em vários níveis: na estrutura histérica nenhuma escolha somática pode ser tomada e analisada em um único nível, como tendo apenas um único significado. Para ele, a estrutura histérica de conversão "é especificada pelo sucesso do recalcamento", como aparece claramente com o recalcamento da sexualidade e do desejo pulsional e o deslocamento para o sintoma somático. O autor continua (BERGERET, p. 113) dizendo que "a conversão, nos seus múltiplos planos e sentidos, corresponde tanto ao medo de castração quanto ao esforço para evitá-la".

Afrodite disse que ficava nervosa de ver alguma notificação do grupo de apoio do qual participava no Facebook quando aparecia a palavra "vômito", o que fez com que começasse a ficar ansiosa toda vez que recebia uma nova notificação, com receio de que alguém falaria sobre o assunto. Após ler um relato de uma pessoa que dizia ter se curado da fobia sozinha, somente vendo fotos de outras pessoas vomitando, decidiu fazer o mesmo, procurando não somente fotos, mas também vídeos no YouTube, com diversas situações nas quais as pessoas vomitavam, mas não aguentou ver até o final, passando mal dez minutos depois. Considerava que esse foi um momento aterrorizante e que as imagens foram horríveis e ficaram na sua cabeça durante muito tempo, dificultando o seu sono.

De acordo com Bergeret (1988, p. 233) os traços de caráter masoquistas encontram-se num nível essencialmente pré-edípico. O masoquismo constitui uma agressão voltada contra si, mas, ao mesmo tempo, contém uma hábil provocação do objeto (ver o vômito).

Aos 20 anos, considerava que viveu uma nova fase de experimentação, na qual começou a frequentar baladas, consumir bebidas alcóolicas – embora tentasse se controlar para não ficar bêbada, devido ao receio de vomitar – e transar com várias pessoas, sem se envolver emocionalmente. Queria somente conhecer pessoas novas. Nessa época, conheceu um rapaz que considerava, até então, a sua referência de sexo bom, alegando que com ele entendeu o que realmente era sentir prazer, descobrindo que gostava de ser dominada e se sentir submissa sexualmente. Nesse mesmo período, cogitou também a possibilidade de ser bissexual e tentou se relacionar com algumas mulheres. Alguns meses depois, entrou em sites de relacionamento, mas não se interessava por ninguém ou, quando começava a gostar de alguém, perdia o interesse com facilidade, o que a levou a questionar a sua orientação sexual novamente. Por isso, decidiu conversar com mulheres para ver se conseguia se interessar por alguma. Saiu com algumas por um tempo, diz que gostou bastante, mas que não se sentiu atraída e decidiu passar um tempo sozinha.

Afrodite relatou em uma sessão que não estava se sentindo satisfeita sexualmente, pois não transava com o namorado havia duas semanas e, nos últimos seis meses, ou ele ejaculava precocemente, ou se sentia cansado e preferia não transar, ou transavam, mas ela não atingia o orgasmo. Disse que, no início, não se importava por também estar cansada, devido à rotina da faculdade e preferir dormir. Mas notou que o namorado, ultimamente, estava sempre cansado, o que a fez questionar se seu relacionamento ainda teria futuro. Disse que amava muito o namorado, que sempre se imaginou casando-se com ele, mas que estava se sentindo muito incomodada com essa situação e começou a se dar conta do quanto o fato de ele ser passivo a incomodava, relatando que várias vezes já tentou conversar com ele sobre as coisas que ela gostava e disse que queria ouvi-lo também, mas ele ficava tímido, não expondo suas fantasias e também não realizando as da namorada, que sentia muita vontade de ser dominada por ele.

Após três meses de tratamento, Afrodite começou a demonstrar entusiasmo durante as sessões, alterando sua expressão inicial – "apagada" – por uma que parecia radiante, "iluminada". Mostrava-se mais sorridente e a tonalidade pálida de sua face, aos poucos, se transformou em um tom meio rosado. Começou a usar brinco, colar, pulseiras e a pintar as unhas ora de vermelho, ora de preto, substituindo os tênis por botas de cano alto, sapatilhas ou sapatos de salto e a mochila, que sempre pareceu tão pesada, por uma bolsa preta, pequena, bonita e mais delicada; uma bolsa que parecia leve. Assim parecia Afrodite, como se tivesse tirado o peso das costas que trazia no início do tratamento, como se estivesse começando a entender e aceitar os seus desejos.

Parecia feliz e dizia se sentir mais livre e mais leve. Sentava-se de pernas cruzadas e já não usava mais o cabelo amarrado, mexendo nele em vários momentos. Em várias sessões, Afrodite relatava que a relação com o namorado melhorou muito, que conseguiu expressar o que sentia e que ele havia compreendido e mudado de atitude. Referia que sua vida sexual melhorara, que não se deixava mais estressar pelo fato de a amiga fumar em casa. Por isso, acreditava que estava melhorando, progredindo e, por meio de um discurso sedutor, dizia que tinha muito a me agradecer, porque jamais imaginou que veria efeitos tão rápidos e que, embora já tivesse feito tratamento com outras pessoas antes, nenhum a compreendeu, respeitou e acolheu tanto quanto eu. Sua queixa inicial quase não aparece mais em seus relatos e quando questionada sobre o assunto, diz que já aprendeu a lidar com isso e não sente mais tanto medo de vomitar.

Aqui vale a pena trazer mais uma vez a questão do baluarte quando alguns sinais positivos apresentados pelo paciente estão apenas acobertando um não processo, no intuito de "fazer o analista feliz".

Em geral, o perigo de ser de fato analisado profundamente é entrar em contato com seu mundo interno ameaçador, tanto pelos objetos parciais internalizados quanto pelo conflito entre as pulsões sexuais de vida e de morte.

No caso de Afrodite, o tratamento psicoterápico de orientação psicanalítica permitiu emergir o caráter sobre a estrutura de personalidade, a qual estava se manifestando em termos de sintomas e conflitos.

Em uma sessão, revelou, com muita empolgação – expressando alegria e sorrindo bastante –, que tem feito aula de *pole dance* e que fez um ensaio fotográfico sensual, com algumas amigas, sendo esse um sonho antigo. Nesse momento, percebi pela tonalidade de sua voz, seus movimentos corporais e sua expressão facial que Afrodite estava radiante, como se tivesse acontecido algo incrível na sua vida, tornando difícil reconhecer aquela moça que parecia uma adolescente "apagada", "murcha", no início, dando espaço para uma mulher, cheia de vida, como se já não fosse mais a mesma pessoa de antes. Ao me mostrar, empolgada, as fotos do ensaio, me surpreendi ao perceber o quanto estava à vontade, parecendo muito espontânea, natural, sorrindo com entusiasmo e fazendo diversas poses nas fotos. Na maioria delas, vestia *lingerie*, salto alto e usava batom vermelho. As unhas também estavam pintadas de vermelho. Relatou que se sentiu como uma deusa, que havia se achado maravilhosa, o que despertou o seu interesse em comprar maquiagens – pois antes não utilizava –, principalmente um batom mais escuro, para usar quando saísse.

Disse que pretendia postar no Instagram e no Facebook as fotos que considerasse não inapropriadas, somente as mais "leves". Percebi que, em uma das fotos, estava sorrindo e fumando, e, quando a questionei sobre isso, já que ela dizia detestar o cheiro de cigarro, revelou que sempre quis tirar uma foto assim e que achava muito bonito o efeito que ficava. Ainda contou que, após o ensaio, sentiu vontade de comprar calcinhas novas, pois considerava que as suas já estavam velhas e não eram sensuais, revelando também que nunca havia usado *lingerie* antes, porque preferia se sentir confortável com as roupas íntimas que estivesse vestindo e que antes não se preocupava tanto com a estética, em parte por ficar com receio de usar certos tipos de roupa e as pessoas a julgarem, dizendo que estava ridícula, mas acreditava que agora não se preocupava mais com o que os outros iriam pensar e disse que fazer essas fotos foi emocionante e libertador, pois a sociedade sempre julga a mulher que se apropria de sua sexualidade, rotulando-a como "vagabunda" ou "puta", segundo suas próprias palavras. Relatou que a partir desse momento iria usar sempre roupas íntimas sensuais, continuaria fazendo aulas de *pole dance* e faria novos ensaios fotográficos. Também pretendia começar a se masturbar com mais frequência para ter mais prazer sexual nos dias em que não estivesse com o namorado, pois sentia que sua libido estava mais forte.

Demonstrava satisfação por estar mais próxima das amigas. Contou que nunca foi muito próxima das colegas da faculdade e que tinha poucos amigos, mas agora estava fazendo novas amizades, permitindo-se sair para tomar chimarrão e ver o pôr do sol, mesmo que para isso tivesse que deixar de ver o namorado no final de semana. Quando questionada sobre a origem dessas amizades, revelou que as conheceu na internet, por meio de um grupo fechado no Facebook sobre sexualidade, e que, por se identificar com elas e admirar o fato de elas assumirem seus desejos sexuais, aceitou participar de um grupo no WhatsApp, sendo que conhecia pessoalmente apenas algumas participantes desse grupo. Entre as que ela conhecia, três a acompanharam no dia do ensaio fotográfico e também fizeram um *book*. Referiu que estava acessando várias páginas no Facebook sobre empoderamento feminino e que, embora ainda não pudesse se considerar feminista, estava se sentindo mais questionadora e empoderada, identificando-se em vários aspectos com a ideologia.

Observamos que num momento Afrodite participa de um grupo de emetofobia no Facebook; tempos depois participa de um grupo sobre sexualidade. Podemos ver a força de sua sexualidade reprimida ao notarmos o desenvolvimento da paciente durante o processo psicoterápico e sua aproximação, agora sem medo, da intensidade de duas manifestações eróticas. A força de sua sexualidade se assemelha à força do vômito, que é involuntária e incontrolável, e esse era seu medo, o incontrolável.

> *O vômito, também denominado de êmese, nada mais é que uma eliminação involuntária do conteúdo gástrico. Ele ocorre por causa de uma forte e incontrolável contração dos músculos abominais que levam ao aumento súbito da pressão intra-abdominal e, consequentemente, à expulsão do conteúdo gástrico. Em geral, o vômito é precedido de náusea, aceleração da respiração e queda da pressão sanguínea. (SANTOS, 2021)*

De acordo com Bergeret (1988, p. 170-172), Afrodite se localiza em uma estrutura neurótica histérica conversiva com caráter conversivo e histerofóbico com traços masoquistas. Nesses casos não há fixações pré-genitais demasiadamente grandes e o recalcamento atua em nível máximo.

A hipótese psicodinâmica visa compreender e explicar os sintomas e conflitos que se encontram subjacentes à problemática atual do paciente, sendo importante para a definição do prognóstico e da indicação terapêutica de forma mais precisa. Ademais, uma vez que permite um conhecimento sobre os conteúdos latentes, possibilita uma compreensão diagnóstica, respaldada por um conhecimento mais aprofundado e consistente sobre o paciente. O nível de funcionamento refere-se ao grau de contato com a realidade que o indivíduo possui, podendo este ser avaliado por meio da sua capacidade em diferenciar sentimentos que fazem parte do seu mundo interno daqueles que são provenientes de fora, como alucinações, delírios etc., pela preservação do juízo crítico, entre outros. Nesse sentido, é preciso ter muito cuidado e cautela ao fazer uma compreensão psicodinâmica, devendo-se levar em conta diversos fatores, por exemplo, a equação etiológica como fator contribuinte na formação da personalidade, bem como a resolução da conflitiva edípica (BERGERET, 2006).

A histeria sempre esteve presente na sociedade, mesmo antes do surgimento da psicanálise. Desde a época de Hipócrates, já se fazia presente, estando vinculada a questões hormonais e de abstinência sexual. Atualmente, a histeria ganhou novas roupagens – uma vez que os pacientes histéricos da clínica contemporânea já não são os mesmos da época de Freud e Charcot. As personalidades histéricas ou histriônicas apresentam uma conduta de exibicionismo, sedução, dramatização, atuações (actings), intolerância à frustração, entre outros. Pacientes desse tipo possuem um desejo muito forte de serem cuidados; olhados pelos seus terapeutas, sendo capazes de tentativas de burlar o contrato – que podem ocorrer por meio de actings – para testá-los. A sedução ocorre como uma tentativa de receber um cuidado, muito mais por uma necessidade de afeto/contato do que por uma necessidade sexual. Cabe ressaltar a importância do tratamento pessoal do terapeuta, que se torna essencial para evitar a possibilidade de uma contra-atuação da sua parte. É preciso ter cuidado para não embarcar nas fantasias histéricas, que são atraentes e seduzem por sua "teatralidade" (EIZIRIK; AGUIAR; SCHESTATSKY, 2015). A tendência é que pacientes histéricos idealizem seus terapeutas, bem como suas outras relações, uma vez que as fantasias ocorrem com frequência nesse tipo de paciente, não aceitando lidar com a frustração. Em diversos momentos, Afrodite apresentou um discurso sedutor e atraente, envolvendo a terapeuta e conseguindo dominar a sessão. Seu relato era obsessivo, rico em detalhes, como uma defesa para proteger o que está latente, mas também pode ter relação com uma característica típica da histérica, que é repetir, mais do que recordar. Ademais, desde o início, a paciente idealizava o tratamento, bem como a terapeuta, além de elogiá-la, como uma tentativa de sedução, para não entrar em contato com os demais conteúdos reprimidos.

Segundo Pereira e Scapin (2015), a histérica busca, constantemente, a insatisfação de seu desejo, pelo medo profundo de deparar-se com a falta, temendo a possibilidade de vivenciar a satisfação absoluta, o gozo pleno, pois gozar poderia destruí-la enquanto sujeito, representando um perigo; um passo para a morte. Por meio do recalcamento, nega-se a descarga e surgem os sintomas como meio de "compensação" e busca de algum nível de "satisfação". Nessa perspectiva, pode-se compreender o porquê da busca por relacionamentos fadados ao fracasso. Caso a relação dê certo, pode corroborar a repressão da sexualidade, por meio de fatores como não conseguir ter penetração, evitamento das relações sexuais, falta de prazer nelas ou transformação do parceiro em um pai. Logo, pode-se inferir a hipótese de que Afrodite buscou um parceiro que fosse passivo, assim como seu pai, e também deve-se levar em conta o fato de que, embora refira que gosta de ser dominada, sempre assume uma postura ativa e dominadora em suas relações, exercendo controle sobre elas, de modo que, quando isso ocorre, as relações perdem a "graça" para ela, pois ocorre um autoboicote para que não obtenha a satisfação.

Melanie Klein (1981) postula que a menina se afasta da mãe devido à frustração oral de não ter mais o seio da progenitora – o que gera uma ferida narcísica –, tomando o pênis do pai como objeto de gratificação, o que desperta sentimentos de inveja e ódio por ambos os genitores, uma vez que, além de não possuir o seio, também não possui o falo. Ou seja, o ressentimento é gerado não somente pela retirada do seio que a nutria, mas também pelo fato de o falo ser negado a ela como objeto de gratificação, gerando um sentimento de injustiça. Ainda discorrendo acerca da perspectiva kleiniana, se levarmos em conta a queixa inicial da paciente, podemos nos questionar, novamente, sobre o porquê do vômito. Afinal, o que havia no leite que a alimentou? Será que era tóxico, a ponto de lhe fazer vomitar? Será que esse leite estava contaminado pela projeção de sua pulsão de morte no seio materno?

No que se refere à repressão da sexualidade feminina, podemos fazer uma relação com o relato da paciente, quando ela disse que tinha medo de assumir certos desejos, por não querer ser julgada ou rotulada como "vagabunda". E se, inicialmente, aquela aparência "apagada", sem cor e sem vida, surgisse porque suas energias estavam concentradas em reprimir suas pulsões sexuais, de modo que a paciente sublimasse tanto por meio dos estudos, levando-a à exaustão, a ponto de sugar a sua vitalidade? E se aquela postura de inocência fosse uma formação reativa em relação ao seu verdadeiro desejo? E se a sua Afrodite fosse interna, estando oculta por detrás daquela figura delicada e jovial, de face pálida?

Segundo a mitologia grega, Afrodite é considerada a deusa do amor, da beleza e da sexualidade. Vaidosa, sedutora, charmosa e amante fervorosa, simboliza o amor passional, sendo justiceira do amor romântico quando este não é correspondido. Na versão de Hesíodo, após Cronos cortar os órgãos sexuais de Urano e jogá-los ao mar, formou-se ao redor desses órgãos uma espécie de espuma branca, que, misturando-se ao mar, gerou Afrodite (ZACHARAKIS, 1995). Ou seja, a deusa nasce da castração. Castração que a histérica não tolera, pois quer possuir tudo e ao mesmo tempo não pode ter nada, pois o desejo não pode ser satisfeito. Como não pode obter um gozo pleno, porque seria desestruturador para seu psiquismo, se submete a uma relação com um parceiro passivo, que não a domina como gostaria, sem obter prazer sexual, e, apesar de todo o sofrimento que essa relação lhe causa, insiste em permanecer exatamente pelo medo de satisfazer o seu desejo e obter o gozo verdadeiro.

Contudo, no que se refere ao diagnóstico nosológico, é preciso coletar mais alguns dados sobre a paciente e seguir observando-a para confirmar ou refutar o diagnóstico de transtorno bipolar. Também podemos tentar nos aprofundar no que teria originado a suposta emetofobia. Porém, esse estudo seguirá no próximo trabalho, realizado no próximo semestre, na modalidade de Estágio Específico II.

## *Indicação terapêutica*

Segundo McWilliams (2014), o tratamento psicanalítico ainda é a melhor escolha para os pacientes histéricos. Entretanto, dependendo do tipo de histeria, o paciente pode ter dificuldade em se comprometer com o tratamento, fazendo várias interrupções durante o processo terapêutico, sendo esses tratamentos descritos como em "capítulos", o que pode dificultar o andamento da análise, havendo uma tendência ao autoboicote (EIZIRIK; AGUIAR; SCHESTATSKY, 2015).

## *Referências*


AMERICAN PSYCHIATRIC ASSOCIATION. *Manual diagnóstico e estatístico de transtornos mentais*: DSM-5. 5. ed. Porto Alegre: Artmed, 2014.

BERGERET, J. *A personalidade normal e patológica*. Porto Alegre: Artmed, 1988.

DICIONÁRIO enciclopédico inter-regional de psicanálise da IPA. [*s. d.*] Disponível em: https://online.flippingbook.com/view/3456/. Acesso em: 5 jul. 2021.

EIZIRIK, C. L.; AGUIAR, R. W.; SCHESTATSKY, S. S. (org.). *Psicoterapia de orientação analítica*: fundamentos teóricos e clínicos. 3. ed. Porto Alegre: Artmed, 2015.

KLEIN, M. *Psicanálise da criança*. 3. ed. São Paulo: Mestre Jou, 1981.

LEITE, C. E. P. *et al.* Emetofobia: revisão crítica sobre um transtorno pouco estudado. *Jornal Brasileiro de Psiquiatria*, v. 60, n. 2, p. 123-130, 2011. Disponível em: https://doi.org/10.1590/S0047-20852011000200007. Acesso em: 22 set. 2021.

MCWILLIAMS, N. *Diagnóstico psicanalítico*: entendendo a estrutura da personalidade no processo clínico. 2. ed. Porto Alegre: Artmed, 2014.

PEREIRA, F. B.; SCAPIN, A. L. Desejo insatisfeito: considerações sobre a histeria, segundo a psicanálise. *Uningá Review*, Paraná, v. 23, n. 2, p. 31-33, jul.-set. 2015.

ROUDINESCO, E.; PLON, M. *Dicionário de psicanálise*. Rio de Janeiro: Zahar, 1998.

SANTOS, V. S. dos. Náusea e vômito. *Brasil Escola*. 2023. Disponível em: https://brasilescola.uol.com.br/saude-na-escola/nausea-vomito.htm. Acesso em: 23 set. 2021.

ZACHARAKIS, G. E. *Mitologia grega*: genealogia das suas dinastias. Campinas: Papirus, 1995.

# 4. Adolescente em conflito com a lei e o entendimento da busca pelo objeto através do ato infracional: uma leitura de Freud e Winnicott

*Janaína Fassinato Pio de Almeida*

## *Introdução*

Segundo Aberastury e Knobel (1981), a passagem pela adolescência compõe uma fase de intensas mudanças e indagações que permeiam as relações intra e interpessoais. O adolescente é visto ora como criança, ora como adulto, sendo que os papéis sociais são estabelecidos dependendo das circunstâncias, sendo ele reconhecido pela família e pela sociedade como um sujeito incompleto.

A adolescência representa um período de grandes alterações tanto psíquicas quanto físicas e sociais. O sujeito, ao iniciar a fase da adolescência, enfrenta momentos de luto pela perda do corpo infantil, da própria infância, da sexualidade infantil e dos pais infantis. A perda de uma identidade infantil, de um corpo infantil exige que o sujeito construa uma nova identidade social e psíquica. Podemos inferir que muitas vezes essas perdas geram um grande sofrimento, uma vez que é preciso romper com toda uma construção realizada até ali.

Descontruir os pais idealizados da infância representa uma ruptura no processo de identificação do sujeito; essa ligação afetiva com os objetos parentais, muitas vezes estruturante, causa sofrimento com a chegada da adolescência.

As formas de luto correspondem a várias perdas da personalidade infantil, que faz com que o adolescente tenha que buscar uma nova identidade que possa assegurar a sua condição de adulto, e juntamente há a revivescência do Édipo (ABERASTURY; KNOBEL, 1981).

A psicanálise tem uma contribuição importante para a compreensão do percurso seguido pelo adolescente que culmina no envolvimento em atos infracionais, entendendo os postulados teóricos da constituição humana e consequentemente da construção social do sujeito.

Os atos infracionais praticados pelos adolescentes é um tema que mobiliza e causa revolta na sociedade. Alguns atos com mais crueldade tornam-se conhecidos publicamente pela veiculação na mídia, tornando a vida dos cidadãos mais angustiante pelo medo da violência. Esse medo, que culmina em uma cobrança da população aos órgãos responsáveis pela segurança pública dos estados, reabre a discussão acerca da proposta de lei PEC nº 171 de 1993,[1] parada há mais de vinte anos, que reduz a idade penal de 18 para 16 anos, a qual retorna para debate no Senado Federal (BRASIL, 1993).

O Estatuto da Criança e do Adolescente (ECA) determina que menores de 18 anos são penalmente inimputáveis e que os adolescentes em conflito com a lei devem ser internados em locais especializados para ressocialização por no máximo três anos. Muitas áreas que trabalham com crianças e adolescentes criticam

---

1 Disponível em: http://www.camara.gov.br/proposicoesWeb/fichadetramitacao?idProposicao=14493. Acesso em: 11 jun. 2019.

a PEC, pois acreditam que com 16 anos o jovem não tem estrutura e formação biopsicossocial para responder criminalmente em um ambiente que não tem como objeto uma responsabilização que compreenda a relação que esse jovem tem com o mundo externo, já que são sujeitos em formação e em processo de amadurecimento.

O Conselho Federal de Psicologia (CFP) posiciona-se contrário à PEC nº 171 de 1993, e enfatiza que a redução da maioridade infantil não reduzirá a violência nem os mecanismos produtores dela, e sim desviará a atenção do problema real (CFP..., 2015).

Muitas são as críticas relacionadas ao tempo de internação dos adolescentes infratores, e a sociedade defende uma penalização sem diferenças para adolescentes de 16 anos; essa concepção é fundamentada na lógica de que a adolescência é uma fase do desenvolvimento humano em que o sujeito já teria condições de escolher pelo certo ou errado em suas atitudes, alternativa que possibilitaria a aplicação de penas mais rigorosas sem diferenciação de etapa do desenvolvimento. Sabemos que o tratamento especial à criança e ao adolescente é baseado no processo de construção do sujeito e em alternativas de construir novas oportunidades para o infrator.

Segundo Foucault:

> *Se não é mais ao corpo que se dirige a punição, em suas formas mais duras, sobre o que, então, se exerce? A resposta dos teóricos – daqueles que abriram, por volta de 1780, o período que ainda não se encerrou – é simples, quase evidente. Dir-se-ia inscrita na própria indagação. Pois não é mais o corpo, é a alma. À expiação que tripudia sobre o corpo deve suceder um castigo que atue, profundamente, sobre o coração, o intelecto, a vontade, as disposições. (2008, p. 18)*

Faz-se necessário refletir sobre o desenvolvimento emocional do sujeito para compreendermos sua capacidade de preocupação com o outro. Winnicott enfatizou em seus estudos a importância de um ambiente que possibilite que o sujeito passe pelos estágios iniciais sem problemas para a conquista da capacidade de se preocupar com o outro, sendo esse o resultado dos cuidados que o sujeito recebeu, do ambiente suficientemente bom, das relações parentais suficientemente boas. Esses cuidados resultam na saúde psíquica do sujeito e especialmente do adolescente, e em como ele vai lidar com todas as mudanças em suas relações.

Segundo Winnicott (1983/2007), a preocupação indica o fato de o indivíduo se importar, ou valorizar, e tanto sentir como aceitar responsabilidade. Essa capacidade será fundamental nas relações interpessoais, nas relações com trabalho e de construir laços afetivos mais evoluídos.

## *O adolescente em conflito com a lei*

A adolescência cronológica é definida pela Organização das Nações Unidas (ONU) entre 15 e 24 anos de idade e pela Organização Mundial da Saúde (OMS) entre 10 e 19 anos de idade. Para o Ministério da Saúde do Brasil, a adolescência é entre 10 e 24 anos.

No Brasil, o Estatuto da Criança e do Adolescente (ECA), Lei nº 8.069, de 1990, define adolescência como a faixa etária de 12 a 18 anos de idade.

Aberastury e Knobel (1981) definem a adolescência como um processo do desenvolvimento permeado de desequilíbrios e instabilidades, o qual denominam de "síndrome normal da adolescência", sendo um momento perturbador tanto para o adolescente quanto para os adultos que convivem com ele. Os autores reforçam a importância dessa perturbação para que o adolescente inscreva sua identidade para o mundo, sendo esse o objetivo principal dessa fase do desenvolvimento.

Para Erikson (1976), a adolescência é uma fase de crise normativa, sendo uma fase normal com aumento de conflitos. Erikson define essa crise normativa como uma crise psicótica ou neurótica e enfatiza a busca pela identidade nessa fase, o que nomeou como estágio da identidade *versus* confusão de papéis, momento em que o adolescente tenta descobrir quem realmente é e o que tem capacidade de fazer, quais seus pontos fortes e suas fraquezas. Nessa fase o investimento de energia do adolescente é muito intenso na busca de uma identidade sólida e aceita pela sociedade, e ele se sente pressionado em relações a suas escolhas; para o autor, essa fase é fundamental para a construção de alicerces para o início da vida adulta.

Entrar na adolescência significa a perda da identidade de criança, quando novas relações são construídas: relações com o corpo e suas transformações, com os pais da infância e com os grupos sociais. Todas essas novas relações passam por um processo de luto tanto por parte do adolescente em relação a sua identidade infantil como por parte dos pais que passam pelo desprendimento do filho criança.

Para Winnicott, a adolescência é o momento em que as fases anteriores são revividas, com o objetivo de atingir a maturidade, sendo um recomeço quanto à adaptação do ambiente e dos cuidados que este proporciona. Esse processo de amadurecimento pode ser interrompido por intromissões negativas devido à falta de um ambiente suficientemente bom. Segundo o autor: "De fato, existe somente uma cura real para a adolescência: o amadurecimento. Isso e a passagem do tempo resultam, no final, no surgimento da pessoa adulta" (WINNICOTT, 1983, p. 163).

Segundo Freud (1905/1996), com a chegada da puberdade iniciam-se as mudanças que levam a vida sexual infantil a sua configuração normal definida, isto é, até o momento anterior dessa fase, a pulsão sexual era autoerótica e na fase genital encontra o objeto sexual, sendo que as zonas erógenas se subordinam ao primado da zona genital como resultado da maturidade fisiológica.

A partir do ECA (BRASIL, 1990), o adolescente em conflito com a lei passou a ser responsabilizado por seus atos. Considerando a condição de pessoa em desenvolvimento, essa prática de responsabilização se dá a partir do cumprimento de medidas socioeducativas norteadas pelos parâmetros do Sistema Nacional de Atendimento Socioeducativo (Sinase), considerando nas medidas socioeducativas a lógica de responder judicialmente quando se comete uma infração.

O ECA prevê seis medidas socioeducativas para os adolescentes autores de atos infracionais: advertência, obrigação de reparar o dano, prestação de serviços à comunidade (PSC), liberdade assistida (LA), semiliberdade e internação. O Sinase considera privilegiar as medidas de meio aberto, sendo elas a liberdade assistida e a prestação de serviços à comunidade, e como últimas alternativas as medidas restritivas de liberdade – semiliberdade e internação. De acordo com o Sinase, as medidas abertas têm como principal objetivo a inserção dos adolescentes na comunidade e na família.

O desafio entre o ECA e o Sinase se instala entre estabelecer a medida socioeducativa com caráter educativo e não punitivo. Mesmo com o termo "medida" utilizado pelos órgãos jurídicos a partir do ECA e do Sinase, a sociedade e muitos setores da população fortalecem o caráter punitivo. Para os adolescentes em cumprimento de medidas socioeducativas a punição também fica evidente, já que o desejo não é mais levado em consideração e a conduta coercitiva prevalece.

Outro desafio é a garantia dos direitos do adolescente, enquanto cumprimento da medida, na perspectiva de projeto de vida do adolescente. Nesse momento o papel do socioeducador implica um vínculo; nessa relação podemos inferir que o espaço de vínculos institucionais se constituiu a partir do simbólico com papéis estabelecidos pelo sistema, relações de confronto e limitadoras que vão estruturando o adolescente ao longo de sua internação.

A responsabilização prevista no ECA busca, por meio das medidas socioeducativas para adolescentes em conflito com a lei, uma construção subjetiva pensando em um projeto de vida que integra diferentes instituições: a família e o Estado, com políticas públicas voltadas para a reinserção do adolescente ao convívio social. Como sujeito, ele será convidado a pensar e ser agente de sua medida, junto com a equipe técnica especializada no trabalho com adolescentes infratores.

A responsabilização prevista no ECA, chamada de medida socioeducativa, não deve ser vista como uma pena, e sim como uma possibilidade de o adolescente ser responsabilizado pelos seus atos conforme previsto em lei. Podemos inferir à luz da teoria psicanalítica que as medidas socioeducativas atuam na vida do adolescente como um corte, uma interdição que é aplicada por meio da lei, tendo faltado a lei maior na vida psíquica, que seria o pai, ou a internalização da autoridade.

Segundo o DSM-5 (AMERICAN PSYCHIATRIC ASSOCIATION, 2014), a noção de delinquência está relacionada a uma conduta psicopatológica descrita por meio de determinados sintomas (critérios diagnósticos), seguindo uma classificação e enquadramento.

Consta no DSM-5 (2014, p. 659):

***Transtorno da personalidade antissocial** é um padrão de desrespeito e violação dos direitos dos outros.*

*Critérios Diagnósticos 301.7 (F60.2)*

*A. Um padrão difuso de desconsideração e violação dos direitos das outras pessoas que ocorre desde os 15 anos de idade, conforme indicado por três (ou mais) dos seguintes:*

*1. Fracasso em ajustar-se às normas sociais relativas a comportamentos legais, conforme indicado pela repetição de atos que constituem motivos de detenção.*

*2. Tendência à falsidade, conforme indicado por mentiras repetidas, uso de nomes falsos ou de trapaça para ganho ou prazer pessoal.*

*3. Impulsividade ou fracasso em fazer planos para o futuro.*

*4. Irritabilidade e agressividade, conforme indicado por repetidas lutas corporais ou agressões físicas.*

*5. Descaso pela segurança de si ou de outros.*

*6. Irresponsabilidade reiterada, conforme indicado por falha repetida em manter uma conduta consistente no trabalho ou honrar obrigações financeiras.*

*7. Ausência de remorso, conforme indicado pela indiferença ou racionalização em relação a ter ferido, maltratado ou roubado outras pessoas.*

*B. O indivíduo tem no mínimo 18 anos de idade.*

*C. Há evidências de transtorno da conduta com surgimento anterior aos 15 anos de idade.*

*D. A ocorrência de comportamento antissocial não se dá exclusivamente durante o curso de esquizofrenia ou transtorno bipolar.*

## *Características diagnósticas descritivas e dinâmicas*

A característica essencial do transtorno da personalidade antissocial é um padrão difuso de indiferença e violação dos direitos dos outros, o qual surge na infância ou no início da adolescência e continua na vida adulta. Esse padrão também já foi referido como psicopatia, sociopatia ou transtorno da personalidade dissocial. Visto que falsidade e manipulação são aspectos centrais do transtorno da personalidade antissocial, pode ser especialmente útil integrar informações adquiridas por meio de avaliações clínicas sistemáticas e informações coletadas de outras fontes colaterais.

Para que esse diagnóstico seja firmado, o indivíduo deve ter no mínimo 18 anos de idade (critério B) e deve ter apresentado alguns sintomas de transtorno da conduta antes dos 15 anos (critério C). O transtorno da conduta envolve um padrão repetitivo e persistente de comportamento no qual os direitos básicos dos outros ou as principais normas ou regras sociais apropriadas à idade são violados. Os comportamentos específicos característicos do transtorno da conduta encaixam-se em uma de quatro categorias: agressão a pessoas e animais, destruição de propriedade, fraude ou roubo ou grave violação a regras.

Na linha de entendimento do comportamento antissocial (que nos remete ao transtorno de personalidade antissocial, embora veremos em seguida essa diferenciação) é interessante falarmos de um grupo de transtornos que tem sua origem na infância ou na adolescência e dificilmente serão vistos pela primeira vez na idade adulta: os transtornos disruptivos, de controle dos impulsos e de conduta.

Podemos inferir que a tendência antissocial estudada por Winnicott difere do transtorno de personalidade antissocial (DSM-5). Pensando em uma etapa do desenvolvimento humano que se caracteriza por comportamentos agressivos e impulsivos, Winnicott (1987) considera em seus estudos a cura possível, já que os sintomas típicos dessas situações são sinais de esperança, grito de socorro e necessitam de uma resposta do ambiente como interdição do sofrimento vivenciado.

Em seus estudos sobre a "delinquência juvenil", Winnicott (1987) faz uma comparação entre criança normal e criança antissocial. Em relação à criança normal, Winnicott discorre sobre o ambiente suficientemente bom, estruturante e estimulante nos primeiros anos de vida proporcionados pela relação materna que desenvolve uma capacidade de controle dos impulsos. Já a criança com comportamento antissocial não teve esse ambiente estruturante, continente e estimulante; suas relações maternas frágeis não possibilitaram que se construísse essa capacidade de controle e ela precisará de um controle externo para conseguir conviver de maneira adequada às regras e leis sociais.

Winnicott (1987) considera que, quando uma criança rouba, o que é desejado consciente e inconscientemente não é o objeto roubado, e sim a mãe perdida; o roubo passa a ser consciente, já que a mãe é sua e ele está exercendo seu papel de filho.

Segundo Levisky (1998), uma sociedade que não tem claras as definições de papéis, de funções, de valores não cumpre a função organizadora e o adolescente torna-se agente e vítima desse processo.

## *A constituição do sujeito psíquico em Freud*

Na psicanálise a compreensão da constituição do psiquismo passa por um grande trabalho desenvolvido por Sigmund Freud, que sustenta a importância dos primeiros anos de vida na constituição psíquica.

Nos conceitos psicanalíticos freudianos, infância e infantil necessitam olhares diferentes. Enquanto a infância refere-se a um tempo cronológico, o infantil é atemporal e constituído por pulsão, fantasia, recalque e compõe o inconsciente.

Neste capítulo nos debruçaremos sobre o infantil para discorrer sobre a constituição do psiquismo. No texto "Lembranças encobridoras", Freud (1899/1980) mostra uma preocupação maior com as fantasias; podemos inferir que esse período tenha marcado de forma significativa o conceito de infantil.

Em 1900 e 1905, com os textos *A interpretação dos sonhos* e *Os três ensaios sobre a teoria da sexualidade*, Freud toma como material da análise o infantil, que surge por meio da associação livre no adulto, pelo material recalcado até então inacessível. Essas duas obras são consideradas por Freud como os estudos mais importantes para compreensão da sexualidade infantil, por meio de conceitos diretamente implicados para o entendimento dos conflitos infantis, como: amnésia infantil, zonas erógenas, castração e complexo de Édipo.

Em seu capítulo "As transformações da puberdade", da obra *Os três ensaios sobre a teoria da sexualidade*, discorre sobre as mudanças com a chegada dessa fase. Segundo Freud (1905/1996, p. 196):

> *Com a chegada da puberdade introduzem-se as mudanças que levam a vida sexual infantil a sua configuração*

> *normal definitiva. Até esse momento, a pulsão sexual era predominantemente autoerótica; agora, encontra o objeto sexual. Até ali, ela atuava partindo de pulsões e zona erógenas distintas que, independente umas das outras, buscavam um certo tipo de prazer como alvo sexual exclusivo. Agora, porém, surge um novo alvo sexual para cuja consecução todas as pulsões parciais se conjugam, enquanto as zonas erógenas subordinam-se ao primado da zona genital.*

Freud estabelece as fases do desenvolvimento psicossexual quando atribui a libido investida no objeto, sendo ele fonte de prazer ao longo do desenvolvimento infantil, e que, por meio da fantasia, a criança deve se relacionar com seus pais criando uma triangulação relacional.

Segundo Freud (1905/1996), estabelece-se o conceito de libido como uma força quantitativamente variável que poderia medir os processos e transformações ocorrentes no âmbito da excitação sexual.

Em 1920, no texto *Além do princípio do prazer*, Freud representa simbolicamente a saída e o retorno da mãe com o jogo do carretel, em que seu neto joga para longe e puxa novamente, fazendo o sentido do Fort-da, simbolicamente o ir embora e o voltar da mãe; nesse brincar a criança repete a experiência desagradável de distanciar-se da mãe e, repetindo essa experiência de afastamento, ela passa a dominar o desprazer da sua ausência. Podemos inferir que a mãe mantém o ambiente seguro para que a criança possa elaborar o afastamento temporário dela mesma e estabelecer a noção de permanência do objeto.

Podemos inferir também que o ambiente seguro proporciona à criança a segurança necessária para seu desenvolvimento saudável.

Para Winnicott, a criança imagina a mãe como sendo criada pela própria criança; isso lhe dá a segurança de que ela tem direitos sobre a mãe, que acaba sendo objeto de desejo da criança. Assim como Freud representa simbolicamente no jogo do carretel, podemos pensar na capacidade da criança em lidar com o desprazer em afastar-se da mãe temporariamente, sentindo a segurança de que ela voltará. Dessa forma sem ser privada do vínculo afetivo e da constância ambiental proporcionada pela mãe.

Para Freud (1920/2004), a pulsão agressiva pode ser definida como a pulsão de morte voltada para o mundo exterior. A agressividade voltada para o externo demanda a busca pelo objeto por meio de ações e atitudes desorganizadas do sujeito. As relações materna e paterna estruturam o sujeito para investimento e destinação para a pulsão de vida.

Freud, em seus estudos, estabelece a divisão do aparelho psíquico em instâncias na segunda tópica, sendo elas: id, ego e superego, sendo o id o conjunto de conteúdos inconscientes de origem pulsional, o ego um regulador das funções sociais constituído por meio da interação com o externo e o superego com importante função na formação social que surge a partir das interações parentais.

Diz Winnicott (1989, p. 74):

> *Quando ocorre uma privação, em termos de um rompimento do lar, especialmente se houver uma desavença entre os pais, ocorre uma coisa muito séria na organização mental da criança. De repente, suas ideias e seus impulsos agressivos tornam-se inseguros. Penso que imediatamente a criança assume o controle que acabou de ser perdido e identifica-se com o novo quadro de referência familiar. Resultado: a criança perde sua própria impulsividade e espontaneidade.*

> *O nível de ansiedade é tão alto que o ato de experimentar, que poderia fazê-la chegar a um acordo com a própria agressividade, torna-se impossível [...] A tendência antissocial faz com que o menino se redescubra sempre que sinta alguma esperança de retorno da segurança, o que significa uma redescoberta da própria agressividade.*

## *O ato infracional como busca pelo objeto em Winnicott*

Para Winnicott o amadurecimento é um processo de integração de vários aspectos que contribuem para a formação da personalidade. Esses aspectos foram escritos pelo pediatra e psicanalista D. W. Winnicott na década de 1930, quando iniciou seus escritos na área com importantes conceitos que colaboram para o entendimento do desenvolvimento emocional.

No desenvolvimento saudável é necessário que o bebê tenha um ambiente seguro e constante desde o início (já na gravidez), possibilitando que a mãe inicie um processo de muita sensibilidade às necessidades de seu bebê.

Segundo Winnicott (1956/2000, p. 403):

> *A mãe que desenvolve esse estado ao qual chamei de "preocupação materna primária" fornece um contexto para que a constituição da criança comece a se manifestar, para que tendências ao desenvolvimento comecem a desdobrar-se, e para que o bebê comece a experimentar movimentos espontâneos e se torne dono das sensações correspondentes a essa etapa inicial da vida.*

Winnicott, em seus estudos, descreve a mãe suficientemente boa como uma pessoa comum capaz de proporcionar ao filho um ambiente continente e saudável. Winnicott refere três funções importantes da mãe suficientemente boa: holding, manipular e apresentar objetos. Essas funções podem ser exercidas pela mãe ou substituta dessa maternagem.

O holding tem muita relação com a capacidade que a mãe tem de identificar-se com o bebê e manter uma rotina de cuidados adequados às necessidades dele, sendo de extrema importância nessa fase o holding físico, quando a mãe transmite segurança para seu filho. A manipulação desenvolve uma parceria entre a dupla mãe/bebê, tornando para o bebê o irreal em real e favorecendo o vínculo afetivo de ambos. Na apresentação de objetos, a mãe proporciona que seu bebê inicie o contato com o externo de acordo com a etapa do desenvolvimento, abrindo possibilidades para o bebê se voltar para outras relações com segurança e ir em busca da independência, objetivo do processo de amadurecimento do bebê.

Para Winnicott, é fundamental o cuidado materno ou paterno suficientemente bom para a saúde mental da criança; ela não será estabelecida sem que haja esses cuidados.

Segundo Winnicott (1989), quando o ambiente familiar deixa de proporcionar as características essenciais para a sobrevivência da criança, ela sofre privação e então passa por um processo chamado de "complexo de privação". Podemos dizer que a privação é a omissão de cuidados familiares que ocorrem em um momento importante da constituição psíquica; nesse momento já existe um grau de maturidade da personalidade em que a criança percebe que as relações familiares e ambientais não são mais as mesmas que antes.

A falha ambiental é sentida pela criança não como uma simples carência afetiva, e sim um desapossamento, termo utilizado por Winnicott para conceituar a perda de positivo para a criança que foi abruptamente retirado. O termo privação necessita de um antes e um depois do ocorrido, sendo o ponto exato do fato traumático para a criança.

A privação se dá a partir de um distanciamento da relação materna. Esse afastamento é sentido pelo filho como uma omissão afetiva, de cuidados básicos e de estímulos. Esse distanciamento Winnicott chamou de "privação materna".

Diz Winnicott (2001, p. 27):

> *O desenvolvimento, em poucas palavras, é uma função da herança de um processo de maturação, e da acumulação de experiências de vida; mas esse desenvolvimento só pode ocorrer num ambiente propiciador. A importância deste ambiente propiciador é absoluta no início, e a seguir relativa; o processo de desenvolvimento pode ser descrito em termos de dependência absoluta, dependência relativa e um caminhar rumo a independência.*

Segundo Winnicott, na tendência antissocial o mais importante é que o ato infracional tem como objetivo um ganho primário que seria resgatar o objeto perdido; já na delinquência, sendo essa uma defesa do antissocial, perde-se o vínculo com o objeto e a culpa passa para o externo, como se o externo lhe devesse algo e os benefícios do delito são para suprir a falta do objeto, tendo assim ganhos secundários com suas atitudes delinquentes.

Enquanto na tendência antissocial existe esperança pelo resgate do vínculo perdido com a mãe, na delinquência a esperança foi deslocada para o ganho de poder e controle. A tendência antissocial origina-se de uma privação e está ligada ao pedido de socorro e ao sentimento de esperança em voltar para o momento anterior da privação.

Podemos inferir que os primeiros sinais de comportamentos antissociais podem passar despercebidos, pois são comportamentos muitas vezes normais do desenvolvimento, como agressividade e mentira, atitudes vistas como de uma adolescência normal; nessa fase torna-se fundamental a qualidade das relações familiares e ambientais proporcionadas para a criança.

Por um sentimento de esperança, o adolescente investe em comportamentos antissociais buscando na tendência antissocial demonstrar esperança em voltar para o estado anterior ao momento da privação. Por meio de atos ilícitos, a criança busca no objeto uma contenção externa; o objeto materno está em falta, não lhe dá constância suficiente para conter a ansiedade, que é muito grande, por reconhecer que está privado da relação materna, como se tudo estivesse tão bem até que houve a privação.

O investimento do adolescente no objeto passa a ser atuado por meio dos comportamentos delinquentes, com atos infracionais, roubos, furtos, mentiras e destrutividade. Segundo Winnicott, o furto é o ato que está no centro da tendência antissocial; nele a criança ou adolescente, por meio da sua criatividade, converte a mãe no objeto desejado e furtado.

Winnicott (1987) salienta dois aspectos, que se relacionam entre si, na tendência antissocial: o primeiro é a interação da criança com a figura materna, que está vinculada ao roubo e à mentira; e o segundo aspecto é a interação com a figura paterna, que está vinculada à destrutividade.

## *Tendência antissocial e a delinquência*

O conceito de tendência antissocial para Winnicott não foi construído com o objetivo de diagnosticar e patologizar, e sim para um maior entendimento das atitudes dos adolescentes e de que estas representam suas experiências vividas nas relações parentais.

Segundo Winnicott (1987), na raiz da tendência antissocial há sempre uma privação ou carência, sendo o resultado de uma ausência ou afastamento da figura materna ocorrida em um certo momento do desenvolvimento da criança.

Winnicott (1989) relaciona a tendência antissocial com a privação, isto é, a um fracasso específico no desenvolvimento da criança. A privação se dá quando o bebê, ainda muito pequeno, viveu uma experiência marcante de abandono e não houve tempo de se desenvolver na mente a capacidade de diferenciar o eu e o não eu. As consequências da privação seriam o desenvolvimento de atitudes antissociais.

Ao reconhecer que algo lhe faltou, a criança investe sua agressividade para o externo; já que o ambiente não lhe foi suficientemente bom, ela busca objetos substitutivos da mãe para contê-la. O ato de roubar e mentir atua como base para a tendência antissocial; esses comportamentos atuam para a criança como investimento no objeto e na sua capacidade de encontrá-lo. Condutas criminosas são sinais de que algo não vai bem com o adolescente, e dessa maneira ele pede socorro; sua pulsão investida no externo e na destrutividade demonstram a incapacidade de preocupação com o outro.

Na teoria winnicottiana, o estágio do concern resulta na capacidade de preocupação com o outro; esse estágio está totalmente relacionado à saúde psíquica do sujeito. Essa etapa do amadurecimento emocional baseia-se nas experiências relacionais e ambientais vividas pelo bebê-criança ao longo de seu desenvolvimento. Nesse estágio também ocorrem as interações com o mundo externo e a capacidade do brincar criativo passa a ser fundamental para esse desenvolvimento saudável.

Como base da tendência antissocial, podemos inferir que ocorreu uma experiência inicial satisfatória às necessidades da criança, e logo em seguida ocorre a perda de cuidados ambientais. A criança começa a apresentar comportamentos antissociais como sintoma decorrente da descontinuidade dos cuidados ambientais que lhe eram oferecidos.

Para Winnicott (1987), a criança antissocial recorre à sociedade em vez de recorrer à família ou à escola para lhe fornecer a estabilidade de que necessita a fim de transpor os primeiros e essenciais estágios de seu desenvolvimento emocional.

A delinquência indica que existe esperança em resgatar o olhar perdido no momento de privação. O delinquente atua para conquistar o controle; quando percebe que o controle não virá das relações familiares, ele desloca para o externo sua destrutividade e espera que a sociedade lhe retorne com a continência desejada.

## *Conclusão*

Ao falarmos sobre a adolescência, é fundamental uma reflexão sobre a constituição do sujeito como um processo de amadurecimento emocional iniciado antes do nascimento. Nessa fase o sujeito passa pelos lutos e pelas crises que dão conta de todos esses conflitos gerados pelas desconstruções necessárias. Os cuidados iniciais da mãe com seu filho serão decisivos para que o jovem consiga lidar com as angústias da adolescência normal.

É importante um ambiente suficientemente bom, que se dá nos primeiros anos de vida, em que o sujeito será encorajado a seguir seus desafios com maior segurança em si mesmo. Um ambiente continente e seguro nesse processo de amadurecimento faz com que o jovem consiga distanciar-se da família com aquela segurança de que terá holding, ou seja, uma sustentação para seus conflitos.

A delinquência é o resultado de muitas falhas que se deram no desenvolvimento emocional do sujeito nos primeiros anos de vida; a falta de continência materna e de um ambiente saudável levam aos atos antissociais e futuramente à delinquência. O adolescente cobra do mundo externo aquilo que ficou deficitário no ambiente familiar, e a destrutividade passa a ser a alternativa e a maneira de se relacionar com o mundo.

A tendência antissocial surge da privação sofrida pela criança. Ela integra a situação após o fato traumático como as vivências anteriores ao fato, sendo necessárias as duas etapas para definição da privação. A criança sofre pela perda das condições ambientais satisfatórias que obteve nos primeiros anos do desenvolvimento. A falha ambiental e a perda das relações familiares durante o desenvolvimento emocional da criança resultarão em marcas profundas na personalidade, afetando aspectos importantes para a construção de um sujeito criativo, seguro e capaz de internalizar as leis externas.

Podemos inferir que o ato infracional e/ou atos antissociais são sinais de que algo não vai bem na vida do sujeito; esses comportamentos surgem como pedido de socorro, busca por algo seu que foi perdido, sendo a relação materna a mais importante nesse momento. O adolescente reconhece que o ambiente lhe deve algo e, por meio da delinquência, passa a cobrar do externo, sendo o externo que fará a função ambiente continente para suas atitudes antissociais por meio de Leis. Não são raros os jovens que encontram o limite somente pelas medidas socioeducativas e permanecem em busca do objeto de maneira compulsiva e desajustada. Muitos só resgatam os vínculos familiares por meio da intervenção do Estado, quando, em cumprimento de uma medida socioeducativa, têm suas mães vinculadas de alguma maneira nesse processo. Nesse sentido podemos pensar nas condutas antissociais como tentativas de reorganização interna do adolescente, como busca do objeto ausente no seu desenvolvimento e crescimento emocional.

É possível pensarmos que, mediante os cuidados maternos e paternos, com um ambiente que ofereça cuidados satisfatórios e que a criança não passe por situações de privação das relações e do ambiente, será possível uma adolescência na qual a criança não necessite pedir socorro por meio da destrutividade e que possa desenvolver a capacidade de preocupar-se com o outro e a energia fique deslocada para questões saudáveis e socialmente aceitas.

## *Referências*

ABERASTURY, A.; KNOBEL, M. *Adolescência normal*. Porto Alegre: Artes Médicas, 1981.

AMERICAN PSYCHIATRIC ASSOCIATION. *Manual diagnóstico e estatístico de transtornos mentais*: DSM-5. 5. ed. Porto Alegre: Artmed, 2014.

ARENDT, H. *Sobre a violência*. Rio de Janeiro: Relume-Dumará, 1994.

BIRMAN, J. *Mal-estar na atualidade*: a psicanálise e as novas formas de subjetivação. Rio de Janeiro: Civilização Brasileira, 2005.

BLOS, P. *Adolescência*: uma interpretação psicanalítica. São Paulo: Martins Fontes, 1998.

BRASIL. *Lei Federal nº 8069, de 13 de julho de 1990*. Dispõe sobre o Estatuto da Criança e do Adolescente e dá outras providências. Brasília, DF: Presidência da República, 1990. Disponível em: https://www.planalto.gov.br/ccivil_03/leis/l8069.htm. Acesso em: 15 maio 2023.

BRASIL. *PEC 171/1993*. Brasília, DF: Câmara dos Deputados, 1993. Disponível em: http://www.camara.gov.br/proposicoesWeb/fichadetramitacao?idProposicao=14493. Acesso em: 15 maio 2023.

CFP reitera posicionamento contrário à redução da maioridade penal. Conselho Federal de Psicologia, 25 mar. 2015. Disponível em: http://site.cfp.org.br/cfp-reitera-posicionamento-contrario-a-reducao-da-maioridade-penal/. Acesso em: 15 maio 2023.

CONTE, M. A complexidade das relações entre violência, drogas e laço social. *In*: HARTMANN, F.; ROSA JR., N. C. F. (org.). *Violências e contemporaneidade*. Porto Alegre: Artes e Ofícios, 2005. p. 45-52.

CRAIDY, C.; GONÇALVES, L. L. *Medidas socioeducativas*: da repressão à educação. Porto Alegre: Editora da UFRGS, 2005.

ENDO, P. C. *A violência no coração da cidade*: um estudo psicanalítico. São Paulo: Escuta, 2005.

ERIKSON, E. H. *Identidade, juventude e crise*. Rio de Janeiro: Zahar Editores, 1976.

ERIKSON, E. H. *Infância e sociedade*. 2. ed. Rio de Janeiro: Zahar Editores, 1987.

ERIKSON, E. H.; ERIKSON, J. *O ciclo da vida completo*. Porto Alegre: Artes Médicas, 1998.

FOUCAULT, M. *Vigiar e punir*: nascimento da prisão. Trad. Raquel Ramalhete. Petrópolis: Vozes, 2008.

FREUD, S. (1899). Lembranças encobridoras. *In:* FREUD, S. *Obras completas*, v. XIII. Rio de Janeiro: Imago, 1980. p. 285-306.

FREUD, S. (1905). Um caso de histeria, três ensaios sobre a sexualidade e outros trabalhos. *In*: FREUD, S. *Obras Completas*. Rio de Janeiro: Imago, 1996. p. 119-229.

FREUD, S. (1911). Formulações sobre os dois princípios do acontecer psíquico. *In*: FREUD, S. *Obras completas*. Rio de Janeiro: Imago, 2004. p. 233-246.

FREUD, S. (1915). Os instintos e suas vicissitudes. *In*: FREUD, S. *Obras completas*. Rio de Janeiro: Imago, 2004. p. 117-145.

FREUD, S. (1920). Além do princípio do prazer. *In:* FREUD, S. *Obras completas*, v. XVIII. Rio de Janeiro: Imago, 2004. p. 13-74.

FREUD, S. (1923). O ego e o id. *In*: FREUD, S. *Obras completas*. Rio de Janeiro: Imago, 1996. p. 15-84.

FREUD, S. (1924). O problema econômico do masoquismo. *In*: FREUD, S. *Obras completas*. Rio de Janeiro, 1996. p. 177-192.

FREUD, S. (1929). O mal-estar na civilização. *In*: FREUD, S. *Obras completas*. Rio de Janeiro: Imago, 1996. p. 67-150.

HAUSEN, D. C. Violência psíquica: uma escuta diagnóstica. *Revista do Centro de Estudos Psicanalíticos de Porto Alegre*, v. 10, n. 1, p. 39-46, 2003.

KEHL, M. R. *Sobre ética e psicanálise*. São Paulo: Companhia das Letras, 2002.

LEVISKY, D. L. *Adolescência*: pelos caminhos da violência: a psicanálise na prática social. São Paulo: Casa do Psicólogo, 1998.

OLIVEIRA, C. S. *Sobrevivendo no inferno*: a violência juvenil na contemporaneidade. Porto Alegre: Sulina, 2001.

ORGANIZAÇÃO MUNDIAL DA SAÚDE. *Classificação de Transtornos Mentais e do Comportamento da CID-10 – Descrições Clínicas e Diretrizes Diagnósticas*. Organização Mundial da Saúde. Porto Alegre: Artes Médicas, 1993.

ROSA JR., N. C. D. F. O emudecimento da violência: considerações acerca dos modos de subjetivação da adolescência na contemporaneidade. *In*: HARTMANN, D.; ROSA JR., N. C. D. F. (org.). *Violências e contemporaneidade*. Porto Alegre: Artes e Ofícios, 2005. p. 127-142.

NOVAES, R.; VANNUCHI, P. *Juventude e sociedade*: trabalho, educação, cultura e participação. São Paulo: Editora Fundação Perseu Abramo, 2004.

WINNICOTT, D. W. *O ambiente e os processos da maturação*: estudos sobre a teoria do desenvolvimento emocional. Porto Alegre: Artmed, 1983.

WINNICOTT, D. W. *Privação e delinquência*. São Paulo: Martins Fontes, 1987.

WINNICOTT, D. W. *Tudo começa em casa*. São Paulo: Martins Fontes, 1989.

WINNICOTT, D. W. (1956). A preocupação materna primária. *In*: WINNICOTT, D. W. *Da pediatria à psicanálise*: obras escolhidas. Rio de Janeiro: Editora Imago, 2000. p. 399-405.

WINNICOTT, D. W. *A família e o desenvolvimento individual*. São Paulo: Martins Fontes, 2001.

ZALUAR, A. *O condomínio do diabo*. Rio de Janeiro: Revan Editora, 1994.

# 5. Decifra-me ou devoro-te: o transtorno de personalidade borderline

*Ana Céris dos Santos*

*O poeta é um fingidor*
*Finge tão completamente*
*Que chega a fingir que é dor*
*A dor que deveras sente.*

*E os que leem o que escreve,*
*Na dor lida sentem bem,*
*Não as duas que ele teve,*
*Mas só a que eles não têm.*

*E assim nas calhas de roda*
*Gira, a entreter a razão,*
*Esse comboio de corda*
*Que se chama coração.*

Fernando Pessoa, "Autopsicografia", 1932

Pretendo destacar aspectos do processo de transferência e contratransferência que foram se estabelecendo durante o período de estágio clínico. Esta paciente receberá o nome fictício de Jocasta ou Jô, 47 anos.

Durante a primeira fase do acompanhamento clínico, a paciente apresentou em suas narrativas aspectos que nos fizeram concluir que seu diagnóstico preenche os principais critérios, segundo o DSM-5, para paciente com transtorno de personalidade borderline, que se caracteriza por "um padrão difuso de instabilidade das relações interpessoais, da autoimagem e dos afetos e de impulsividade acentuada que surge no início da vida adulta e está presente em vários contextos" (2014, p. 663). De acordo com o DSM-5, são necessários pelo menos cinco ou mais critérios dos nove sugeridos, entre os quais ela preenchia todos, como veremos na sequência do capítulo.

Os nove critérios são os seguintes (p. 663):

> *1. Esforços desesperados para evitar abandono real ou imaginado. (Nota: Não incluir comportamento suicida ou de automutilação coberto pelo Critério 5.)*
>
> *2. Um padrão de relacionamentos interpessoais instáveis e intensos caracterizado pela alternância entre extremos de idealização e desvalorização.*
>
> *3. Perturbação da identidade: instabilidade acentuada e persistente da autoimagem ou da percepção de si mesmo.*
>
> *4. Impulsividade em pelo menos duas áreas potencialmente autodestrutivas (p. ex., gastos, sexo, abuso de substância, direção irresponsável, compulsão alimentar). (Nota: Não incluir comportamento suicida ou de automutilação coberto pelo Critério 5.)*

*5. Recorrência de comportamento, gestos ou ameaças suicidas ou de comportamento automutilante.*

*6. Instabilidade afetiva devida a uma acentuada reatividade de humor (p. ex., disforia episódica, irritabilidade ou ansiedade intensa com duração geralmente de poucas horas e apenas raramente de mais de alguns dias).*

*7. Sentimentos crônicos de vazio.*

*8. Raiva intensa e inapropriada ou dificuldade em controlá-la (p. ex., mostras frequentes de irritação, raiva constante, brigas físicas recorrentes).*

*9. Ideação paranoide transitória associada a estresse ou sintomas dissociativos intensos.*

Jocasta procurou atendimento psicológico quando recém havia recebido alta de uma internação psiquiátrica, por autolesão e desorganização emocional, reflexos da crise em seu casamento, segundo relatou. Estava trabalhando e esse fator contribuía para sua melhora, tanto emocional quanto material. Com as novas rotinas, sentia-se impelida a manter uma rotina de autocuidados, por exemplo: fazer pé e mão semanalmente, cuidar dos cabelos, usar maquiagem, além de resgatar certa independência financeira. Esse quadro seria positivo, se estivesse em consonância com outras áreas de sua vida. Jô não conseguia manter uma convivência de interação, tanto no grupo de trabalho como em sua família.

O trabalho promovia certa distância de casa e do olhar "vigilante" do marido, o que acentuou sua compulsão alimentar. Diariamente, Jô almoçava em um restaurante com sistema *self-service*. Nesse momento do dia, ela extravasava sua "fúria" ao devorar (escondida) doces e alimentos nem um pouco saudáveis, como as frituras, por exemplo. Estava pesando vinte quilos a mais. Naquela fase, a paciente fazia uso diário dos seguintes psicofármacos: quetiapina (300 mg), topiramato (50 mg), lamotrigina (100 mg), gabapentina (300 mg), fluoxetina (20 mg) e Dorflex. Alegava não sentir melhoras com o uso da medicação. Contudo, reconhecia evolução em seu autocontrole. Referia a diminuição de determinados comportamentos, como: seus episódios de raiva, suas crises de ansiedade.

Disse ter aprendido a "guardar" seus assuntos para tratar na terapia. Somente ali, no consultório, sentia-se à vontade para falar. Infelizmente, esse comportamento pseudocolaborativo, muitas vezes, não se refletia em mudanças concretas. Conseguia falar claramente sobre seus sentimentos, destacava o "desprezo" pelas pessoas que confrontassem sua forma de ser. Se autodefinia como uma pessoa má, autoritária, reconhecia ter suas manias.

Sentia-se incompreendida por Creonte, seu marido e por seus colegas de trabalho. Referia não ter amigos, mantinha relações esporádicas e distantes com os parentes do marido. Apesar disso, reconhecia que sua rede de apoio eram seus filhos e o companheiro. Sofria por não conseguir entrosamento com seus colegas. Esforçava-se por agradar-lhes, mostrando-se disponível e comprometida com o trabalho. Quando estava em paz, tentava, literalmente, adoçar-lhes com a distribuição de bombons. Mesmo assim, envolveu-se em um episódio de conflito sério com uma das funcionárias.

Jô é uma mulher inteligente, possui um discurso articulado. Mostrava-se bastante comunicativa durante as sessões. Tinha bons insights. Desde os primeiros contatos se disse disposta a dar seguimento à terapia. Raramente vivenciávamos momentos de vácuos ou silêncios. Ao contrário, parecia que sempre faltariam minutos para tanto assunto, embora, na maioria das vezes, repetia-se ao trazer os mesmos temas: a compulsão alimentar e um ódio por seu corpo.

Por vezes, chegava a ficar irritante, além de cansativo, pois era sempre ao final da sessão que ela se permitia entrar em assuntos bem mais complexos e elucidativos. A paciente foi retomando aspectos já relatados à terapeuta anterior. Com a diferença de que, agora, trazia essas mesmas informações com certa interpretação, parecendo permitir-se um olhar mais elaborado, ainda que prevalecesse uma autocrítica ácida. Muitas vezes, mostrava-se desconfiada e paranoide. Fantasiava estar sendo observada durante as sessões. Falava de si como se estivesse falando de uma outra pessoa, mostrava essa "despersonalização" no olhar parado e distante. Dizia que essa "pessoa" estaria velha, gorda e muito feia. Nesse instante, levei-a pela mão à frente do espelho (embora muito resistente, com o corpo travado e os olhos semicerrados), perguntei-lhe: "O que estás vendo nessa imagem, Jô?"

– Um "monstro" – respondeu ela. Chorou de forma intensa e sofrida nessa sessão.

Falou sobre sua capacidade de superação diante de tantas dores e sofrimentos ao longo da vida. Ela disse não se sentir digna do amor do marido, assumiu sentir-se invadida pela presença dos filhos de seu companheiro. Estava bastante vulnerável nessa noite.

A partir do ponto em que fui entendendo suas resistências, apostei em minha intuição, deixando-a só em minha companhia. A intuição, de acordo com Zimerman (1999), é uma condição necessária ao analista e que não tem nada de místico ou transcendental, como se pode pensar, e, segundo ele, "alude a uma capacidade da mente do terapeuta para ele não utilizar exclusivamente os seus órgãos dos sentidos para captar algo importante na esfera afetiva. [...] Recomenda que o analista lance sobre sua própria visão 'um facho de escuridão' para que se possa ver melhor" (p. 455).

Ele prossegue trazendo uma ideia de Bion de que o analista deve saber escutar não só as palavras e os sons, mas também a música. De acordo com Zimerman, Bion costumava mencionar Kant quando dizia "intuição sem conceito é cega; conceito sem intuição é vazio".

Winnicott (1983), sobre a capacidade de estar só, afirma que essa capacidade surge da experiência de ficar só na presença da mãe, portanto, a capacidade de ficar só nasce de um paradoxo, o de ficar só na presença de alguém. O terapeuta, como o novo objeto no caso de Jocasta, proporciona essa vivência outrora negligenciada.

Parecia-me que precisava "abrir-lhe a machado", ainda que essa intervenção pudesse ter efeitos muito desastrosos, arrisquei, começou a funcionar.

Em certa sessão, depois de minutos de repetições do mesmo assunto, aproveitei sua reclamação de que não via mudanças, conversamos sobre a necessidade de mexer em assuntos mais dolorosos, como se fôssemos abrir sua "lixeira" emocional.

Ela disse concordar, "comprometeu-se" a fazer mudanças. Chegou a dizer que anotaria as lembranças que lhe ocorressem nos dias anteriores à sessão, mas que depois esquecia. Como exemplo, citou a raiva que nutria por sua mãe, devido aos maus-tratos sofridos em sua infância. Era clara sua resistência em acessar aquelas dores. Nas últimas sessões, chegamos a um nível regressivo bem interessante. Via o processo transferencial acontecendo. Começou a falar sobre seus sentimentos confusos, sobre suas ideias de maldades, fantasiadas ou realmente cometidas contra o enteado. Jô descreveu que sentia muita raiva do menino por saber de suas mentiras, além das desobediências. Claramente falava de si e sua relação com a mãe.

Trabalhamos sobre o que seriam essas mentiras. Disse-me que o menino tinha uma hora para mentir à vontade, durante sua terapia. Perguntei-lhe se ela estava fazendo o mesmo comigo. Imediatamente, negou. Sem muito conforto por notar que percebia seu desassossego.

Entendi que parte de suas falas serviam para testar minha capacidade em suportar suas fantasias mais regressivas e instintos cruéis. Ela desejava saber se eu conseguiria conhecer um pouco do seu caótico mundo interno, sem querer abandoná-la. Depois da catarse, demonstrou culpa, não parava de perguntar-se: "Por que eu sou assim: tão má, tão fria, tão autoritária?"

Seguimos por mais alguns meses juntas. Jocasta lembrava-me um vulcão em erupção ou a própria esfinge de Gizé, pronta a devorar todo e qualquer ser que não conseguisse decifrar-lhe os enigmas. Ela apresentava o mesmo olhar profundo, intenso e devastador da esfinge. Assim como na mitologia, me esforçava para saber-lhe os sentidos e assim evitar ser "devorada".

Em linhas gerais, essa é a Jocasta e suas vicissitudes.

O processo terapêutico de Jocasta remeteu-me aos primeiros momentos de vida de um bebê. Momento no qual necessitamos de uma mãe que nos dê continência a tantas angústias. Precisamos sentir a segurança da presença, mas também uma certa dose de ausência, que nos ensinará a caminhar com as próprias pernas, nos acompanhará a curta distância, de forma próxima e segura.

## *Breve contextualização da literatura sobre pacientes com transtorno de personalidade borderline*

*Estou vivendo*
*Num mundo do hospital*
*Tomando remédios*
*De psiquiatria mental*
*Haldol, Diazepam, Rophynol, Prometazina*
*Meu médico não sabe como me tornar*
*Um cara normal*
*Me amarram, me aplicam*
*Me sufocam*
*Num quarto trancado*
*Socorro*
*Sou um cara normal*
*Asfixiado*

Banda Harmonia Enlouquece,
"Sufoco da vida", 2001

Os critérios do DSM para o transtorno de personalidade borderline, quando analisados sob a visão da psicopatologia psicanalítica, serão descritos como: angústia de separação; dilemas com a identidade (dificuldade de construir sua subjetividade); clivagem (divisão em bom ou mau); questões de um narcisismo patológico (visualiza apenas suas próprias necessidades); internalização das relações objetais patológicas; são estáveis em sua instabilidade; mecanismos de defesa primitivos; agressividade; impulsividade; suicídio, entre outros sintomas.

Para Hegenberg (2013), o paciente com transtorno TPB necessita de um longo período de análise, além de necessitar contar com a experiência e muita paciência por parte do analista, considerando que são pacientes difíceis.

Para Bergeret (1988) falamos em anestruturações e estados limítrofes. Na contextualização nosológica do termo, o autor coloca que são quadros que não pertencem nem à estrutura neurótica nem à psicótica, num quadro que reúne uma série de entidades clínicas e modos de funcionamento que não cabem nas duas estruturas.

O paciente com transtorno TPB apresentará uma relação intensa com seu terapeuta. O terapeuta funcionará como um objeto-subjetivo. Nesse cenário trabalhamos com a inexistência de um self constituído. Esse profissional deverá estar atento às necessidades do paciente em receber total atenção, e, se isso não ocorrer, ou se o paciente se sentir invadido ou agredido, poderá ocorrer uma quebra da confiança na relação terapêutica.

Numa visão winnicottiana, o tratamento desse tipo de paciente se assemelha ao processo da maternagem suficiente, que consiste no fato de o terapeuta acompanhar seu paciente na constituição de seu self. Esse processo passará por momentos de continência, validação e de holding. O paciente deverá sentir-se sustentado, porém nunca invadido.

Pacientes diagnosticados como borderline vivem nos limites extremos entre as personalidades: narcísica, obsessiva e paranoica. Na maioria dos casos, apresentam comportamentos conturbados em diferentes áreas, como desafio e enfrentamento às figuras de autoridade, são propensos a episódios de violência doméstica, uso abusivo de substâncias como álcool e drogas e condução negligente de automóveis.

## *Reviver, repetir, resistir – a transferência como meio de elaboração*

> *Se um psicanalista pode perceber que está angustiado isso significa que está a caminho de ocupar o seu lugar. Em outros termos, atribuo à contratransferência não só a função de ser um obstáculo, mas também a função de ser o signo da proximidade do acesso ao lugar do analista.*
>
> Nasio, 1999, p. 123

Trago a seguir alguns dos muitos conceitos sobre transferência. Destaco que os diferentes olhares sobre esse conceito preservam em sua essência mais convergências do que divergências. Ousaria dizer que, em síntese, são visões complementares a tudo que foi dito lá no surgimento da psicanálise.

Freud, em 1895, dizia que a transferência era uma forma de resistência, um obstáculo ao processo analítico. Defendia que a raiz dessa "evitação" encontrava-se em nossos processos de desenvolvimento da sexualidade infantil, que permaneciam ligados às zonas erógenas e já deveriam estar desligados. Seus estudos a partir do famoso caso de Ana O. permitiram observar aspectos importantes sobre esse processo psíquico, porém foi em 1916 que Freud conseguiu escrever sobre a transferência de forma mais profunda e mais bem sistematizada a partir do alargamento de suas pesquisas e experiências clínicas.

Freud (1912) explica em seu ensaio intitulado "A dinâmica da transferência":

> *Se a necessidade que alguém tem de amar não é inteiramente satisfeita pela realidade, ele está fadado a aproximar-se de cada nova pessoa que encontra com ideias*

> *libidinais antecipadas; e é bastante provável que ambas as partes de sua libido, tanto a parte que é capaz de se tornar consciente, quanto a inconsciente, tenham sua cota na formação dessa atitude. Assim, é perfeitamente normal e inteligível que a catexia libidinal de alguém que se acha parcialmente insatisfeito, uma catexia que se acha pronta por antecipação, dirija-se também para a figura do médico.*

Esse seria o lugar ocupado pelo terapeuta dentro do setting clínico. Ou seja, a transferência é um dos elementos fundamentais que caracterizam o método de tratamento psicanalítico.

Freud defendia que a transferência, desde o início do processo analítico, aparece como a mais forte arma da resistência. Parece muito confusa essa equação. Como seria possível que a transferência sirva tão admiravelmente de meio de resistência? Uma das respostas dadas por Freud (1912) seria:

> *É claro que se torna particularmente difícil de admitir qualquer impulso proscrito de desejo, se ele tem de ser revelado diante desse tipo, dá origem a situações que, no mundo real, mal parecem possíveis. Mas é precisamente a isso que o paciente visa, quando faz o objeto de seus impulsos emocionais coincidir com o médico. Uma nova consideração, no entanto, mostra que essa vitória aparente não pode fornecer a solução do problema. Na verdade, uma relação de dependência afetuosa e dedicada pode, pelo contrário, ajudar uma pessoa a superar todas as dificuldades de fazer uma confissão. Em situações análogas, as pessoas geralmente dirão: "Na sua frente, não sinto vergonha: posso dizer-lhe qualquer coisa".*

Com frequência minha paciente, Jocasta, repetiu esta expressão:

– Aqui pra ti, eu posso ser eu mesma, posso dizer a verdade sem me sentir envergonhada.

Segundo Palhares (2008), a transferência surge do contato emocional dos pacientes com a situação analítica e, por se tratar de uma relação dinâmica, é algo vivo. Por outro lado, sabemos que a transferência leva o analista a apresentar uma resposta emocional diante do seu paciente. É preciso destacar que esse encontro envolve duas pessoas, duas vivências. Desse relacionamento surgirão afetos, sentimentos, vivências inconscientes que vão engendrar mutualidade, tratamento relacional que está inserido no âmbito da intersubjetividade. Assim sendo, paciente e analista estão irremediavelmente vivos.

Dessa forma, consideramos o efeito da presença na vida psíquica de cada participante do encontro. Estamos, portanto, não só no domínio do intrapsíquico.

Em Laplanche e Pontalis (2001), transferência seria:

> *O processo pelo qual os desejos inconscientes se atualizam sobre determinados objetos no quadro de um certo tipo de relação estabelecida com eles e, eminentemente, no quadro da situação analítica. Trata-se aqui de uma repetição de modelo infantil vivido com um sentimento de atualidade acentuada. (p. 514)*

Freud dizia que devemos diferenciar uma transferência "positiva" de uma "negativa". A transferência positiva é aquela em que surgem sentimentos amistosos ou afetuosos e que são admissíveis à consciência, e transferência de prolongamentos desses sentimentos no inconsciente. Invariavelmente esses sentimentos remontam às fontes eróticas. Dessa forma, podemos entender que todas as relações emocionais de simpatia, amizade, confiança e similares das quais podemos tirar bom proveito em nossas vidas acham-se geneticamente vinculadas à sexualidade e se desenvolvem a partir de desejos puramente sexuais, por meio da suavização de seu objetivo sexual, por mais puros e não sensuais que possam parecer à nossa autopercepção consciente.

Já a transferência negativa seria aquele momento em que o paciente começa a apresentar dificuldades ao tratamento. Essas dificuldades podem aparecer de diferentes formas, como não conseguir comunicar os pensamentos, interrompendo o processo associativo. Aquele dia em que ele diz não ter nada para falar na sessão. O paciente se comporta como se estivesse fora do tratamento. Freud percebeu que os sentimentos deslocados para a figura do terapeuta não podiam ser creditados à situação produzida no tratamento *per se*.

O terapeuta precisa estar atento aos movimentos transferenciais, por exemplo: quando começa a transferência? Quais são as dificuldades para o trabalho analítico? Como poderemos superar tais dificuldades? Até que ponto vão nos atrapalhar durante a análise ou quais as vantagens que podemos encontrar nessa situação como evolução terapêutica? Em geral, Freud orientava que não deveríamos ceder às exigências ou jogos do paciente, nem tão pouco rejeitá-las de modo brusco ou com indignação. Devemos saber usar esses elementos para fazer o paciente entender que suas resistências têm motivações em episódios anteriores ao processo analítico. Desse modo, essa repetição de uma situação no presente pode nos trazer suas lembranças pertencentes ao passado.

## *Enquanto houver resistência, há um desejo de existência*

Freud também compreendeu a transferência como uma forma de resistência, e hoje ainda podemos compreendê-la como uma forma de comunicação.

Quanto mais frágil é o ego do paciente, mais forte ele é para resistir ao analista. Jô mostrou-se muito resistente, fator que, às vezes, me deixava em dúvida sobre uma evolução satisfatória em nosso processo terapêutico. Aos poucos estávamos nos conhecendo. Nossos encontros eram repletos de "idas e vindas". Acreditei que, em parte, as dificuldades se devessem a minha "inexperiência técnica", além do seu diagnóstico de transtorno de personalidade borderline (pacientes de difícil acesso), e ainda ao curto espaço de tempo em que estávamos juntas.

Porém, em nenhum momento desejei afastar-me dela. Seguimos até onde foi possível para ambas. Fomos evoluindo nosso processo. Por ora, prefiro acreditar que suas resistências tiveram mais a ver com uma necessidade para se fazer escutar do que com um desejo de não mudança. Não julgo ter tido um olhar ingênuo em relação ao nosso processo; consegui enxergar os aspectos negativos trazidos em suas narrativas e comportamentos. Vi seu masoquismo moral, suas culpas, sua necessidade de autopunição, seus sentimentos de inveja e, principalmente, sua compulsão à repetição. Exemplo disso era a sua compulsão alimentar. Porém, vi uma mulher que estava vivendo uma nova fase da sua vida, que havia chegado a uma fronteira, na qual sua única opção era viver e, de preferência, viver melhor. Ter um mundo interno menos caótico, mais bem organizado, alcançar uma vida diferente da que levou por quase todo o percurso de 47 anos de existência.

Percebi nas narrativas da infância dolorosa da Jocasta aquilo que foi descrito no conceito de Balint (HARAY, *s. d.*) sobre a falha básica, que seria:

> *Falha severa no desenvolvimento da relação mãe-bebê, tanto em termos de ruptura precoce de contato, como também da natureza sexual, da ligação. São pacientes graves, narcisistas e Borderline (que oscilam entre angústia de separação e vazio de angústia de invasão). Problemas relativos à falha básica (uma confusão entre a linguagem amorosa da ternura do bebê que é violentada pela linguagem amorosa das paixões dos adultos). Provocam grandes dificuldades quando da elevação da excitação sexual. As intensidades afetivas e o impacto dos contatos com os objetos de amor e ódio fazem do outro uma ameaça para a constituição da subjetividade.*

## *Uma conexão chamada contratransferência/transferência*

O atendimento clínico com abordagem em psicanálise nos coloca em contato com a aparição de muitos elementos inconscientes do paciente. A construção do setting, e o vínculo terapêutico que daí deriva, faz a nossa aproximação com o mundo interno do paciente e a consequente aproximação do nosso próprio universo intrapsíquico.

No consultório vivemos o "aqui e agora", estão frente a frente duas pessoas, dois universos de subjetividades... O que um diz, o que o outro ouve, como percebem o ambiente, como o terapeuta percebe o paciente, como o terapeuta é percebido pelo paciente? Essa composição no plano da consciência traz em seu âmago muito das nossas fantasias, dos nossos desejos, dos nossos medos, enfim, são tantas emoções que se misturam, que chegam a se confundir: o que é de quem?

Precisamos nos deixar afetar por nosso inconsciente; como se nos transformássemos em um aparelho receptor, precisaremos querer estar conectados ao mundo interno do nosso paciente, como forma de entender suas angústias, seus sofrimentos. Só assim poderemos começar a traçar linhas de interpretação e de futuras elaborações. A questão aqui trazida com destaque é o próprio desassossego que nos causa já nos primeiros momentos em contato com esses "mecanismos" tão desconcertantes que levaram o próprio Freud a se perturbar. Freud, em *As perspectivas futuras da terapia psicanalítica* (1910/2006), nos fala que a contratransferência é um fenômeno que deve ser observado e lidado de forma muito cuidadosa, pois surge como o resultado da influência do paciente sobre os sentimentos inconscientes do analista. Nesse primeiro momento, a transferência é entendida como um obstáculo ao tratamento.

O conceito da contratransferência foi sendo aprofundado por muitos teóricos que sucederam a Freud. Novas perspectivas mudaram o conceito, tornando-o mais compreensível, realista e adequado. Segundo Laplanche e Pontalis (2001), a contratransferência se expandiu após o período de Freud, na dimensão em que seus estudos e tratamentos foram sendo interpretados e compreendidos, correlacionados com o crescimento da área psicanalítica e por meio das análises de pacientes psicóticos e de crianças, em que as atitudes inconscientes do terapeuta podiam ser mais requeridas.

Segundo Valverde e Pasqualini (2014, p. 169) "A CT é de grande complexidade e relevância dentre as discussões de base psicanalítica, é um campo vasto para aprimoramento dos analistas e aberturas no sentido de estabelecer projeções, ou seja, um entendimento e ajustamento em prol da ajuda constante do analisando."

Em sua análise sobre contratransferência, no ano de 1950, Paula Heimann (1995) referiu que o inconsciente do psicanalista entende o inconsciente de seu analisando, e esse entendimento é o que trará toda a sorte de sentimentos no analista, ao que se poderá chamar de contratransferência.

## *Fragmentos, devaneios e densidades de um iceberg*

Concluo dizendo que senti em minha própria pele, em meu corpo, o seu "desassossego", sua confusão. Por dias seguidos, Jô me fazia companhia em sonhos e nas rotinas diárias. Pareceu-me que havíamos embarcado na mesma "nau da loucura". Como continência, seguia com minha terapia, além de aguardar ansiosa pelo momento dos *feedbacks*, da continência recebida na supervisão. Seguíamos! Passamos pela linha do bojador.

Nesse contexto, a música, a literatura, a poesia me ajudaram a perceber e entender melhor esses "jeitos" de ver a vida e as intensidades contidas no entendimento Psi. Diante de um universo tão complexo, percebi melhor os meus próprios objetos de afetos. Acolhi-me, contive-me, aceitei-me, senti-me, elaborei, e me autoconheci.

*Sou um animal sentimental*

*Me apego facilmente ao que desperta o meu desejo*

*Tente me obrigar a fazer o que não quero*

*E cê vai logo ver o que acontece...*

*Acho que entendo o que você quis me dizer*

*Mas existem outras coisas...*

*Consegui meu equilíbrio cortejando a insanidade*

*Tudo está perdido, mas existem possibilidades*

*(Legião Urbana, "Sereníssima", 1991)*

## *Referências*

AMERICAN PSYCHIATRIC ASSOCIATION. *Manual diagnóstico e estatístico de transtornos mentais: DSM-5*. 5. ed. Porto Alegre: Artmed, 2014.

BERGERET, J. *Personalidade normal e patológica*. Porto Alegre: Artes Médicas, 1988.

BERGERET, J. *Psicopatologia*: teoria e clínica. 9. ed. Porto Alegre: Artmed, 2006.

EIZIRIK, C. L.; AGUIAR, R. W. de; SCHESTATSKY, S. S. (org.). *Psicoterapia de orientação analítica*: fundamentos teóricos e clínicos. 3. ed. Porto Alegre: Artmed, 2015.

FREUD, S. (1910/2006). As perspectivas futuras da terapêutica psicanalítica. *In*: FREUD, S. *Obras Completas*, ESB, v. XI. Imago: Rio de Janeiro, 2006. p. 143-156.

FREUD, S. (1912). A dinâmica da transferência. *In:* FREUD, S. *Obras Completas*, ESB. Imago: Rio de Janeiro, 1996. p. 109-122.

HARAY, A. Michael Balint. Federação Brasileira de Psicanálise. Disponível em: https://febrapsi.org/publicacoes/biografias/michael-balint/. Acesso em: 14 abr. 2021.

HEGENBERG. M. *Borderline*. 7. ed. São Paulo: Casa do Psicólogo, 2013. (Coleção Clínica Psicanalítica).

HEIMANN, P. Sobre a contratransferência. *Revista de Psicanálise da Sociedade Psicanalítica de Porto Alegre*, v. II, n. 1, 1995.

LAPLANCHE, J.; PONTALIS, J. *Vocabulário de psicanálise*. São Paulo: Martins Fontes, 2001.

NASIO, J.-D. *Como trabalha um psicanalista?* Rio de Janeiro: Zahar, 1999.

PALHARES, M. C. A. Transferência e contratransferência: a clínica viva. *Revista Brasileira de Psicanálise*, v. 42, n. 1, p. 100-111, 2008.

VALVERDE, Â. R.; PASQUALINI, K. C. A Contratransferência na relação analista e paciente no contexto clínico. *Mimesis*, Bauru, v. 35, n. 2, p. 165-200, 2014.

WINNICOTT, D. *O ambiente e os processos de maturação*: estudos sobre a teoria do desenvolvimento. Porto Alegre: Artes Médicas, 1983.

ZIMERMAN, D. E. *Fundamentos psicanalíticos*: teoria, técnica e clínica – uma abordagem didática. Porto Alegre: Artmed, 1999.

ZIMERMAN, D. E. *Manual de técnica psicanalítica*: uma re-visão. Porto Alegre: Artmed, 2004.

# 6. O impacto das relações simbióticas no processo de aprendizagem

*Sabrina Pfeiffer Busato*

De acordo com a teoria psicanalítica, relações simbióticas mãe-filho podem causar um impacto decisivo na formação da personalidade, agindo como um fator prejudicial no desenvolvimento da individualidade e integridade do ego da criança. Dessa forma, o presente trabalho visa analisar teoricamente o impacto das relações simbióticas mãe-filho no desenvolvimento das capacidades de aprendizagem, em crianças na fase escolar. A análise dar-se-á por meio do conceito de simbiose, juntamente com a teoria das relações de objeto de Melanie Klein, relacionando-os com os processos de aprendizagem e suas consequências.

A prática clínica traz à tona a percepção de uma forte tendência dos profissionais da área da saúde a olharem os sintomas de crianças com dificuldades de aprendizagem apenas como um transtorno cognitivo, muito provavelmente pelo fato de que a maioria dessas crianças realmente apresenta diversos critérios que constam na categoria dos transtornos de aprendizagem, conforme são descritos no DSM-5 (*Manual diagnóstico e estatístico de transtornos mentais*).[1]

Entretanto, sintomas psicopatológicos dentro das relações familiares, por exemplo, relações simbióticas mãe-filho, podem passar despercebidos, dificultando o tratamento justamente em uma fase tão importante do desenvolvimento da criança. As fases iniciais do desenvolvimento, nas quais se identificam os processos de simbiose e do afastamento necessários ao desenvolvimento emocional da criança e de sua autonomia (MAHLER, 1979), resultam na aquisição da capacidade de adquirir conhecimento. Essa é uma capacidade essencial tanto para os processos de aprendizagem quanto para a formação da sua personalidade, a qual, em última análise, é composta por sucessivos processos de aprendizagem.

Nesse sentido, fornecer rapidamente apenas um diagnóstico de transtorno de aprendizagem não proporciona um tratamento mais amplo e assertivo, no qual o objetivo principal seja considerar e olhar para o maior número de causas possíveis, quiçá por meio de um entendimento interdisciplinar, promovendo rapidez e melhor compreensão dos sintomas, bem como indicações de tratamento para a queixa principal da criança e/ou da família no que tange à incapacidade de absorver novos conhecimentos.

No atendimento psicológico de crianças com essas queixas, muito comumente torna-se visível um contexto intrafamiliar desorganizado, que é manifestado, pouco a pouco, de forma inconsciente, demonstrando que a criança estava sendo nada mais nada menos do que portadora de um sintoma da família como um todo,

1 Na atual edição do DSM-5, os transtornos de aprendizagem englobam a dislexia, juntamente com a discalculia, numa mesma categoria. Convém esclarecer que ambos os transtornos foram agregados na última versão do DSM por apresentarem diversos critérios em comum, facilitando e promovendo um diagnóstico mais amplo e completo.

ao revelar seus conflitos internos por meio de ansiedades, perturbações de comportamento e dificuldades de aprendizagem, levando as famílias a buscar ajuda psicológica, conforme é possível observar na prática clínica.

Sendo assim, a avaliação minuciosa de todo o contexto psicológico em que a criança se encontra, ao considerar causas que vão além do que é manifestado explicitamente por ela, ou seja, ao investigar as "entrelinhas", o que está escondido de forma proposital ou inconsciente, assim como causas que podem estar atreladas às relações patológicas entre mãe e filho, por exemplo, é determinante para uma avaliação concisa e bem elaborada.

O propósito deste trabalho se refere a uma reflexão acerca do impacto das relações simbióticas (BLEGER, 1967) nos processos envolvidos na aquisição de aprendizagem. A construção teórica será norteada pela união do conceito de simbiose com a teoria psicanalítica das relações de objeto (KLEIN, 1935/1996), excluindo situações que são causadas especificamente por razões de cunho orgânico. Portanto, o questionamento da influência que as relações mãe-criança possuem no desenvolvimento das crianças será abordado, no que tange tanto à formação da personalidade como à promoção de relações saudáveis que propiciem o processo da aquisição de conhecimento, capacidades e habilidades, extremamente fundamentais para um desenvolvimento adequado cognitivo e psíquico das crianças.

De acordo com a teoria das relações de objeto (KLEIN, 1935/1996), a mãe torna-se o primeiro objeto com o qual a criança irá se relacionar, sendo considerado – em sua fantasia – primeiramente o seio da mãe como um prolongamento de seu próprio corpo. A criança possui um ego muito primitivo, sendo incapaz de compreender a existência de um objeto, além dela mesma, ou seja, em sua fantasia, o mundo volta-se para as suas próprias necessidades, em um narcisismo no qual Freud (2010), em seu trabalho de introdução ao narcisismo, descreveu como narcisismo primário.

Com o passar dos meses, ao possuir um ego mais estruturado, com mecanismos de defesa um pouco mais desenvolvidos, mas ainda muito primitivos, a criança começa a reconhecer a existência do objeto, ou seja, torna-se capaz de perceber a mãe como um ser à parte, dando início ao reconhecimento da existência do mundo de uma forma geral. Klein (1935/1996), por meio da observação de crianças, conceituou o momento até os 4 a 5 meses da criança como a posição esquizoparanoide e dos 4 a 5 meses até o primeiro ano como a posição depressiva. Ambas as posições abordam a forma como a criança lida com a angústia, tanto no mundo real quanto em sua fantasia, causada primeiramente pela saída de uma homeostase, na qual vivia no ambiente intrauterino, e consequentemente pelas pressões provindas da pulsão de morte (KLEIN, 1921/1997).

Conforme mencionado, para Klein a posição esquizoparanoide (os primeiros 4 a 5 meses do bebê) compreende uma angústia do tipo persecutória, em virtude do medo de aniquilamento que o bebê possui logo após o nascimento. Seu ego encontra-se muito primitivo, pouco integrado, reconhecendo o objeto como um prolongamento de si mesmo. Os impulsos agressivos (sádicos), junto com os impulsos libidinais, são fortemente manifestados e projetados para dentro da mãe. Nessa posição, o objeto encontra-se clivado em partes boas e partes ruins, demonstrando uma relação objetal parcial. O bebê projeta a sua pulsão de morte, por meio dos impulsos sádicos, para combater a ansiedade do medo de aniquilamento. Ao mesmo tempo que seus impulsos tentam destruir o objeto que é tido como ruim, ou seja, aquele que frustra ao causar a dor da fome, a pulsão de vida gera a culpa como consequência da tentativa de destruição do objeto, pois o mesmo objeto não apenas frustra, mas proporciona a vida.

Com o decorrer do desenvolvimento do bebê, ao entrar na segunda metade do primeiro ano de vida, na posição depressiva, Klein refere que é possível verificar uma relação objetal mais integrada, capaz de direcionar simultaneamente ambos os impulsos ao mesmo objeto, com acentuada diminuição dos mecanismos projetivos. A angústia, anteriormente do tipo persecutória, passa a ser uma angústia depressiva pelo medo de causar dano (em sua fantasia) pela tentativa de destruição da posição anterior, levando a uma culpa e reparação do objeto. A relação objetal passa, então, a dar-se de forma mais integrada, ou seja, com o reconhecimento do objeto de forma total.

O impacto dessa relação mãe-bebê torna-se evidente na formação da personalidade, bem como nas aquisições de habilidades no decorrer do desenvolvimento. Para essa compreensão, é importante conhecer o conceito de simbiose, por meio do viés psicanalítico do psiquiatra e psicanalista José Bleger (1967/2001), que compreende as relações simbióticas mãe-criança como uma relação de natureza narcísica emaranhada de mecanismos de defesa, os quais mantêm as partes dessa díade unidas como uma só, distantes de suas próprias individualidades, subjetividades e necessidades, conforme cita:

> *uma estreita interdependência entre duas ou mais pessoas que se complementam para manter controladas, imobilizadas e, em certa medida, satisfeitas as necessidades das partes mais imaturas da personalidade, que exigem condições que se encontram dissociadas da realidade e das partes mais maduras ou integradas da personalidade. Esta parte imatura e mais primitiva da personalidade foi segregada do ego mais integrado e adaptado, e configura um todo de certas características que me levaram a reconhecê-lo como o núcleo*

> *aglutinado da personalidade. Esta segregação deve ser rigidamente mantida porque, em caso contrário, pode-se produzir a desintegração psicótica. (BLEGER, 1967, p. 83, tradução nossa)*

Bleger, nessa passagem, esclarece o funcionamento das relações simbióticas e traz sua compreensão do mecanismo de adoecimento da personalidade, quando esta, numa tentativa de manter-se integrada – mesmo que de forma patológica –, estabelece uma relação de extrema dependência, em uma relação narcísica de objeto, com a maciça ocorrência de mecanismos de projeção e introjeção, e uma identificação projetiva estabelecida em ambas as direções, nesse caso, de mãe para criança e vice-versa. É importante ressaltar que, para Bleger, a simbiose se estabelece de forma silenciosa, na medida em que vão ocorrendo as necessidades de manter satisfeitas as partes mais imaturas da personalidade, e ela vem à tona quando a relação sofre ameaças de romper-se, levando à possibilidade de desintegração psicótica.

Nesse sentido, pelo entendimento do funcionamento de uma relação simbiótica, é possível compreender que problemas graves nas relações objetais podem então interferir no processo de aprendizagem, pois, conforme Klein (1923/1997) indica, é necessário que o indivíduo seja capaz de internalizar os aprendizados do mundo externo, ou seja, é preciso que ele seja capaz de suportar as primeiras angústias persecutórias e de aniquilamento sem demasiadas frustrações e traumas.

O equilíbrio deste movimento entre as forças externas e internas, às quais o ego tenta ajustar-se e ao mesmo tempo combatê-las, é fundamental para o desenvolvimento do bebê. Portanto, é importante que ele não sofra de demasiadas frustrações precoces, por exemplo, ao carecer de cuidados quanto às suas necessidades fisiológicas – fome, urgência para urinar, defecar e a troca das fraldas (DUPAS, 2008).

Do ponto de vista da aprendizagem, Bion foi um autor psicanalista muito importante que voltou o seu interesse à compreensão, entre outros aspectos, ao conhecimento. De acordo com Anderson (1994), Bion entendia que o fenômeno da aquisição da aprendizagem ocorria por meio do instinto "epistemofílico" – na forma como Klein o compreendia –, ou seja, como um instinto ligado à operação de identificação projetiva, sendo a primeira ligação entre bebê e mãe aquela em que o bebê projeta suas pulsões para dentro da mãe, e ela retorna com o que Bion chamou de rêverie (movimento de tornar tolerável à mãe os sentimentos inatos do bebê, para que então possam ser introjetados). A maneira como ocorrem as identificações projetivas, na presença do amor ou do ódio, influenciará intensamente o modo como o bebê irá compreender e perceber a realidade a sua volta, ou seja, o início da aprendizagem (ANDERSON, 1994).

Segundo Dupas (2008), Bion entende o pensar como resultado da ligação humana. Ele observa que a origem do pensar é o resultado das experiências emocionais iniciais com a mãe, que são decisivas para o estabelecimento – ou não – da capacidade de pensar do bebê. Dupas, em seu trabalho sobre psicanálise e educação, traz como questionamento as contribuições que a psicanálise pode fornecer para o entendimento da aquisição de conhecimento e processo educativo e incita que autores como Freud, Klein e Bion atentam para as características inatas da criança no que tange a destrutividade, ódio e inveja. Tais características existentes nas crianças e não facilmente compreendidas por seus cuidadores podem fazer com a que mãe ou cuidador direto substituto não aceite ser o receptáculo desses sentimentos tão primitivos. Caso a mãe não consiga estabelecer essa função continente, há risco de destruição do elo entre mãe e criança, levando a uma importante desordem no impulso da curiosidade e da busca pelo pensar, que são a base de toda a aprendizagem.

Esse equilíbrio proporciona as primeiras associações cognitivas do bebê, sendo a negligência, bem como a extrema preocupação (ou seja, por meio de comportamentos excessivos por parte da mãe), impactantes de forma negativa no início do desenvolvimento de sua aprendizagem primitiva (IRELAND, 2012).

Em um processo sadio, ao iniciar uma diferenciação primitiva, a mãe torna-se capaz de compreender e suportar os impulsos que provêm do bebê, dando-lhe afeto para que ele seja capaz de receber de volta o que foi introjetado e transformado pela mãe, gerando então um sentido para o bebê, sendo esse o "despertar da inteligência" (DUPAS, 2008).

Klein (1923/1997) refere que é possível observarmos a forma como a criança vem manifestando e lidando com sua capacidade psíquica, bem como a forma como está se dando o seu desenvolvimento cognitivo. Relata que são sinais favoráveis e indicativos de que uma criança se encontra bem adaptada internamente se:

> *ela gosta de brincar e dá rédea solta à sua fantasia ao fazê-lo, sendo ao mesmo tempo como pode ser reconhecido a partir de certas indicações definidas, suficientemente adaptada à realidade, e se tiver relações realmente boas – e não exageradamente afetuosas – com os seus objetos. Outro bom sinal é se, junto com isso, ela apresenta um desenvolvimento relativamente não perturbado da sua pulsão de conhecimento, que livremente se volta para muitas e diferentes direções, e, no entanto, sem ter aquele caráter de compulsão e de intensidade típicas de uma neurose obsessiva. (p. 123)*

Com base em suas observações realizadas com crianças, Klein (1923/1997) compreendeu que esses fatores demonstrados não são absolutos para um desfecho realmente saudável no que se refere à formação da personalidade, mas, sim, podem ser considerados como um bom prognóstico, pois no decorrer do desenvolvimento o meio externo, com suas peculiaridades, irá influenciar constantemente a estrutura de personalidade que vem sendo lapidada. Relações patológicas, como as do tipo simbiótico, interferem nesse desenvolvimento ao impedir que a pulsão de conhecimento se volte para o meio externo, visto que suas projeções e introjeções ficam direcionadas apenas para a díade mãe-criança como uma forma de proteção dos perigos que permeiam esta relação.

Zimerman (2004), em sua obra dedicada aos conhecimentos teóricos e práticos de Bion, refere que as primeiras etapas do desenvolvimento da criança são extremamente importantes e perturbações muito significativas podem levar a inibições de aprendizagem.

Esse tipo de efeito manifesta-se no ambiente em que muitas vezes a criança passa a maior parte de seu tempo, sendo a escola o cenário provável onde ela irá demonstrar a forma como seu mundo interno vem se estruturando, indicando suas dificuldades tanto de aprendizagem quanto de relações sociais. Em virtude disso, o entendimento das relações que estão sendo estabelecidas da criança tanto com o seu mundo interno quanto com o meio social torna-se de extrema importância, ao proporcionar a compreensão dos sintomas que afloram, por exemplo, por meio dos processos de aprendizagem e que podem estar encobrindo de certa forma as relações patológicas da constituição do vínculo mãe-criança.

## *Considerações finais*

Diante das afirmações teóricas desenvolvidas, este estudo reitera a importância da compreensão global das relações objetais envolvidas no desenvolvimento das crianças, principalmente das relações patológicas, neste caso as relações de característica simbiótica, na busca dos aspectos que possam estar sendo perturbadores das fases de desenvolvimento consideradas esperadas para a idade da criança. As crianças precisam poder se relacionar com um mundo que suporte suas projeções e ataques de angústias de maneira equilibrada e positiva, proporcionando a introjeção e integração de aspectos bons e ruins, na construção de um ego mais estruturado que possa voltar suas pulsões de conhecimento para diversas direções sem sentir-se ameaçado, em um processo psiquicamente suportável.

As relações simbióticas entre mãe-filho são consideradas patológicas por não proporcionarem o pleno desenvolvimento desse processo de diferenciação do objeto, projeção e introjeção das pulsões de vida e de morte (KLEIN, 1935/1996), mantendo ambos envolvidos em uma díade indissociável por meio de uma interdependência muito estreita das partes mais imaturas da personalidade na tentativa constante de manter suas necessidades satisfeitas de forma extremamente patológica (BLEGER, 1967/2001).

Portanto, o olhar dos profissionais da saúde que avaliam e tratam crianças com dificuldades de aprendizagem deve estar voltado para o levantamento das mais diversas direções e hipóteses, na busca de uma compreensão do que está além do explicitado tanto pelas crianças quanto por suas famílias, em virtude da imensidade de influências que permeiam e impactam tão fortemente o mundo social no qual a criança se desenvolve.

Essa situação torna-se um verdadeiro desafio, pois exige do psicólogo uma comunicação delicadamente sutil, mas ao mesmo tempo eficaz e consistente, ao apontar e explicar os fatores causadores da queixa principal, bem como ao orientar, por meio de medidas de suporte, apoio e psicoeducação, para promover a prevenção de possíveis danos futuros, principalmente no que tange à formação da personalidade e estrutura psíquicas dessas crianças.

## *Referências*


AMERICAN PSYCHIATRIC ASSOCIATION. *Manual diagnóstico e estatístico de transtornos mentais*: DSM-5. 5. ed. Porto Alegre: Artmed, 2014.

ANDERSON, R. *Conferências clínicas sobre Klein e Bion*. Rio de Janeiro: Imago, 1994.

BLEGER, J. (1967). *Simbiosis y ambigüedad*: estúdio psicoanalítico. Buenos Aires: Paidós, 2001.

CERQUEIRA, A. C. *Simbiose mãe-filho nas psicoses*: um estudo teórico-clínico à luz do pensamento kleiniano. 2011. Dissertação (Mestrado em Psicologia Clínica e Cultura) – Universidade de Brasília, Brasília, 2011.

DUPAS, M. A. *Psicanálise e educação*: construção do vínculo e desenvolvimento do pensar. São Paulo: Cultura Acadêmica, 2008.

FREUD, S. *Obras completas*: introdução ao narcisismo, ensaios de metapsicologia e outros textos (1914-1916). São Paulo: Companhia das Letras, 2010.

IRELAND, V. E. Queixas de aprendizagem: contribuições de outras disciplinas e da psicanálise. *Estudos de Psicanálise*, Belo Horizonte, n. 37, p. 151-164, jul. 2012.

KLEIN, M. (1921). O desenvolvimento de uma criança. *In*: KLEIN, M. *Amor, culpa e reparação*. Rio de Janeiro: Imago, 1997. (Obras Completas de Melanie Klein, v. II). p. 21-75.

KLEIN, M. (1923). A análise de crianças pequenas. *In*: KLEIN, M. *Amor, culpa e reparação*. Rio de Janeiro: Imago, 1997. (Obras Completas de Melanie Klein, v. II). p. 100-128.

KLEIN. M. (1933). O desenvolvimento inicial da consciência da criança. *In*: KLEIN, M. *Amor, culpa e reparação e outros trabalhos (1921-1945)*. Rio de Janeiro. Imago, 1996. (Obras Completas de Melanie Klein, v. I). p. 283-295.

KLEIN, M. (1935). Uma contribuição à psicogênese dos estados maníaco-depressivos. *In*: KLEIN, M. *Amor, culpa e reparação e outros trabalhos (1921-1945)*. Rio de Janeiro: Imago, 1996. (Obras Completas de Melanie Klein, v. I). p. 301-329.

KLEIN, M. (1952). Algumas conclusões teóricas relativas à vida emocional do bebê. *In*: KLEIN, M. *Inveja e gratidão e outros trabalhos (1946-1963)*. Rio de Janeiro: Imago, 1991. (Obras Completas de Melanie Klein, v. III). p. 85-118.

MAHLER, M. (1979). *O processo de separação-individuação*. Trad. H. M. de Souza. Porto Alegre: Artes Médicas, 1979.

ZIMERMAN, D. E. *Bion da teoria à prática*: uma leitura didática. 2. ed. aum. Porto Alegre: Artmed, 2004.

# 7. As anestruturações e a contemporaneidade: uma leitura por meio das relações de objeto

*Joyce Vieira*

Este capítulo traz uma contextualização sobre os conceitos de estrutura, normalidade e uma análise das anestruturas ou estados limítrofes de acordo com a conceituação de Bergeret. A compreensão teórica sobre as anestruturas fornece elementos para o entendimento psicodinâmico de uma condição mental patológica, considerada limítrofe entre a neurose a psicose. A relação do paciente limítrofe com o objeto será aqui apresentada pelas distorções na relação entre si e o outro em virtude de uma angústia ocasionada pela perda do objeto, dada a relação anaclítica estabelecida com este. Nessa ótica, pretendemos discorrer sobre as características de uma relação de objeto anaclítica na contemporaneidade.

Freud, em 1931/1996, no artigo "Os tipos libidinais", faz o que parece ser uma tentativa de preencher a lacuna entre normal e patológico colocando três tipos básicos (erótico, narcísico e obsessivo) e os combina de forma que descreve um tipo de personalidade intolerante às frustrações exteriores, mais próximo do narcisista, com predisposições à psicose e/ou à perversão, o que, para Bergeret (1988), mais descreveria os estados limítrofes. Esta seria, talvez, a primeira descrição do que entendemos hoje como casos limítrofes ou anestruturas. De acordo com Gabbard (2006), a psiquiatria começa a descrever certos pacientes que não eram suficientemente doentes para receber o diagnóstico de esquizofrenia, mas que apresentavam muitas perturbações. Na tentativa de compreender esses pacientes intermediários, percebeu-se que eles pareciam transitar entre a estrutura neurótica e a psicótica, apresentando afetos negativos e dificuldades de manter relações estáveis. Sendo assim, na tentativa de descrever a psicopatologia desses pacientes, começaram os primeiros estudos sobre essas disfunções.

De acordo com Bergeret (1988), o ego nas organizações limítrofes se desenvolve em direção ao complexo de Édipo, sofrendo uma grande frustração intensa e impactante, o que impede que a relação edípica seja vivenciada, ou seja, há uma ruptura do complexo de Édipo, denominada pelo autor como "trauma psíquico precoce". Esse trauma tem origem afetiva, um risco de perda do objeto, uma emoção exageradamente intensa para um aparelho psíquico imaturo. As relações estabelecidas por esses indivíduos são caracterizadas pela dependência em relação ao objeto e o intenso medo de perdê-lo, existindo assim uma necessidade constante de apoio.

Na atualidade a psiquiatria classifica as organizações limítrofes como uma forma de transtorno da personalidade. De acordo com o *Manual Diagnóstico e Estatístico de Transtornos Mentais* – DSM-5 (ASSOCIAÇÃO AMERICANA DE PSIQUIATRIA, 2014), essa desordem denomina-se transtorno de personalidade borderline e caracteriza-se pela instabilidade dos relacionamentos interpessoais, da autoimagem e dos afetos, assim como intensa impulsividade, que surge no início da vida adulta em razão dos novos enfrentamentos e responsabilidades, ocasionando um sentimento crônico de vazio, gerando uma ameaça ao psiquismo do sujeito que direciona essa angústia a uma necessidade de apoio para autocontrole diante das adversidades da vida e seus desafios.

Neste trabalho pretendemos discorrer sobre as características e os impactos de uma relação de objeto anaclítica na contemporaneidade, não necessariamente em termos de psicopatologia, considerando o que temos visto como um mal-estar na contemporaneidade, relações esvaziadas e com pouco ou nenhum significado. As mudanças sociais e constantes da vida cotidiana que buscam constantemente por novos padrões sociais podem ser potenciais geradores de angústias, impulsionando o indivíduo a comportar-se de forma impulsiva em busca de preencher seu vazio.

## *Estrutura e normalidade*

Bergeret (1988) apresenta o tema normalidade sobre a perspectiva dos indivíduos chamados normais pela sociedade, diferenciando aqueles que não se integram a um ideal coletivo. Tratando-se de normalidade, é relevante salientar que a noção de normalidade está vinculada tanto à vida quanto ao nascimento ou morte, integralizando o potencial do primeiro, buscando retroceder às restrições da segunda, revelando uma normalidade subjetiva entre os deveres e a veracidade da existência.

Segundo o autor, em sua tentativa de definição de normalidade:

> *O verdadeiro "sadio" não é simplesmente alguém que se declara como tal, nem sobretudo um doente que se ignora, mas um sujeito que conserve em si tantas fixações conflituais como tantas outras pessoas, e que não tenha encontrado em seu caminho dificuldades internas ou externas superiores a seu equipamento afetivo*

> *hereditário ou adquirido, às suas faculdades pessoais defensivas e adaptativas, e que se permita um jogo suficientemente flexível de suas necessidades pulsionais, de seus processos primário e secundário nos planos tanto pessoal, quanto sociais, tendo em justa conta a realidade, e reservando-se o direito de comportar-se de modo aparentemente aberrante em circunstâncias excepcionalmente anormais. (BERGERET, 1981, p. 21)*

Sendo assim, faz-se necessária a separação da noção de normalidade, bem como o conceito de estrutura, pois uma personalidade dita como normal pode a qualquer instante entrar em patologia mental, até mesmo na psicose, da mesma maneira que um doente mental, mesmo psicótico e em tratamento, pode voltar a sua regularidade, não havendo assim a diferenciação entre indivíduos normais e doentes mentais, constituindo, mesmo que de forma momentânea ou prolongada, uma estrutura.

Segundo Bergeret (1988, p. 15), estruturas

> *representam o modo de organização permanente do indivíduo formado por elementos essenciais da personalidade, fixados em um conjunto estável e definitivo, sejam elas psicóticas ou neuróticas, contemplam terminologias de passagem, que no contexto estrutural psicótico, entre psicose e uma certa normalidade integrada à estruturação do tipo psicótico no ambiente estrutural neurótico, entre neurose e normalidade adaptada a estruturação do tipo neurótico. Outra maneira de utilizar as denominações "neurótico" e "psicótico" encontra-se realizada quando, sem estar ainda descompensada, a personalidade já está organizada de modo estável e irreversível, com mecanismos de defesa com pouca variação, um*

> *modo seletivo de relação de objeto, um grau estabelecido de evolução libidinal e egóica, uma atitude fixada de modo repetitivo frente a realidade, caracterizando assim uma estrutura de personalidade.*

Conforme Bergeret (1988), os termos "neurótico" e "psicótico" criam uma ambivalência em sua utilização, pois podem caracterizar noções de neurose ou psicose. Habitualmente comenta-se sobre o "sintoma psicótico" pensando nos comportamentos delirantes, nas manifestações alucinatórias, ou seja, na desrealização do centro dessa estrutura. Da mesma forma que se considera "sintoma neurótico" como correspondente a uma modificação histérica a um comportamento fóbico. Certos sintomas ditos "neuróticos" podem muito bem servir para camuflar a origem do transtorno, correspondendo à disposição, em maior ou menor nível, no sistema estrutural psicótico. Da mesma maneira como certos sintomas de aspecto "psicótico" podem servir para mascarar a origem de um conflito próprio de uma estrutura neurótica. Dessa forma, convém entender o sintoma como uma manifestação que expressa a presença de um conflito.

De acordo com Freud (1915-1916/1996), os sintomas psíquicos e de doença psíquica são prejudiciais ou pelo menos desnecessários à vida da pessoa, que, por vezes, deles se queixa como sendo malquistos e causadores de sofrimento. O principal dano que causam reside no prejuízo mental que ocasionam e no dispêndio adicional que se faz necessário para que se consiga lutar contra eles. Onde existe extensa formação de sintomas, esses dois tipos de prejuízo podem resultar em empobrecimento da pessoa, pois ela acaba despendendo muita energia mental e, com isso, ocorre a interrupção da pessoa para todas as atividades importantes da vida. Como esse resultado depende especialmente da quantidade de energia absorvida, ser doente é essência, um conceito prático, entretanto, se se ignora a questão de quantidade, todos nós, ou seja, aqueles que são considerados neuróticos, podemos ser classificados como doentes, já que as precondições para a formação dos sintomas podem ser observadas em pessoas normais.

## *Anestruturas ou estados limítrofes*

Nesta seção, trabalharemos as ideias de Bergeret (1988), Laplanche e Pontalis (2001), Gabbard (2006), dos manuais diagnósticos *Classificação de Transtornos Mentais e de Comportamento da CID-10* (ORGANIZAÇÃO MUNDIAL DA SAÚDE, 1993), e o *Manual Diagnóstico e Estatístico de Transtornos Mentais* – DSM-5 (ASSOCIAÇÃO PSIQUIÁTRICA AMERICANA, 2014) a fim de localizarmos a anestrutura em seus padrões mais reconhecidos de diagnóstico e entendimento dinâmico.

Ao longos dos últimos anos diversos autores discorreram sobre o debate normal e patológico, porém Bergeret (1988), em suas compreensões sobre essa dialética, buscando distinguir a partir disso estruturas estáveis ou estados limítrofes, compreende a noção de normalidade como um estado de adequação funcional em meio ao uma estrutura fixa, seja ela psicótica ou neurótica, bem como os estados-limite correspondem a uma estrutura instável, ou seja, uma ruptura no equilíbrio de uma organização estrutural.

Ainda conforme esse autor, os estados limítrofes não são uma estrutura, visto que o tronco comum não se estruturou, apenas vive em uma situação ordenada, não fixada, diferenciando-se assim da neurose e psicose. Dessa forma, localiza-se na fronteira das estruturas citadas anteriormente. De acordo com Bergeret (1988, p. 131),

> *Trata-se acima de tudo de uma doença do narcisismo. Superado o perigo de uma psicogênese de tipo psicótico, o ego não conseguiu chegar a uma psicogênese do tipo neurótico; a relação do objeto permaneceu centrada na dependência anaclítica do outro; o perigo imediato contra o qual lutam todas as variedades de estados limítrofes é, acima de tudo, a depressão.*

Essas estruturações instáveis são conhecidas como personalidades ditas "pseudonormais" (BERGERET, 1988, p. 30), ou seja, que não correspondem a uma estrutura estável, nem definitiva, pois não apresentam uma linhagem estrutural como as neuróticas e psicóticas. As verdadeiras estruturas não dão origem a personalidades "pseudonormais", mas, conforme permaneçam ou não fora de rupturas, podem alternadamente levar a estados sucessivos de adaptação, desadaptação e readaptação. Por outro lado, as personalidades "pseudonormais" se estabelecem de forma permanente, mas apresentam precariedades em sua constituição, construindo personagens para viver no ideal coletivo de normalidade, no sentido de não subtrair a depressão.

A reprodução desses personagens cria uma segurança narcísica, que encobre os riscos depressivos e evidencia o estado limítrofe da personalidade, forçando assim a investir em um ideal de ego que induz a ritos comportamentais bem abaixo da realidade de ego.

Esses ritos comportamentais "pseudonormais" estão ligados a uma normalidade e padronização demasiadamente centrada em um ideal e uma maioria, que, apesar das aparências, falam sobre o indivíduo, mais sobre o que é o padrão do que o que é normal, e sobre a evolução das coisas, negligenciando as perturbações ocorridas no passado, como marcos importantes da infância, mas não para adquirir uma autonomia adulta estruturalmente sólida, e sim para torná-lo independente de suas relações objetais, mantendo um ideal de ego infantilizado e narcísico.

De acordo com Bergeret (1988), estudando as funções dessas estruturas, percebe-se uma posição nosológica incerta e diferente, contemplando estados mistos ou depressivos, angústia difusa, evidentemente não neurótica, e grandes números de neuroses de caráter, aparência perversa e pseudomelancólicos,[1] que não se encaixam nem na estrutura psicótica, nem na estrutura neurótica denominada borderline ou habitualmente chamada de estado limítrofe.

O ego dos estados limítrofes caracteriza-se pela fragilidade, pois apresenta um comportamento adaptativo quando não se sente ameaçado pela perda do objeto e, de outro modo, manifesta um ego anaclítico que necessita de apoio quando essa ameaça se apresenta. Por isso, quando as ameaças reais aparecem, se sentem frustrados, pois estimulam as lembranças de insatisfações infantis, chamadas por Bergeret (1988) de trauma psíquico precoce.[2] O referido autor enfatiza que:

> *Os sujeitos em questão manifestam uma imensa necessidade de afeto; tratam, pois, de se mostrarem sedutores. Sua luta contra a depressão obriga-os a uma incessante atividade. Sua dificuldade para envolver-se coloca-os na necessidade de tornarem-se disponíveis e*

---

1 Pseudomelancólicos: entidades clínicas ou modos de funcionamento mental aos quais não podem convir aos dois grandes quadros estruturais

2 Trauma psíquico precoce: o ego nos casos de estados limítrofes supera sem frustrações e fixações as más relações com a mãe, podendo operar uma pré-organização psicótica. Uma frustração muito viva, um risco de perda do objeto. O autor diz que a psicanálise propiciou revelar uma estrutura psicótica nos casos de distúrbios neuróticos, demostrando que os sintomas neuróticos desempenham a função defensiva de irrupção de psicose.

> *adaptáveis a todo e qualquer momento, na falta de poderem estar real e duravelmente adaptados. (p. 132)*

Laplanche e Pontalis (2001) utilizam-se do termo "caso-limite" e entende que é uma "expressão utilizada na maioria das vezes para designar afecções psicopatológicas situadas no limite entre neurose e psicose, particularmente esquizofrenias latentes que apresentam uma sintomatologia de afeição neurótica" (p. 60). Os autores referem que a expressão não possui significado nosográfico rigoroso devido às incertezas desse campo.

De acordo com Gabbard (2006), pacientes que não eram satisfatoriamente enfermos para receber o diagnóstico de esquizofrenia, mas que apresentavam perturbações, como prejuízos no funcionamento do ego, abrangendo a incapacidade de planejar de forma realista, bem como de se defender de impulsos primitivos, pareciam ocupar um espaço desde a fronteira psicótica até a fronteira neurótica, porém nesse ambiente poderia ser encontrado um grupo com afetos majoritariamente negativos e com dificuldade em manter relações interpessoais, apresentando como sintomas: raiva como principal ou único afeto, defeitos nos relacionamentos, ausência de identidade e depressão difusa, diferenciando então da esquizofrenia, pois apresentam uma instabilidade emocional.

Muitos desses critérios estão inter-relacionados, mas, de acordo com Gabbard (2006), os pacientes borderline estão envolvidos em estabelecer vínculos individuais, sem qualquer risco de abandono, pois vivenciam uma ansiedade que quase chega ao pânico relacionada à certeza de que serão abandonados ou rejeitados a qualquer momento. Para se prevenir do abandono, podem recorrer a gestos suicidas, como cortar os pulsos esperando receber atenção da pessoa à qual estão ligados. As distorções mentais, como pensamentos quase psicóticos, que forçam os limites da realidade, também podem ocorrer nas relações devido à falta de juízo crítico, em virtude de percepções próximas ao delírio de abandono por pessoas amadas. Sendo assim, o transtorno tem por características: pensamento quase psicótico, automutilação, tentativas de suicídio manipulativas, preocupações com o abandono, bem como exigência/achar-se especial.

Conforme a *Classificação de transtornos mentais e de comportamento da CID-10* (ORGANIZAÇÃO MUNDIAL DA SAÚDE, 1993), o tipo borderline é categorizado como um transtorno de personalidade emocionalmente instável, marcado por uma tendência de ações impulsivas, desconsiderando as consequências, acompanhadas de instabilidade emocional efetiva. A autoimagem, objetivos e preferências internas do paciente frequentemente são perturbados ou pouco claros; geralmente existe um sentimento crônico de vazio, gerando uma propensão a se envolver em relacionamentos instáveis e intensos, causando repetidas crise emocionais, e pode estar associada com esforços excessivos para evitar abandono, bem como uma série de ideações ou ameaças suicidas ou atos autolesivos, embora estes possam ocorrer sem precedentes óbvios, pois a capacidade de planejamento tende a ser mínima, por isso acessos intensos de raiva podem com frequência levar a explosões comportamentais.

Segundo o *Manual diagnóstico e estatístico de transtornos mentais* – DSM-5 (ASSOCIAÇÃO AMERICANA DE PSIQUIATRIA, 2014), o transtorno de personalidade borderline caracteriza-se pelo padrão de instabilidade nas relações interpessoais, na autoimagem e nos afetos, bem como uma impulsividade exagerada, que se sobressai no início da vida adulta, fazendo com que indivíduos com esse transtorno pareçam dramáticos, emotivos ou erráticos. Os principais critérios diagnósticos para o transtorno são: esforços exacerbados para evitar um abandono real ou imaginário, relações interpessoais e instáveis e intensos, impulsividade em pelo menos duas áreas autodestrutivas, como compulsão alimentar, comportamentos suicidas ou automutilantes, humor reativo, sentimentos crônicos de vazio, dificuldade para controlar a raiva, bem como raiva intensa e inapropriada, assim como ideação paranoide ou sintomas dissociativos transitórios no decorrer de períodos de estresse.

A partir dos autores apresentados, podemos sintetizar, com a ajuda de Bergeret (1988, p. 133), as estruturas e suas relações com os objetos. As estruturas psicóticas apresentam uma relação de objeto essencial e exclusivamente narcisista em virtude dos conflitos pulsionais e de realidade, em que o ego é excluído. As estruturas neuróticas de outra parte (conflito de objeto edipiano) manifestam uma relação de modo genital, ao modo como as organizações limítrofes apresentam uma angústia de depressão que está associada à possível perda do objeto anaclítico,[3] assegurando assim um apego particular ao objeto a fim de evitar um abandono real ou imaginário.

Sendo assim, a estrutura neurótica tem como principal conflito as pulsões sexuais e suas proibições (introjetadas no superego), produzindo uma aflição, denominada angústia de castração, e as defesas operam no sentido de diminuir essa angústia, facilitando a regressão em relação ao objeto de forma genital. Nas estruturas psicóticas o conflito ocorre com a realidade, gerando uma angústia de fragmentação, que, por medo de um impacto violento demais, nega a realidade. Já nas estruturas limítrofes o conflito é

3 Objeto anaclítico, enquanto correlativo de pulsão, é aquilo em que e por que o indivíduo procura atingir a sua meta, ou seja, um certo de tipo de satisfação, caracterizada pela forte dependência emocional em relação a algo ou alguém. Ato de escolher uma pessoa ou um tipo de pessoa, como objeto de amor (LAPLANCHE; PONTALIS, 2001).

gerado no ideal de ego,[4] com id e a realidade, ou seja, as pulsões são direcionadas contra o objeto frustrante e a imensa necessidade que o objeto ideal note essa ação, gerando assim uma angústia pela perda do objeto, ficando assim na dependência anaclítica do outro.

## *Relações objetais*

No presente tópico, apresentaremos a compreensão teórica acerca das relações objetais na teoria psicanalítica, por meio dos autores Bergeret (1988) e Greenberg e Mitchell (1994).

De acordo com Greenberg e Mitchell (1994), o primeiro desenvolvimento da teoria psicanalítica foi construído em torno do conceito de pulsão. Na primeira teoria pulsional de Freud, o objeto é sobretudo objeto de pulsão. Embora o objeto fosse visto como um elemento variável, não poderia haver pulsão sem pelo menos um objeto implícito, sendo assim, todo conhecimento psicanalítico deve começar com as relações do indivíduo com os outros, ou seja, o objeto corresponde a pessoas reais do mundo externo.

Segundo a definição de Greenberg e Mitchell (1994), o conceito de relações objetais, em seu sentido mais amplo, refere-se a teorias relacionadas à exploração de relacionamentos entre pessoas reais e externas, imagens e vestígios internos e o significado de tais amostras para o funcionamento psíquico, conhecido como modelo estrutural,[5] composto pelo id, ego e superego.

---

4 Ideal de ego: aspirações e objetivos ideais que o ego pretende alcançar. Importante fator estruturante do psiquismo, tanto nos primeiros movimentos identificatórios como também em um projeto de "vir a ser".

5 O id é a parte da estrutura, cuja função é dar à mente a representação psíquica. É totalmente inconsciente. O ego, por sua vez, é a instância central, cuja a função é perceber e reconhecer as forças internas e externas que influenciam o organismo. É a parte em contato com a realidade. O superego tem a finalidade

De acordo com Bergeret (1988), as relações objetais coabitam duas esferas operacionais do ego no interior da personalidade limítrofe, uma no contexto clássico de adaptação à realidade exterior e outra proporcionando autonomia em relação à realidade exterior, regulando as necessidades narcísicas internas, ao anaclitismo assegurador, ou seja, uma reação defensiva nas atividades do ego, destinada justamente a evitar a ameaça de rompimento ocasionada pela dependência emocional em relação ao objeto.

Bergeret (1988) considera que todo problema da organização limítrofe se passa nas relações entre essas duas esferas, ao mesmo tempo adaptáveis e defensivas, permitindo ao ego uma certa mobilidade e segurança, porém constituindo uma falsa solidez, tornando o indivíduo dependente da realidade exterior e das posições do objeto, bem como da distância dessas relações.

Segundo Bergeret (1988), as organizações limítrofes reagem mal às frustrações, despertando antigas insatisfações infantis, utilizando traços paranoicos na intenção de amedrontar quem possa frustrá-los. Seu narcisismo não está estabelecido, existe uma excessiva necessidade de compreensão, respeito, afeição e apoio, fazendo com que os sujeitos manifestem uma necessidade de afeto, tornando-se sedutores. Seu objeto é sentido como persecutório, porém nunca como paranoico; esse objeto exerce a dupla função de superego auxiliar e de ego auxiliar, atuando com ambivalência, como proibidor e protetor ao mesmo tempo. Sendo assim, as organizações limítrofes necessitam apoiar-se no outro, tanto de uma forma passiva como em manipulações agressivas, constituindo assim uma relação de grande dependência com o objeto em virtude de seu ego anaclítico.

---

de julgar criticamente as outras funções mentais, tal como o bom e o mau, recompensa e castigo. Assim como o ego, o superego é em parte consciente e em parte inconsciente.

Esse autor acredita ainda que a angústia predominante é a angústia referente à perda do objeto, ocasionando uma depressão, porque o objeto não se acha inserido e o luto parece improvável. Dessa maneira o superego possui um papel inapropriado. O ideal de ego é posto no entorno que domina a organização da personalidade, exercendo como função o isolamento dos primeiros elementos superegoicos, inflando o superego para que ocupe mais espaço do que o esperado; por esse motivo as personalidades permanecem mais frágeis e incompletas, não constituindo estruturas.

Além do mais, Bergeret (1988) fala no desenvolvimento do tronco comum dos estados limítrofes, em que o ego superou a fase de relações iniciais com a mãe que poderiam ocasionar uma pré-organização do tipo psicótico, em virtude do risco de perda do objeto, denominado trauma psíquico precoce, em decorrência de uma emoção pulsional que se sobressai ao um estado imaturo e mal organizado, que não fornece condições para adaptações e defesas. Esse trauma será o primeiro fator de desorganização de sua evolução, pois bloqueia a maturidade afetiva do ego, que ainda não está diferenciado, constituindo assim o tronco comum dos estados limítrofes.

Esse tronco não é uma estrutura, é um esforço do ego para permanecer distante das duas estruturas: psicótica e neurótica. Em virtude dessa força, a essência do ego utiliza-se de mecanismos de defesa que dividem sentimentos, comportamentos e rejeitam uma representação, denominados de clivagem e forclusão.

As organizações limítrofes têm suas relações de objeto do tipo anaclítica, de dependência, e, de acordo com Bergeret (1988), não conseguem confrontar os objetos anaclíticos e precisam agredi-los para conseguir se separar em razão de não terem a subjetividade definida e serem dominadas pelo ideal de ego, além de possuir sentimento de vazio e não ter objetivos definidos.

Atualmente, os casos desse tipo são os ditos pacientes de difícil acesso, entre outros tipos. Os pacientes de difícil acesso, de acordo com Zimerman (1999), de alguma forma independente do seu nível regressão, colaboram livremente com a análise, mas na verdade são "pseudocolaboradores", pois não permitem acesso ao seu inconsciente, não produzindo assim verdadeiras mudanças psíquicas. Em virtude disso, esses pacientes apresentam um nível baixo de tolerância a frustração, decepcionando-se com facilidade, propiciando o aparecimento de sintomas depressivos, bem como sentimentos de decepção que levam a uma sensação de vazio, impedindo o desenvolvimento das capacidades de simbolizar, pensar, abstrair a do juízo crítico.

## *As relações líquidas da contemporaneidade e as patologias do vazio*

De acordo com Bauman (2007), algumas mudanças criam um ambiente novo e promovem atividades de vida individual, gerando uma série de singulares desafios. A passagem da fase sólida da modernidade para a líquida, para uma situação em que os padrões sociais rígidos que limitam as escolhas individuais não podem mais se manter, é um dado gerador de angústia, pelo menos na maioria das pessoas. As novas estruturas sociais se desestruturam em mais tempo do que levam para formar-se.

Ainda com o mesmo autor, essa desestruturação tende a gerar um colapso do pensamento, bem como do planejamento de ações de longo prazo, prejudicando assim uma sucessão ordenada de concepções como desenvolvimento, maturação e carreira, proporcionando um vazio cultural.

Diante disso, os desafios enfrentados pela psicanálise na contemporaneidade podem ser descritos por intermédio de autores como Zimerman (1999) e Lisondo (2004) sob a perspectiva das patologias do vazio.

De acordo com Zimerman (1999), cada vez mais as pesquisas da psicanálise pendem das neuroses para as situações clínicas que resultam em fixações e regressões, referentes às etapas mais primitivas do desenvolvimento emocional. E nos últimos anos uma situação clínica vem preocupando os analistas dos transtornos autísticos: não a doença de cunho genético-neurológico, mas, sim, casos de autismo psicogênico, nos quais as crianças parecem desligadas do mundo exterior e passam a impressão de não estarem conectadas com a realidade, sofrendo de um vazio, uma ausência quase que completa de emoções, isto é, um bloqueio que se forma em oposição a uma ameaça de sofrimento, em virtude de frustrações impostas pela realidade exterior. O autor salienta ainda que os estados autísticos não são encontrados somente em crianças, mas fazem parte de psicopatologias bastante regressivas dos adultos, como em psicoses, perversões e borderlines, cujo fator comum é a separação traumática do objeto.

Conforme Lisondo (2004), a era contemporânea é reconhecida como a da sociedade de consumo, era da imagem, do espetáculo ou era do vazio, e caracteriza-se pelo individualismo, narcisismo, indiferença e ainda por uma sedução generalizada, isto é, simulação com total consciência, imperando assim as relações de sedução, bem como um imediatismo do aqui e agora, transformando o real em uma falsa representação. A era pós-moderna estimula a permanência do vazio e de uma degradação mental.

Essa autora considera ainda o vazio mental como uma grave alteração estrutural da mente, um espaço que não pode acolher conteúdos, correspondendo à ausência de condição humana dentro da mente, ou seja, a capacidade de pensar, elaborar. Pacientes com vazio mental perpetuam uma sensação de angústia, uma fragilidade narcisista na estruturação do ego e do superego, raiz da privação que antecede a frustração daquilo que nunca teve.

Lisondo (2004) afirma que a frustração é o ponto de partida que exige um trabalho de elaboração do aparelho psíquico, isto é, a não realização da preconcepção, a expectativa de encontro com o objeto de desejo. Essa insatisfação causada pela fragilidade excessiva do ego, id e superego prejudica a capacidade de separar o que é interno ou externo, substituindo o objeto desejado em virtude da deficiência de suas fronteiras psíquicas. Devido a essa substituição, não há tempo hábil para um preenchimento, constituindo assim um desamparo, um sentimento de vazio pela perda do objeto, sendo a única maneira possível de elaborar essa perda a restauração do psiquismo para figurar, ou seja, investir na representação do objeto.

Do mesmo modo, Zimerman (1999) afirma que é comum esses pacientes carentes apresentarem uma angústia de desamparo e de aniquilamento por meio de somatizações, desenvolvendo assim diferentes formas de transtorno do narcisismo, como forma de fugir do outro, bloqueando os afetos ou executando um controle excessivo sobre si e os demais, com a finalidade de fugir das verdades que estão em lugares primitivos. Em outras palavras, o referido autor enfatiza que:

> *Para evitar sofrer decepções, desilusões, culpas e depressão, o melhor recurso que ele encontra é o de tirar o caráter de seriedade à vida, por meio da "tríade maníaca", isto é, o "controle, triunfo e desprezo" sobre todos os demais. Para não perder a condição imaginária de se manter imperador (continuação do estado*

> *primitivo de "sua majestade, o bebê!"), o paciente portador de vazios que são bem-dissimulados, que tenha apelado para o recurso de defesas perversas e onipotentes, necessita diferenciar-se dos outros para não cair na vala comum da igualdade, assim correndo o risco de ficar perdido em um anonimato ou em um nivelamento de mediocridade, segundo sua crença narcisista. (ZIMERMAN, 1999, p. 292)*

Dessa forma, o paciente, para evitar a depreciação, necessita de atenção, utilizando-se de diversos mecanismos para ser notado, a fim de garantir sua existência. Conforme Zimerman (1999), em casos mais extremos, quando os mecanismos utilizados não funcionam, o portador da patologia do vazio pode chegar a um ponto de resignação perante a vida, abusando de comportamentos autolesivos e possivelmente recorrendo ao suicídio, em virtude de sua necessidade de sentir.

## *Considerações finais*

Atualmente esse sentimento crônico de vazio pode vir a se caracterizar como uma patologia, sendo este um dos grandes desafios da psicanálise na contemporaneidade. Diferentes diagnósticos apresentam os mesmos sintomas próprios do sentimento de vazio, como angústia, ausência completa de emoções e uma baixa tolerância à frustração. A intolerância à frustração é inclusive uma das principais características da sociedade atual, sendo marca de um coletivo cada vez mais individualizado e imediatista que somatiza as constantes mudanças sociais e externaliza os sintomas de diferentes formas, gerando uma análise imprecisa e com diferentes comorbidades, levando pacientes com diagnóstico confuso a receberem o rótulo de borderline. As características da contemporaneidade podem confundir em relação a um diagnóstico profundo e difícil como é o caso das anestruturas, tanto quanto podemos entender as relações atuais como, muitas vezes, esvaziadas de significado. Devido à crescente popularidade dos sinais e sintomas, ou pelo mal-uso dos diagnósticos, é essencial que possamos voltar a nossa atenção para o estudo desses quadros, buscando a melhor forma de compreensão dinâmica e o tratamento.

Se pensarmos na lista de sintomas desses pacientes, poderíamos afirmar que eles apresentam fragilidade do ego, são impulsivos, não toleram frustrações, são inseguros, idealizam o outro e possuem uma necessidade de afeto e comportamentos autolesivos.

Sendo assim, faz-se necessário o fortalecimento do ego para tolerar a ansiedade e controlar os impulsos, para que, dessa forma, seja possível uma visão coerente de si e do outro, para suportar as frustrações estabelecidas em suas relações, o que é melhor obtido por meio de um tratamento psicoterápico e eventualmente com apoio farmacológico, num tratamento conjugado.

Ao falarmos sobre as anestruturas ou organizações limítrofes, é essencial o entendimento sobre os conceitos de normalidade e estrutura. Indivíduos considerados saudáveis, ditos normais, podem apresentar uma estrutura permanente e estável, sejam elas psicóticas ou neuróticas; essas estruturas podem criar sintomas de neurose e psicose, pois essas organizações vivem entre a realidade e a fantasia, isto é, encontram-se no limite, não se encaixando na estrutura neurótica, tampouco na estrutura psicótica, sendo então denominados borderline.

A condição de borderline é associada à falha da mãe em proporcionar ao bebê as circunstâncias necessárias para o desenvolvimento de relações objetais adequadas, possibilitando transpor um narcisismo primário, que oculta os riscos depressivos, incentivando assim comportamentos primitivos em razão da fragilidade egóica, manifestada pela alteração de humor em situações ansiogênicas e de angústia, fazendo com que o indivíduo perca a noção do limite. Assim, esse transtorno é reconhecido pela impulsividade generalizada, caracterizado pela falta de delimitação das representações do eu e do objeto.

Esses pacientes investem em um ideal de ego, que paralisa a vida do indivíduo, pois proporciona uma idealização do outro, ora amando, ora odiando, possuindo então as suas relações de forma anaclítica, ou seja, de dependência com o objeto. Devido a esse vínculo, não conseguem se opor ao objeto, sendo necessário agredi-lo para conseguir se separar, e essa agressão muitas vezes é autolesiva, para suprir um vazio crônico ou como forma de chamar a atenção do outro. Em virtude de não ter uma estabilidade emocional, não possuem objetivos definidos, ficando sempre na dependência com o objeto, gerando um sentimento de vazio, uma sensação de não pertencimento.

A sensação de não pertencer e as sensações de vazio existencial nem sempre serão parte de um diagnóstico. Porém, como profissionais de saúde, entendendo a pessoa na sua integralidade, é preciso dar a atenção necessária quando características graves como as descritas neste trabalho, causadoras de sofrimento profundo e geral, podem se configurar num transtorno psíquico merecedor de atenção e cuidado.

## *Referências*

ASSOCIAÇÃO PSIQUIÁTRICA AMERICANA. *Manual diagnóstico e estatístico de transtornos mentais.* 5. ed. Porto Alegre: Artes Médicas, 2014.

BAUMAN, Z. *Tempos líquidos*. Rio de Janeiro: Zahar, 2007.

BERGERET, J. *Personalidade normal e patológica*. Porto Alegre: Artes Médicas, 1988.

EIZIRIK, C.; AGUIAR, R. W.; SCHESTATSKY, S. *Psicoterapia de orientação analítica*: fundamentos teóricos e clínicos. Porto Alegre: Artmed, 2005.

FREUD, S. Conferências introdutórias sobre psicanálise (Parte III) (1915-1916). *In*: FREUD, S. *Edição standard brasileira das obras completas de Sigmund Freud*. Rio de Janeiro: Imago, 1996. p. 251-449.

FREUD, S. Futuro de uma ilusão, o mal-estar na civilização e outros trabalhos. *In*: FREUD, S. *Edição standard brasileira das obras completas de Sigmund Freud (1927-1931)*. Rio de Janeiro: Imago, 1996. p. 67-150.

FREUD, S. Os tipos libidinais. *In:* FREUD, S. *Edição standard brasileira das obras completas de Sigmund Freud (1927-1931)*. Rio de Janeiro: Imago, 1996. p. 225-230.

GABBARD, G. O. *Psiquiatria psicodinâmica na prática clínica*. 4. ed. Porto Alegre: Artmed, 2006.

GREENBERG, J. R.; MITCHELL, S. A. *Relações objetais na teoria psicanalítica*. Trad. Emilia de Oliveira Diehl. Porto Alegre: Artes Médicas, 1994.

KERNBERG, O. F. *Mundo interior e realidade exterior*: teoria aplicada às relações objetais. Rio de Janeiro: Imago, 1989.

LAPLANCHE, J.; PONTALIS, J. *Vocabulário de psicanálise*. Trad. Pedro Tamen. 4. ed. São Paulo: Martins Fontes, 2001.

LISONDO, A. B. D. Na cultura do vazio, patologias do vazio. *Revista Brasileira de Psicanálise*, v. 38, n. 2, p. 335-358, 2004.

ORGANIZAÇÃO MUNDIAL DA SAÚDE. *Classificação de transtornos mentais e de comportamento da CID-10*: descrições clínicas e diretrizes diagnósticas. Porto Alegre: Artmed, 1993.

ZIMERMAN, D. *Fundamentos psicanalíticos*: teoria, técnica e clínica – uma abordagem didática. Porto Alegre: Artmed, 1999.

ZIMERMAN, D. *Manual de técnica psicanalítica*. Porto Alegre: Artmed, 2004.

# 8. A díade mãe-bebê e o papel do ambiente no desenvolvimento da psicose

*Vitória Schneider de Ataíde*

## *Introdução*

O ser humano inaugura a vida por meio do outro, e inicialmente é moldado e influenciado pela principal e primeira relação de amor composta pela dualidade mãe-bebê. No presente trabalho, entende-se o indivíduo como aquele com capacidade inata de adaptação ao meio, ainda que a personalidade não tenha se desenvolvido e cristalizada. O adulto, diferentemente da criança, é composto por suas defesas rígidas já estabelecidas (MAHLER, 1977).

Dissertar sobre a construção da personalidade e os aspectos que a permeiam é complexo. Exige compreender que o ambiente e a díade mãe e bebê são igualmente relevantes quando estamos sob a ótica psicanalítica no que tange ao desenvolvimento da psicopatologia ou saúde.

Discutiremos neste trabalho o papel do ambiente no desenvolvimento da psicose e a influência da díade mãe-bebê. A psicose aqui discutida é entendida, de acordo com Bergeret (1998), como estrutura de personalidade desenvolvida durante o curso da vida, mas principalmente sofrendo grandes influências da fase inicial e precoce do desenvolvimento infantil.

Winnicott (1953/1993) ressalta que a neurose (normalidade) se origina diante dos primeiros relacionamentos interpessoais, em que a família e o ambiente possibilitam que a relação aconteça. É possível afirmar que a criança, durante a primeira infância, está em processo de aprendizado, e é nesse período que ela irá aprender a se relacionar e se afetar, no sentido literal da palavra, originada pelo afeto.

A saúde mental do adulto, aqui compreendida, é atribuída ao desenvolvimento infantil durante o crescimento emocional. Serão discutidos os aspectos importantes que envolvem a normalidade e psicopatologia, como o papel do ambiente e a relação mãe e bebê.

Os autores clássicos que serão utilizados neste trabalho para a base de discussão são: Jean Bergeret, Margaret Mahler e Donald Winnicott, com diversas obras que serão devidamente referidas ao longo do trabalho. Por meio desses autores será proposto o desafio de alcançar os aspectos essenciais que compõem o desenvolvimento da pessoa em relação a saúde e doença.

## *Desenvolvimento*

A ideia de essencialidade da presença materna surge em meados do século XVIII, quando ocorre o início da compreensão do papel da mãe no âmbito social na vida do indivíduo. No final desse século foi enaltecido o amor e investimento materno na filosofia, nos ideais políticos e médicos (MALDONADO, 2013).

A relação mãe e bebê acontece desde o evento gestacional, sendo permeada por sentimentos intensos, variados e ambivalentes que se expandem a conteúdos inconscientes (BORSA, 2007). A mãe inaugura a função materna desde a notícia sobre a gestação, ou a partir do desejo em relação ao seu bebê imaginado. Isso possibilitará que ele seja inserido no mundo simbólico da mãe, a qual, por meio da díade, estreará sua construção como sujeito subjetivo (AULAGNIER, 1994). A maternidade, além de uma questão biológica, tem função importante socialmente. Sob a ótica psicanalítica nasce a incumbência materna de cuidar do emocional e inconsciente do filho (MALDONADO, 2013). Para Maldonado, a protagonista da história psíquica do indivíduo é a mãe.

A díade e o ambiente que a compõem será a matriz para as importantes futuras explorações do mundo externo do bebê. A mãe se dispõe como "ego-exterior" para que essa exploração seja possível de forma segura (RABINOVICH, 1991). Para Spitz (1983, *apud* RABINOVICH, 1991) é por meio da interação materna que o indivíduo compreenderá de forma subjetiva em que universo está inserido.

Winnicott (1983a) entende o ambiente como uma das razões principais para evolução saudável ou não da personalidade. A base estrutural da personalidade e da saúde psíquica está sendo constituída. O bebê vai progredindo no seu mundo subjetivo e *a posteriori* estabelece relações com o mundo externo. Ainda apoiando-se na teoria de Winnicott (2000), a mãe tem um papel importante para que organização do ego do bebê se estabeleça. A base para formação desse vínculo depende da disponibilidade materna em relação aos cuidados conduzidos ao bebê, que incluem suprir as necessidades fisiológicas e subjetivas.

As repercussões do ambiente nesse desenvolvimento estão presentes fortemente durante o curso da vida. Salienta-se que durante o amadurecimento a mãe é a figura fundamental para a realização do processo de constância. Os primeiros meses de vida são significativos para essa construção, na qual todas as atividades que envolvam a relação mãe e bebê serão relevantes no fortalecimento emocional deste (WINNICOTT, 1945/1993).

São aprofundados os estudos já realizados sobre o desenvolvimento infantil e os impactos que o marcam, pois, segundo Winnicott (1945/1993), o bebê se desenvolve emocionalmente por meio da presença do outro. Essa presença é nomeada pelo autor de mãe suficientemente boa, que não necessariamente é a própria mãe, mas quem cumpre essa função.

A maternagem se inicia pelos cuidados dos processos fisiológicos a serem supridos, aos quais inseparavelmente se correlacionam com os aspectos psicológicos. Ferenczi (*apud* MAHLER, 1977) utiliza o termo "desorientação alucinatória primitiva" para o primeiro mês do bebê, em que, ao saciar uma necessidade física como a fome, disponibiliza-se o afeto. Nesse momento ambos (fome e afeto) não se distinguem, pois o indivíduo inaugura a vida no estado de sonolência e sem vigília (MAHLER, 1977).

Essa relação se inicia desde o período gestacional e é de extrema importância para o desenvolvimento psíquico. Para Winnicott (1953/1993), isso depende exclusivamente do vínculo, pois o bebê depende unicamente do cuidado da mãe ou outro que cumpra a função. É esperado que o ambiente seja seguro, protetor e confiável, permitindo a trajetória do estado de dependência em direção ao desenvolvimento da autonomia (WINNICOTT, 1970/1994).

A mãe é compreendida por André Green (1996/2003) como o primeiro objeto de desejo, assim como para Winnicott (2000) a díade é imprescindível para que ocorra o desenvolvimento saudável. O objeto deve ser capaz de oferecer-lhe um ambiente seguro e confiante, assim como suprir as necessidades naturais.

O trajeto até maturação do bebê, que nasce em condição de dependência absoluta de um outro existente, é de suma importância para a compreensão do conceito de "preocupação materna primária" trabalhado por Winnicott na sua obra *Da pediatria à psicanálise*. Esse conceito é utilizado para elucidar o momento de preocupação excessiva da mãe - que é considerada saudável e necessária nesse momento –, em que outros interesses naturalmente são excluídos pela mãe. Esse estado descrito deve ocorrer realmente de forma exagerada nesse primeiro momento, para que as necessidades do bebê sejam supridas (WINNICOTT, 2000). É como se a mãe adoecesse com o bebê, o que nos remete ao estado precoce inicial da mãe.

O *concern* é um conceito desenvolvido por Winnicott (2000), cuja tradução literal é "preocupação", trabalhado pelo autor para abranger a preocupação materna primária. As falhas emergidas neste contexto do desenvolvimento inicial da díade mãe-bebê serão internalizadas pelo bebê como ameaças à sua própria existência. Tais falhas se caracterizam pela indisponibilidade materna; pode-se pensar que a fome, quando não suprida, registra desamparo para o bebê.

Diante dessa constatação, as ameaças de aniquilação são experimentadas, possibilitando *a posteriori* que ele se recupere. Isso poderá ocorrer, pensando no contexto citado, quando a mãe, naquele determinado momento, não supriu a fome do bebê, mas em seguida supre essa necessidade. Envolto nisso, o autor compreende que o bebê experimenta a sensação de recuperação a partir da falha. Nesse momento a confiança na recuperação começa a ser inserida junto com a capacidade do ego de tolerar frustrações. Entretanto, o excesso e duração longa desse evento poderão impedir frustrações necessárias para compor a maturação (WINNICOTT, 2000).

Compreende-se que a sensibilidade maternal possibilitará suprir as necessidades corporais e emocionais que brevemente irão se transformar em necessidades do ego. Nesse caso a mãe conecta-se ao bebê, o que permite que ela seja capaz de colocar-se no lugar dele. Esse estado deve se iniciar ao final da gestação e permanece nas primeiras semanas da chegada do desejado. Envolto nesse processo, é importante apontar que a identificação da dupla permite a antecipação suficientemente boa a qualquer necessidade emergida por parte do filho (WINNICOTT, 2000).

O evento descrito vai facilitar que o desenvolvimento de independência saudável se concretize. O bebê poderá desenvolver movimentos espontâneos e pouco a pouco vai se apropriando de suas sensações. Isso claramente ocorrerá se a mãe proporcionar uma adaptação inicial suficientemente boa (WINNICOTT, 2000).

Para o bebê, não importa qual pessoa desempenhará o cuidado, mas a qualidade dessa relação de troca. A psicanálise apoia sua teoria na importância das primeiras relações vivenciadas no início da vida do bebê. Os autores seguidores da teoria freudiana dedicam atenção específica a essa vivência, a qual possibilitará as demais relações ulteriores (WINNICOTT, 2000).

As contribuições de Winnicott (1997) são significativas para a compreensão do processo de desenvolvimento. O autor disserta sobre a mãe suficientemente boa, que se apresentará de forma atenta às necessidades do seu bebê e na relação se coloca como a figura confiável e acolhedora. A díade permite o suprimento das necessidades corporais, as quais se correlacionam com as necessidades do ego. Isso não significa que ela não seja falha na satisfação das exigências do seu bebê, mas o que determinará o desenvolvimento saudável é que não deixe registro de desamparo. Esse processo bem-sucedido favorece o desenvolvimento das necessidades egoicas até que ocorra a introjeção do objeto suficientemente bom. Assim as falhas do ambiente não serão mais determinantes.

A partir disso, compreende-se que inicialmente o indivíduo é absolutamente dependente; decorre então que o ambiente se apresenta como parte dele. Com isso, infere-se que nesse início o bebê ainda não desenvolveu a capacidade de diferenciar o "não eu" do "eu", se apresentando incapaz de desempenhar essa ocupação. Isto é, o objeto ainda faz parte do bebê (WINNICOTT, 1983a).

O que diz respeito à indiferenciação do "não eu" a autora Margaret Mahler (1982) denomina de fase simbiótica. Pode-se perceber que esse processo ainda fusionado é considerado um ensaio para o desenvolvimento independente. O entendimento da construção da personalidade psicótica se refere à fase de simbiose e indiferenciação entre o bebê e sua mãe. O bebê nasce em estado simbiótico, porém isso não significa que ele nasça psicótico (MAHLER, 1982).

Por meio dos estudos de Mahler (1982), compreende-se por simbiose a fase vivenciada pelas crianças na qual a condição intrapsíquica não permite a diferenciação entre mim e mãe ou a indiferenciação do eu e objeto. Tal condição consiste em uma fase primitiva e necessária do processo do desenvolvimento da criança. Mahler interpreta o nascimento psicológico a partir do processo de separação-individuação construído.

Em sua obra *O processo de separação-individuação*, Mahler (1982) compreende que o processo de separação e individuação entre bebê-mãe é essencial para o desenvolvimento normal da personalidade. Essa peripécia é confrontada junto com sentimentos ameaçadores de perda objetal – naturalmente ocasionados pelo desenvolvimento normal. A ansiedade de separação que permeia o desenvolvimento e a independência será contida pela disponibilidade libidinal materna. Isso significa que o temor da separação e individuação sentida pelo bebê é gradativamente dominado, possibilitando seu desempenho individual (MAHLER, 1982).

Desse modo, mostra-se relevante aprofundar o conhecimento teórico sobre a relação entre mães e seus bebês nos primeiros anos de vida para destacar as influências no psiquismo, visto que a falha na relação mãe-bebê poderá desencadear desfechos negativos no que tange à personalidade da criança (MAHLER, 1982).

A autora aqui referida afirma que o nascimento psicológico do indivíduo ocorre lentamente e depende do processo de separação e individuação. A partir disso a possibilidade de apropriação do corpo do indivíduo vai sendo inserida por meio do objeto primário de amor. Esse processo acontece por volta do quinto mês e se estende até o trigésimo sexto mês (MAHLER; PINE; BERGMAN, 1977).

A separação mencionada consiste na trajetória rumo à saída da fusão simbiótica da criança com a mãe. Já a individuação pode-se entender como uma complementação do processo de separação, na qual a criança alcança a capacidade de desenvolver sua própria singularidade. Esses processos podem acontecer divergentemente, quando se compreende que sucede atraso no desenvolvimento ou precocidade de um dos processos (MAHLER; PINE; BERGMAN, 1977).

Sobre o progresso prematuro da separação, entende-se que ele pode dar-se através do desenvolvimento locomotor. A aquisição locomotora, quando impulsionada a se desenvolver previamente, pode levar à separação física prematura entre o bebê e sua mãe. A fase que antecede a separação é vivenciada pelo bebê, que ainda não dispõe de aparelhagem madura suficiente para experimentar ela como tal (MAHLER, 1977).

Ainda apoiando-se na teoria de Mahler, é possível compreender que uma mãe engolfadora, a qual não permite que seu bebê experimente o processo locomotor autônomo, também gera prejuízo no percurso para a individuação. Isso provoca grandes dificuldades em criar a consciência entre eu e o outro, ocasionando a fixação no entrelaço da fase simbiótica. Certificam-se sentimentos ameaçadores à perda do objeto pela parte do bebê, mesmo que a separação-individuação seja vivenciada de forma natural.

A partir disso, ressalta-se que a relação de objeto é a matriz no contexto para condição da separação-individuação. As funções do ego, como o senso de realidade, serão salientadas como possíveis diante da passagem da fase simbiótica e separação e individuação bem-sucedida. Complementa-se a asserção do autor Bergeret (1988) de que a principal característica da estrutura psicótica é a ausência de senso de realidade, advinda de frustrações primitivas ocasionadas pelo polo materno.

Trata-se de crianças que não desenvolveram a capacidade de adaptação aos estímulos provenientes da maternagem. Isso ocorre quando são aferidos sentimentos pavorosos em relação à separação real. É mantida a primitiva ilusão simbiótica inconsciente, na qual o processo de separação e individuação não possibilitou a organização e internalização do objeto de amor primário (MAHLER, 1982).

É por meio da relação objetal que se estabelece o entendimento de que o bebê não faz parte do eu da mãe, e essa ideia vai se inserindo no indivíduo de forma gradual. O objeto permanece fusionado à simbiose, coexistindo a incapacidade de discernir objetos parciais (bom e mau), mantendo o desejo de incorporar o bom e expulsar o mau. Dessa maneira, o indivíduo, que deveria estar em estágios evolutivos, fixa com embotamento e distorce a realidade de forma desorganizada.

Ainda postulando sobre a teoria de Mahler (1982), o ciclo da vida, perpassando pelas fases importantes do desenvolvimento aqui mencionadas, não obtém um pressuposto fim. Novos processos essenciais acontecem e, mesmo quando se atinge a vida adulta, os processos primitivos (anteriores) influenciam nas relações.

Nessa fase rumo ao progresso inicial, a mãe cumpre um papel para o comportamento adaptativo (suficientemente bom), possibilitando que o bebê gradualmente desenvolva aparelhagem capaz de diferenciar-se (WINNICOTT, 1970/1994). A mãe suficientemente boa proporciona pouco a pouco o progresso do seu bebê, para que ele consiga se "desapegar" e favoreça sua independência.

Para compreender as influências do ambiente na construção da personalidade normal ou patológica, nos apoiaremos na teoria de Winnicott em sua obra *Da pediatria à psicanálise* (2000). O autor pressupõe que o início da vida do indivíduo é primordial para a determinação da personalidade e saúde psíquica. Isso significa que a patologia, especificadamente a psicose, terá origem no que antecede as demais relações estabelecidas com o meio. É importante ressaltar que as etapas iniciais são de maior vulnerabilidade para o desenvolvimento da esquizofrenia, ou das demais psicoses.

A estrutura básica da psicose será estruturada a partir da díade mãe e bebê e o ambiente que a permeia. Winnicott (1953/1993) reconheceu a questão inata inerente ao ser humano, a qual contribui para o desenvolvimento natural do amadurecimento das funções. Uma vez que o ambiente não seja facilitador, esse processo natural é submetido às condições ambientais, principalmente nos primeiros anos de vida.

A falha advinda do ambiente pode deixar marcas irreversíveis, as quais podem produzir distorções psicóticas. É possível afirmar que todo e qualquer ambiente irá falhar, porém um dos fatores importantes citados por Winnicott (1953/1993) é a adaptação suficientemente boa do bebê em seu ambiente frustrante e gratificador.

Spitz (1964 *apud* BORSA, 2007) destaca a interação entre mãe-bebê precursora de patologias, caso se estabeleça de forma desastrosa. A mãe é protagonista no crescimento emocional, social e cognitivo do seu filho. É por meio da principal relação que o sujeito desenvolve a capacidade de sentir-se e reconhecer-se como indivíduo (BORSA, 2007). Winnicott (1953/1993) ressalta a importância da díade, na qual a presença da mãe suficientemente boa é condição necessária para a construção do psiquismo saudável e para o desenvolvimento da capacidade de criar vínculos.

Essa construção composta também pelo meio determinará *a posteriori* o que se denomina de estrutura de personalidade. Para compreender esse fenômeno, utiliza-se a teoria de Bergeret (1988) que discorre sobre esse complexo conceito. Os parágrafos a seguir irão dissertar sobre a personalidade apoiando-se na obra *A personalidade normal ou patológica* desse autor.

A noção de neurose e psicose embarca em um mundo extremamente ambíguo. A dificuldade não se limita a conceituar ambos, pois, de modo delimitado, um faz parte da normalidade e o outro da patologia. Faz-se necessário compreender que os "surtos psicóticos" ou o que se pode chamar de momentos de confusão mental não se determinam como estruturas psicóticas. Assim como as defesas neuróticas também não podem estreitar-se em estados de normalidade (BERGERET, 1988).

Complementa-se essa visão sobre as estruturas, a qual é um conjunto estável e definitivo. Isso significa que, depois de a estrutura estar formada, o funcionamento do sujeito pode não ser estável, porém a estrutura psicótica ou neurótica é irreversível. Alguns pontos importantes para definição da estrutura de personalidade são destacados, como: modo de relação objetal, mecanismos de defesas primitivos, evolução libidinal e capacidade egoica.

Apesar de a estrutura ser fixa, existe o que se chama de funcionamento, ou o que o autor Bergeret denominava de traços de caráter. Trata-se de elementos que compõem a estrutura, mas não a modificam. Para clarificar, dão-se como exemplos os traços de caráter obsessivos em uma estrutura neurótica (BERGERET, 1988).

Os elementos principais que determinam a noção de estrutura são: natureza de angústia, nível de regressão da libido e do ego, relações estabelecidas e defesas. No caso das psicoses, as defesas serão de pouco repertório e primitivas e as relações de objeto também são de pouco investimento. As fixações seguem um padrão e se apresentam repetidamente, com pouco repertório de mudanças.

Para dissertar sobre a personalidade, faz-se necessário introduzir alguns conceitos trabalhados pelo autor, que define patologia e normalidade. Bergeret iniciou seus estudos sobre a normalidade apoiando-se no sinônimo de "ideal coletivo", em que se detém a maioria, ou seja, a regra. No que diz respeito à patologia, irá cingir a minoria.

Postulando ainda sobre as teorias de Bergeret (1988), trata-se de normalidade quando se torna possível dominar as necessidades pulsionais com as defesas e adaptações. O autor relaciona normalidade com a capacidade de adaptação no que tange à capacidade, diante da complexidade, de não estagnar ou se desorganizar. Já a patologia é considerada conectada a estados regressivos, que se relacionam com as respostas originadas pela frustração de forma desorganizada. A capacidade de adaptação se torna uma objeção às minorias.

Diferencia-se a personalidade normal ou patológica à medida que o externo influenciar e desordenar o indivíduo. O psicótico enfrentará as perdas como ataque violento ao seu narcisismo. O autor compreende a psicose como consequência de uma gama de frustrações precoces e primitivas, em que o ego fica fixado ou regressa a elas. Isso irá ocorrer nas fases iniciais do desenvolvimento, na fase oral ou durante a primeira parte na fase anal (BERGERET, 1988).

As bases da saúde mental são estruturadas na primeira infância, a qual dependerá dos cuidados e investimentos maternos, como já foi apontado. Os primeiros estágios do desenvolvimento são de extrema importância para a construção do desenvolvimento emocional do bebê. Winnicott (1983a) enfatiza o ambiente como determinante: quando suficientemente bom, torna-se possível o crescimento emocional natural.

Os autores contemporâneos Gabíno e Bittencourt (2016) complementam a teoria de Winnicott (1952), compreendendo por estados regressivos a dificuldade que o sujeito tem de representar e criar símbolos. Nesse sentido, a patologia reside em estados regressivos, de modo que o indivíduo tem dificuldade de sair da capacidade concreta para o simbólico. Pode-se inferir que a realidade insuportável ou intolerante incide em alucinação negativa, a ponto de negar a existência do objeto.

Apoia-se em Melanie Klein (1952), autora clássica que corrobora as afirmações anteriores, para enfatizar os dois conceitos que estão ligados a mecanismos primitivos e fixações arcaicas, configurando a estrutura psicótica. Para a autora, o bebê, logo quando nasce, experimenta manifestações sádicas, originárias da posição esquizoparanoide. Suas características principais, na respectiva posição, são a voracidade, inveja e ódio. A fantasia do bebê permeia a divisão do seio mau e seio bom, sendo que o primeiro é agente frustrante e o segundo gratificador. A posição posterior é denominada de depressiva, a qual ocorrerá antes da criança ingressar no complexo de Édipo. Ela é marcada pela introjeção da figura materna e paterna em suas fantasias, assim, as extremidades de bom e mau perdem forças nessa etapa. É necessário compreender ambas as posições, pois Klein (1952) compreende que o estado psicótico regressaria à fase inicial esquizoparanoide antes de entrar no complexo de Édipo.

Freud (1931) também entende a estrutura como uma organização já cristalizada, ou seja, caso ocorra uma ruptura no equilíbrio, o indivíduo de estrutura psicótica só poderá desenvolver a psicose, ocorrendo o mesmo nas neuroses.

Cada indivíduo se origina com suas subjetividades e singularidades, o que pode ser denominado de herança biológica. No entanto, esses fatores ligados aos aspectos ambientais e a díade, em mesma proporção de importância, irão contribuir para a estruturação e cristalização da personalidade. Essa interação entre singularidade, ambiente e díade deve ser experimentada de forma que o bebê confie no objeto e sinta-se acolhido. Assim desenvolverá a capacidade de explorar o mundo e se individualizar de forma saudável (WINNICOTT, 1945/1993).

Além dos fatores aqui referidos, faz-se necessário compreender o conceito trabalhado por Freud (1895 *apud* WINOGRAD; COIMBRA; LANDEIRA-FERNANDEZ, 2007), que introduziu as noções básicas que denominou de equação etiológica, pela qual pretendia explicar a causa das neuroses, como estas se relacionam. O autor colaborou com quatro tipos de causas, considerando duas delas necessárias: condição e causa específica. A primeira consiste em fatores hereditários, consequências duradouras que dificilmente sofrem alterações. A segunda causa tem relação com a quantidade ou intensidade que são suficientes para produzir influência, porém é mais suscetível a alterações. A teoria da equação etiológica irá colaborar para o entendimento da construção da personalidade, a qual depende de diversos fatores.

A partir disso torna-se relevante trazer aspectos sobre o entendimento psicodinâmico da estrutura psicótica e os variados conceitos que a permeiam. O termo "psicose" é complexo, pois abarca diferentes significações e distintos quadros clínicos. Não há uma definição precisa como as psicopatologias vistas no DSM-5 (ZIMERMAN, 2004). Apoia-se em Zimerman (2004) para conceituar a estrutura a qual constitui a personalidade do sujeito.

O autor fragmentou a psicose em psicoses, estados psicóticos e condições psicóticas para melhor compreensão desse complexo estudo. Isso não significa que elas se limitem, sendo assim, uma pode sobrepor a outra.

As psicoses propriamente ditas implicam prejuízos nas funções do ego, ocasionando desorganização e perda no contato com a realidade. Existem diferentes graus das disfunções causadas pelas psicoses, como nos casos de esquizofrenias crônicas.

Os estados psicóticos são compreendidos em melhores condições de adaptação ao mundo externo. O sujeito pode transitar entre a estrutura psicótica e neurótica, como nos casos de pacientes borderline que se situam nas anestruturas, as quais não são o prisma do presente trabalho.

Já as condições psicóticas referem-se a pacientes que se apresentam circunstancialmente bem adaptados na estrutura neurótica, mas potencialmente sofrem transição para condições psicóticas. Nesses casos o sujeito retrocede a estados regressivos, denominados pelo autor de "núcleos psicóticos". Essa transição ao primitivo o autor Bion (1967, *apud* ZIMERMAN, 2004) alcunha de "parte psicótica da personalidade", e não é compreendida como psicose clínica, como nos casos de esquizofrenia. Qualquer indivíduo pode transitar pela "parte psicótica da personalidade" mesmo que rigidamente organizada. É importante compreender que isso se apresentará em graus distintos conforme o sujeito (ZIMERMAN, 2004).

Os fragmentos conceituados anteriormente são extremamente relevantes no diagnóstico dentro das psicoses. Pacientes psicóticos são tomados por abundância de vazios, provocados por faltas ocasionadas pela maternagem – como aqui foram descritas – primitivas, as quais são substituídas por angústias não verbalizadas

(ZIMERMAN, 2004). As angústias podem se caracterizar *a posteriori* em personalidade psicótica ou não.

## *Conclusão*

No decorrer do texto foram destacados dois fatores importantes: a díade mãe e bebê e o ambiente. Consideram-se ambos com o mesmo grau de relevância para a construção da personalidade. Foi destacado que o desenvolvimento infantil é fundamental e determinante para posteriormente alcançar o estado de um adulto saudável.

A relação mãe-bebê é considerada pela psicanálise indispensável para o estabelecimento da saúde mental do sujeito em todo o curso da vida. Desse modo, a qualidade da relação servirá de apoio positivo ou negativo ao ego do bebê. Essa relação vai proporcionar a integração da personalidade, pela qual o bebê poderá se beneficiar ou não dos objetos internos.

A saúde psíquica é um produto do meio e dos cuidados destinados ao indivíduo; é por meio da mãe suficientemente boa e do ambiente confiável que se possibilita o crescimento emocional. Ambos são destacados como essenciais, pois é pelo ambiente seguro e confiável que o indivíduo poderá alcançar a independência e autonomia.

É possível afirmar que a personalidade é determinada por um conjunto de fatores, porém é por meio do polo materno suficientemente bom, como disserta Winnicott (1953/1993), que o bebê adquire a capacidade de se relacionar e se afetar pelo outro. Sem isso, podemos assegurar que o desenvolvimento não saudável é mais provável, e assim o desenvolvimento da psicose se torna mais suscetível.

## *Referências*

AULAGNIER, P. Nacimiento de un cuerpo, origen de una historia. *In*: HORSTEIN, L. (Org.). *Cuerpo, historia, interpretación*: Piera Aulagnier – De lo originario al proyecto identificatorio. Buenos Aires: Paidós, 1994. p. 117-170.

BERGERET, J. *A personalidade normal e patológica*. São Paulo: Artes Médicas, 1988.

BORSA, J. C. Considerações acerca da relação mãe-bebê da gestação ao puerpério. *Revista Contemporânea – Psicanálise e Transdisciplinaridade*, Porto Alegre, p. 310-321, 2007.

FREUD, S. *Os tipos libidinais*. *In:* FREUD, S. *Edição standard brasileira das obras completas de Sigmund Freud (1927-1931)*. Rio de Janeiro: Imago, 1996. p. 225-230.

GABÍNIO, T.; BITTENCOURT, M. O corpo-setting do analista: Lócus de estados mentais regressivos como forma de comunicação. *In*: CONGRESSO DA FEDERACIÓN PSICOANALÍTICA DE AMÉRICA LATINA, Cartagena, 13 a 17 set. 2016.

GREEN, A. (1996). *Winnicott póstumo*: ensaio sobre a natureza humana. Sobre a terceiridade. São Paulo: Roca, 2003.

KLEIN, M. *As origens da transferência*: inveja e gratidão e outros trabalhos. Rio de Janeiro: Imago, 1952.

MAHLER, M. *O processo de separação-individuação*. Porto Alegre: Artes Médicas, 1982.

MAHLER, M.; PINE, F.; BERGMAN, A. *O nascimento psicológico da criança*: simbiose e individuação. Rio de Janeiro: Zahar, 1977.

MALDONADO, M. *Psicologia da gravidez*. Rio de Janeiro: Jaguatirica Digital, 2013.

NETO, A. Uma psicanálise da experiência humana em seu devir próprio. *Natureza Humana*, São Paulo, v. 7, n. 2, p. 433-454, 2005.

RABINOVICH, E. P. O nascimento psicológico. *Revista Brasileira de Crescimento e Desenvolvimento Humano*, São Paulo, v. 1, n. 1, p. 54-63, 1991.

WINNICOTT, D. W. (1945). *Desenvolvimento emocional primitivo*. Rio de Janeiro: Francisco Alves, 1993.

WINNICOTT, D. W. (1953). Psicose e cuidados maternos. *In*: *Da psicanálise à pediatria*. 4. ed. Rio de Janeiro: Francisco Alves, 1993. p. 305-311.

WINNICOTT, D. W. (1970). *A dependência nos cuidados infantil*: os bebês e suas mães. São Paulo: Martins Fontes, 1994.

WINNICOTT, D. W. *O ambiente e os processos de maturação*: estudos sobre a teoria do desenvolvimento emocional. Porto Alegre: Artes Médicas, 1983a.

WINNICOTT, D. W. *O desenvolvimento da capacidade de se preocupar*. Porto Alegre: Artes Médicas, 1983b.

WINNICOTT, D. W. *A família e o desenvolvimento individual*. São Paulo: Martins Fontes, 1997.

WINNICOTT, D. W. *Da pediatria à psicanálise*: obras escolhidas. Rio de Janeiro: Imago, 2000.

WINOGRAD, M.; COIMBRA, C. A. Q.; LANDEIRA-FERNANDEZ, J. O que se traz para a vida e o que a vida nos traz: uma análise da equação etiológica proposta por Freud à luz das neurociências. *Psicologia: Reflexão e Crítica*, v. 20, n. 3, p. 414-424, 2007.

ZIMERMAN, D. *Manual de técnica psicanalítica*. Porto Alegre: Artmed, 2004.

# 9. Relações de objeto de Freud a Lacan: da relação com o objeto à relação com a falta

*Rodrigo Lutz*

O presente trabalho tem a intenção de fazer uma releitura dos textos de Sigmund Freud e o seminário IV de Jacques Lacan acerca da relação de objeto. Freud traz o objeto para a psicanálise em seu livro *Três ensaios sobre a sexualidade*, quando explica o conceito de pulsão. O objeto aparece em muitos textos do psicanalista austríaco, mas ele não dedica um texto unicamente ao tema. Enquanto isso, os pós-freudianos, principalmente a chamada "escola inglesa" encabeçada por Melanie Klein, dedicou sua produção às relações de objeto. Lacan dedica-se em seu seminário IV a esse tema e apresenta a teoria de que a relação é com a falta de objeto, e, a partir de sua leitura dos textos freudianos, nos apresenta um caminho. Ao fim, o que se quer do objeto? É essa a pergunta que se explora neste texto.

## *Introdução*

Com o intuito de propor uma investigação sobre as relações de objeto, este texto foi escrito a partir da leitura de dois dos maiores psicanalistas de que se têm conhecimento: Sigmund Freud e Jacques Lacan.

As relações de objeto estão ora implícitas, ora explícitas em grande parte dos textos freudianos, mesmo que o autor não tenha escrito um texto dedicado ao assunto. O que é o objeto pra Freud e como se dá a relação com este passam por vários momentos diferentes e com proposições distintas nos mais de quarenta anos de sua investigação psicanalítica e produção literária.

Em um período de surgimento de novos teóricos da psicanálise e de grande produção teórica dos pós-freudianos, Jacques Lacan propõe um retorno a Freud. Lacan retoma diversos pontos, lançando novas luzes sobre uma obra que parece ser inesgotável. Em seus famosos seminários, coloca uma lente muito particular sobre a metapsicologia freudiana. No seu quarto seminário, debruça-se sobre o tema da relação de objeto e propõe uma análise que traz pontos muito interessantes e distintos dos apresentados pela escola inglesa.

Não há aqui a pretensão de esgotar esse tema, mas, sim, de apresentar, de forma clara para aqueles que iniciam os seus estudos sobre a obra desses dois psicanalistas, o posicionamento quanto às relações de objeto e o seu lugar tanto na psicanálise freudiana quanto na lacaniana. Para tal fim, alguns conceitos tiveram aqui seus lugares demarcados e brevemente descritos, assim permitindo a proposição de um caminho pelo qual os modelos de objetos e relações puderam contribuir para o pensamento psicanalítico.

A construção da teoria psicanalítica não é linear; Freud acrescentou muitas notas a textos consagrados, visto que muito do que ali estava escrito foi mais bem elaborado em um tempo posterior. Apresentaremos aqui um texto psicanalítico que pretende ter a profundidade necessária para o entendimento das relações de objeto em Freud e Lacan, e que, por isso mesmo, pode se tornar denso em alguns momentos. O objetivo que pretendemos ter atingido é tornar mais palatável essa leitura.

## *Desenvolvimento psicossexual e objeto*

Sigmund Freud (1905/1996), na obra *Três ensaios sobre a sexualidade*, nos diz inicialmente que a pulsão sexual se apoia nas pulsões de autoconservação, e a pulsão apoia-se no que entendemos por instinto. Os órgãos que são fontes da pulsão estão associados a etapas do desenvolvimento biológico e as características de suas atividades que visam à manutenção da vida estão próximas das atividades que têm como meta a satisfação sexual. O mesmo objeto pode tanto satisfazer a necessidade de alimento como a necessidade de amor, mas não necessariamente o que satisfaz uma pulsão será o suficiente para satisfazer a outra.

Freud (1905/1996) disserta sobre o desenvolvimento psicossexual infantil e postula que a pulsão é perversa e polimorfa. A primeira etapa, chamada de fase oral, tem a boca como fonte e, por consequência, os objetos de satisfação são aqueles que a estimulam. O primeiro objeto geralmente é o seio; o bebê, quando se vê na falta dele, pode tentar substituí-lo, alucinando, e obter algum prazer com o dedo, um bico ou outros objetos que servirão de forma masturbatória e que ajudarão a dar conta da angústia. O prazer está para além da estimulação física, pois pode ser obtida tal satisfação com as fantasias que envolvem o ato de chuchar ou engolir.

Na segunda etapa, a fase anal, o prazer está em reter ou soltar as fezes, estas que seriam o objeto de satisfação. Como a satisfação está para além do físico, a criança pequena obtém prazer nesse controle sobre as próprias fezes, bem como sobre a expectativa dos pais, que esperam que ela faça cocô ou até mesmo que ela não faça.

O bebê, antes objeto dos pais, agora produz um objeto que por eles é esperado e obtém prazer no controle que exerce sobre os objetos, postergando a entrega de sua dádiva (suas fezes) e a descarga pulsional que ela permite.

Na fase seguinte, dita fálica, a principal fonte pulsional é o pênis e o órgão feminino análogo, o clitóris. O prazer está na estimulação direta desses órgãos e aqui também ocorrem atitudes mais desafiadoras que teriam o caráter fálico. Essa etapa é marcada pela oposição possuir pênis/ser castrado. Freud dá um peso bastante significativo, em alguns textos, para as diferenças anatômicas e suas implicações no desenvolvimento psíquico, porém esse tema não será aqui aprofundado para que não nos afastemos de nosso objetivo e tornemos este texto extenso por demais.

Essas etapas são essenciais para que se entenda o que é objeto na obra freudiana, pois a sexualidade infantil é pré-genital, a relação é perversa (por outra via), não há reconhecimento da alteridade e as partes do corpo do outro é que são tomadas como objeto.

Lacan (1964/2009), em seu seminário XI, afirma que, sobre o desenvolvimento psicossexual e a pulsão, as etapas propostas por Freud, a saber, oral, anal e mesmo urinária, estão associadas à aquisição da linguagem e sua estrutura intermitente é a mesma do inconsciente e da troca com o Outro. A incidência da linguagem vinda do Outro encarnado na mãe, seja no amamentar ou na espera das fezes, é erotizada e faz borda. Na pulsão há um dizer, e o corpo, com sua estrutura de borda, tem nas zonas erógenas a característica de furo e, por isso, é o meio de troca libidinal com objetos. As zonas erógenas respondem à demanda do Outro; elas não seguem alguma sequência predeterminada pela biologia, mas atuam de acordo com o desejo do Outro, que, por meio da palavra, erotiza aquelas atividades e também demanda. O desenvolvimento biológico, em geral, cria expectativas naqueles que cuidam do bebê e que, por meio da sua fala, demandam dele atividades que irão atenuar a sua angústia. O bebê, enquanto objeto de gozo do outro, na medida de suas capacidades, atende às demandas de comer e, logo depois, já quando criança, de controlar a urina e as fezes, e daí por diante com as atividades propostas por seus cuidadores.

## *Pulsão em Freud e Lacan*

### Freud: vicissitudes da pulsão

É partindo da construção do conceito de pulsão que surge a concepção freudiana de objeto, a partir da análise das pulsões sexuais em *Três ensaios sobre a sexualidade*. Para Freud (1905/1996), objeto é aquilo que serve à pulsão como meio de atingir sua meta. A capacidade desse objeto em proporcionar essa descarga o coloca nesse lugar. A ideia de objeto como aquilo que serve à pulsão retira o foco do objeto e o mantém na pulsão, pelo menos nessa época.

Em tese, a relação de objeto só entra em cena depois de 1915, em *Os instintos e suas vicissitudes*, quando Freud introduz as fases da libido e descreve para cada uma delas uma relação de objeto. Também em 1915, em "Artigos sobre metapsicologia", introduz o conceito de pulsão parcial. Em 1905 ele descreveria, segundo Quinodoz (2007), uma relação de objeto parcial e uma relação de objeto total, porém o próprio Freud não usa esses termos. Ele descreve o que ocorre na relação do bebê com o seio, mas não denomina como relação de objeto.

Freud (1905/1996) chama de pulsão a energia de fonte somática que atua no aparelho psíquico, fazendo com que este busque um meio de descarregá-la, a fim de aliviar a tensão. Escolheu a palavra *Trieb* da língua alemã, que foi traduzida por pulsão no Brasil, pois queria diferenciá-la de instinto. Ainda no mesmo livro, postula uma organização associada ao desenvolvimento biológico em que a pulsão teria como fonte, em cada etapa, um determinado órgão, o que determinaria o carácter polimorfo. Freud também diz que a pulsão tem um carácter perverso, pois, apesar de sexual, sua descarga não se daria somente pela relação genital.

Ao longo da construção do pensamento freudiano, a pulsão passa por algumas conceituações, se assim podemos chamar. Em seu texto "A concepção psicanalítica da perturbação psicogênica da visão", Freud (1910/1995) fala pela primeira vez em um dualismo pulsional: pulsão sexual (libido) e pulsões do ego ou de autoconservação, e que a primeira se apoia na segunda. É importante frisar que, nesse texto, Freud ainda utilizava a palavra instinto ao invés de pulsão, porém, conhecendo sua obra, fica clara a referência à *Trieb*. A pulsão sexual estaria apoiada nas pulsões do ego e atividades que teriam apenas como objetivo a sobrevivência, devido à libido, erotizariam o objeto e proporcionariam um prazer da ordem do sexual.

Em seu texto de 1914, "Sobre o narcisismo: uma introdução", Freud (1914/1996) traz a ideia de libido narcísica e libido de objeto e diz que, quanto mais se investe no objeto, menos libido narcísica se tem, e o oposto também é verdadeiro. Nesse momento Freud diz que o sujeito pode tomar-se como objeto de investimento e caracteriza essa libido como narcísica. A escolha de objeto narcisista será discutida mais à frente neste texto.

Freud também escreve sobre objetos internos, que são representações de objetos reais e foram introjetados a partir de relações com estes. A libido poderia ligar-se a esses objetos, mesmo após a ausência do representante real, como foi escrito em "Luto e melancolia" (FREUD, 1917[1915]/1996). Assim, objetos que foram constituídos a partir da sua relação com o sujeito também fariam parte da subjetivação deste, ou seja, de sua constituição, e seriam investidos pela sua libido.

Em *Além do princípio do prazer* (FREUD, 1920/1996), a partir de suas observações quanto à compulsão à repetição de situações desprazerosas, postula a existência de uma pulsão que seria oposta à libido e às pulsões de autoconservação, esta que chamou de pulsão de morte, conceito que sustentou até o fim da vida e sobre o qual escreveu mais algumas obras. A pulsão de morte não é erótica, apesar de sexualizada, e tem como meta o grau zero de tensão, um retorno a um estado mítico de tensão zero. Aqui Freud nos mostra que eventos desprazerosos que se repetem podem ser sentidos como prazerosos no inconsciente. Essa reflexão também nos aponta que a escolha de objeto é inconsciente, visto que se propõe a uma satisfação de um desejo inconsciente.

## Lacan: pulsão, desejo e gozo

A pulsão visa um "mais além" proposto por Freud (1920/1996), e Lacan (1964/2009), em seu seminário XI, vai dizer que esse "mais além" não é a morte biológica, modelo que Freud usara apenas como metáfora, mas um além da vida ao qual a linguagem dá acesso ao sujeito por meio da palavra. Freud (1920/1996, p. 70) descreve características de todas as pulsões e diz que o "o esforço mais fundamental de toda substância viva é o retorno à quiescência do mundo inorgânico".

Todas as outras pulsões são derivadas desta que busca o gozo nesse mais além. Segundo Jorge (2000), o gozo estaria no objeto perdido na estrutura, das Ding, e, portanto, fora da vida do sujeito. Das Ding só se inscreve na vida do sujeito enquanto falta, não possui um representante direto. O gozo total é mítico e a possibilidade desse gozo é atribuída ao pai da horda primeva, citado por Freud

(1913 *apud* JORGE, 2000) em *Totem e tabu*, e que, segundo Jorge (2000), seria o único não castrado. A pulsão visa o objeto na tentativa de obter Gozo. A pulsão busca satisfação e desconhece as barreiras, ignora qualquer linha divisória, até mesmo a que separa a vida da morte.

Conforme escreve Freud (1905/1996, p. 210) em *Três ensaios sobre a sexualidade*, "o encontro com o objeto sempre é um reencontro", e se é reencontro, qual seria o primeiro? Quinet (2012), em seu livro chamado *Os outros em Lacan*, dedica um capítulo a este que ocuparia o lugar de primeiro objeto da história do sujeito, a saber, o objeto a. Esse objeto que ocupa o lugar de objeto perdido e que é a coisa que dá brilho ao objeto de desejo, o que foi chamado por Lacan de agalma. A partir de uma mítica experiência de satisfação total, o sujeito passa a vida procurando objetos por meio dos quais poderia repeti-la. O que se encontra no âmago de todos esses objetos é esse objeto a inatingível, fugaz, mas que permite que o sujeito recupere um resto de gozo da Coisa perdida.

Conforme afirma Lacan (1964/2009) no seu seminário XI, a pulsão contorna o objeto no intuito de recuperar um resto de gozo perdido; esse é o objeto perdido na história do sujeito e que é buscado em objetos que contenham traços mnêmicos de momentos anteriores de experiências de satisfação. A pulsão faria um movimento de arco, no qual retorna à borda erógena, esta, sim, seu alvo (*goal*). O vaivém da pulsão ao redor do objeto, representado pela flecha, demonstra o trajeto (*aim*), e foi ilustrado por Lacan conforme Figura 1.

Conforme nos diz Lacan em seu seminário XI, toda pulsão é parcial, visto que busca uma satisfação impossível, pois esta se encontraria em um objeto perdido, não da história do sujeito, e sim da espécie, sendo por isso impossível. Aqui o autor nos mostra que a pulsão se satisfaz sem alcançar a função biológica total, que seria a reprodução. A satisfação se dá nesse movimento que fecha o circuito pulsional.

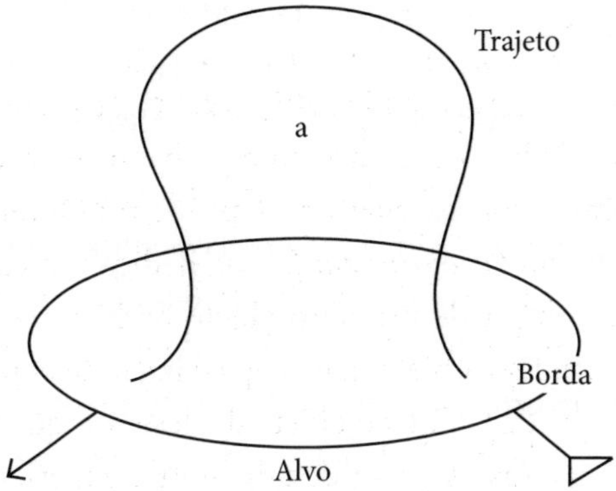


**Figura 9.1** *Imagem retirada do seminário XI de Lacan.*
*Fonte: adaptada de Lacan (1964/2009).*

Segundo Quinet (2012), é reduzindo o Outro do desejo a um objeto que encapsule o objeto, a operação que foi escrita por Lacan como i(a), ou seja, uma imagem dentro da qual estaria esse objeto evanescente, que o sujeito pode gozar. A pulsão não consegue nunca atingir esse objeto, que é uma falta-a-ser, que não possui consistência a não ser episódica. A pulsão apenas contorna o objeto, e nesse movimento o sujeito recupera um resto de gozo da Coisa perdida. Aqui estamos nos referindo, conforme disse Lacan (1964/2014) em sua análise sobre sua apresentação feita no congresso de Bonneval, sob o título de "Posição do inconsciente", ao sujeito barrado (neurótico), aquele que é impedido pelo Nome-do-Pai de obter o gozo incestuoso, que representaria a ausência de limite.

## *Das Ding e Objeto a*

É ao conceito de das Ding que Lacan atribui a origem da pulsão. A pulsão, enquanto exigência que nunca se satisfaz por completo, consegue atar alguns conceitos até aqui apresentados. De acordo com Lucero e Vorcaro (2013) das Ding, ou a Coisa, é o que permanece de irrepresentável na experiência de satisfação.

Das Ding, ou a Coisa, aparece em um texto escrito em 1895 por Freud, "Projeto para uma psicologia científica", mas que só em 1950 foi publicado. Surge na obra freudiana ainda nas tentativas de construção de um modelo de aparelho psíquico e das investigações das atividades neuronais e suas correntes de energia. Das Ding é a parte primeira e inominável, por isso a coisa, que nesse texto aparece como o neurônio a. Sobre as propriedades do neurônio a, o autor cita a constância, e o que seria mutável é o neurônio b, que no mesmo texto é considerado o predicado do primeiro. A partir desse caminho proposto, a descarga é feita por meio da representação de um objeto, quando na presença real dele. Freud detalha outros caminhos nesse texto, mas que não serão relevantes para que se compreenda o que aqui está proposto.

De acordo com Jorge (2000), a Coisa, enquanto falta filogenética, não tem como ser satisfeita e a isso se deve a constância da pulsão, que busca um objeto impossível. Aqui pode ser observada a diferença entre pulsão e instinto, visto que o segundo opera por ciclos e busca um objeto claro e existente. O jogo simbólico permite que o sujeito consiga degradar o impossível para o proibido. Das Ding dá lugar ao objeto proibido pelo incesto, assim, um objeto que existe pode ser substituído e proporcionar um resto de gozo.

De acordo com Jorge (2000), é a partir do conceito de Coisa, proposto por Freud, que Lacan vai desenvolver o que considerou suas duas contribuições à psicanálise, o objeto a e o Real. Sobre o conceito de objeto a, ressalta que na obra lacaniana este vem a ocupar o lugar da Coisa. Enquanto a Coisa tem o estatuto de objeto perdido da espécie, no sentido filogenético, o objeto a é o objeto perdido da história do sujeito, ontológico. Quinet (2012) afirma que o objeto a não tem imagem nem sentido, não pertence ao registro Imaginário ou Simbólico, ele pertence ao Real, ocupa o lugar da Coisa em si. É um objeto que se aloja no âmago de outro, assim lhe dando o *status* de objeto de desejo. Não tem consistência própria, a não ser episódica. O objeto a é uma falta que é encapsulada na imagem de um objeto e o torna desejoso, por isso *causa* do desejo. O que o sujeito deseja é essa "coisa" que o outro tem.

Ainda de acordo com Quinet (2012) aqui há uma inversão nas posições de objeto e desejo. Se anteriormente, nos textos freudianos, o objeto era objeto de desejo, para Lacan, com o advento do objeto a, este seria o objeto *causa* do desejo. Freud (1915/1996) diz que o objeto é o que há de mais variável para a pulsão, e essa afirmação sustenta o que diz Lacan quando teoriza sobre esse objeto a, que é revestido por outro objeto que a pulsão visa alcançar. A pulsão é constante e o que ela busca também, o que varia é a imagem erotizada pelo objeto a. É o objeto a que se mantém constante enquanto causa de desejo, e este é encapsulado por imagens i(a) construídas a partir dos significantes em jogo no registro simbólico do sujeito.

## Narcisismo e escolha de objeto

*O que você me pede eu não posso fazer*
*Assim você me perde, eu perco você*
*Como um barco perde o rumo*
*Como uma árvore no outono perde a cor.*

Humberto Gessinger, "Piano-bar", 1991

A primeira relação de objeto é a narcisista, em que o Eu se toma como objeto de satisfação libidinal. Em seu texto escrito em 1914, "Sobre o narcisismo: uma introdução", Freud (1914/1996) demonstra o que entende ser o caminho percorrido no desenvolvimento infantil quanto aos modos de relação de objeto, quais seriam esses objetos, e propõe o narcisismo como uma etapa constituinte de todo sujeito. A discrepância apresentada nas patologias ajuda no entendimento desse tipo de relação de objeto, por exemplo, a hipocondria ou doenças orgânicas, em que toda a libido é investida em um órgão ou no Eu.

Ainda na mesma obra, Freud (1914/1996) nos diz que o narcisismo do infante é "hiperinvestido" pelos pais que revivem, através do filho, seu próprio narcisismo. A expressão que Freud usou, "sua majestade, o bebê", tem o objetivo de dar uma imagem inteligível ao investimento feito pelos pais no bebê, que é o outro deles. Quinet (2012) diz que é por meio do bebê que os pais rememoram um tempo anterior à castração e fantasiam um gozo ininterrupto. O bebê se faz objeto da demanda do Outro, este que é encarnado na mãe como o Outro primordial. Essa posição coloca a mãe como "tudo" para o filho, pois é por meio dela que ele tem acesso à cultura, o que sem dúvida ativa questões narcísicas na mãe, bem como, eventualmente, paranoicas.

Jacques Lacan (1966/1998), em sua comunicação no XVI Congresso Internacional de Psicanálise (Zurich, 17 de julho de 1949), disserta sobre o estádio do espelho como experiência formadora do Eu. A criança, atravessada por pulsões sem orientação, o que foi chamado de fragmentação primordial, tem, por meio da sua imagem refletida, a primeira integração. É no reconhecimento de si, este que é avalizado pelo Outro, que a criança tem sua imagem inicial, a qual se aliena. Esse acontecimento ocorre na transição do narcisismo primário para o secundário, proposta por Freud

(1914/1996) no seu texto de introdução à teoria do narcisismo. Para Lacan (1953-1954/2009), o narcisismo pertence ao registro do imaginário, pois aqui estão o eu e o outro, este outro (o pequeno outro) é efeito das imagens projetadas pelo eu em um "não eu". Lacan vai propor que o outro sou eu e essa relação dual, mediada por imagens, é narcísica. O outro é um espelho que recebe o Eu-ideal, com quem o sujeito se identifica e se mede e no qual investe sua pulsão.

Freud (1914/1996), após teorizar sobre o narcisismo, nos diz que, no modo de escolha de objeto narcisista, o sujeito ama a si mesmo, a quem ele foi, a quem ele gostaria de ser ou a alguém que já foi parte dele mesmo. A outra forma de relação seria a anaclítica, em que o sujeito amaria outra pessoa a partir do protótipo da mulher que o alimenta e/ou do homem que o protege. Lacan (1953-1954/2009), em seu seminário I, afirma que em toda relação de amor com outro necessariamente haveria as duas libidos investidas, tanto a narcísica quanto a objetal.

## *Real, simbólico e imaginário (RSI)*

### Os três registros de Lacan

A produção lacaniana se assenta sobre a tríade de Real, Simbólico e Imaginário (RSI), que foi apresentada em 1953 na primeira conferência da Sociedade Francesa de Psicanálise (Société Française de Psychanalyse). Lacan a utiliza inicialmente como uma forma cartesiana de localizar o sujeito, o seu discurso, e a própria análise nos três registros, a fim de organizar seu ensino e compreender o funcionamento psíquico. Mais ao fim de suas obras, ele traz a figura do nó borromeano, como forma de exemplificar como a articulação dos três registros se dá, e coloca o objeto a no seu centro.

A partir da construção desses conceitos, é feita a leitura dos textos freudianos e a sua compreensão. São três dimensões bastante distintas e que permitem a Lacan explicitar seu pensamento e dar maior clareza aos conceitos discutidos em seus seminários. Descrever separadamente esses conceitos tem motivação apenas didática, pois essas dimensões estão sempre relacionadas umas às outras (CLAVURIER, 2013).

Nas palavras de Lacan (1975 *apud* JORGE, 2000, p. 93), "Freud não tinha do imaginário, do simbólico e do real a noção que eu tenho... mas, mesmo assim, tinha uma suspeita deles... Aliás, a verdade é que pude extrair meus três (registros) de seu discurso, com tempo e paciência".

## Imaginário

Segundo Clavurier (2013) o Imaginário, para Lacan, vem da relação com as imagens, ainda muito antes da ideia de imaginação. No princípio esse conceito foi utilizado para entender o que era do registro mais primitivo e que intermediava as relações. Lacan (1953-1954/2009), no primeiro seminário, nos diz que é da ordem do Imaginário o nascimento do Eu e também relação narcísica do Eu com o outro e da alienação que surge desse encontro com a imagem do espelho.

Em seu texto "O estádio do espelho como formador da função do eu", Lacan (1966/1998) coloca o eu como imagem integrada à qual o sujeito dividido se aliena. Eu sou o outro na medida em que me alieno a uma imagem à qual me identifico e que me dá sentido de unidade. É nessa imagem que o sujeito investe de forma narcísica, exatamente como no mito. O eu é uma cilada que o sujeito acredita ser ele.

## Simbólico

De acordo com Jorge (2000), se o imaginário ocupa o campo de registro das imagens, o simbólico é o campo da linguagem. A primeira instância busca sua fundamentação inicialmente no mais primitivo, já o simbólico seria o campo que nos diferencia dos animais e nos coloca no patamar de sujeitos da linguagem. Antes de ser um sujeito falante, somos falados. Somos inseridos na cadeia simbólica preexistente e atravessados pela palavra. Ao contrário da unidade do eu existente no Imaginário, aqui há a divisão do sujeito barrado, sujeito do inconsciente.

Ainda no mesmo livro, Jorge nos conta que não é à toa que o campo Simbólico se encontra entre o Imaginário e o Real nas proposições lacanianas. A linguagem é a estrutura que tenta simbolizar o irrepresentável do Real, enquanto a palavra dá imagem à linguagem. O Simbólico é o campo do inconsciente, do qual o Real é o núcleo.

## Real

De acordo com Jorge (2000), o Real é o registro que foi ganhando campo na literatura lacaniana com o passar dos anos. Se no início dos seus seminários Lacan dedicou grande atenção ao simbólico enquanto campo da linguagem, mais ao fim dedicou-se a teorizar sobre o Real. É com a introdução do seu conceito de objeto a, em seu sexto seminário, que começa o caminho na direção do Real em Lacan. Objeto a é este objeto nada e o Real é a instância de tudo que não é, do que escapa ao saber. É tudo e nada ao mesmo tempo, é o que surge nas formações do inconsciente produzidas pelo Simbólico, o que surge no ato falho, no chiste, é o que surge sem a intenção. O Real é a hiância, é o "entre" que, na realidade composta pelo Imaginário e pelo Simbólico aparece, sem ser convidado.

É como um quadro negro, onde o que é riscado com giz é imagem, portanto, do Imaginário e os signos e seus significados estão subordinados à cadeia significante, logo pertencente ao Simbólico. O Real é o que nos escapa, é todo o resto que não foi riscado e é o que está por baixo do que está riscado e por detrás do que tentamos capturar com metáforas, do que podemos apreender. O Real é o que efetivamente nos influencia sem que o percebamos, é o que a imagem tenta capturar, o que transborda nos símbolos.

## *Relação com o objeto ou com a falta?*

### Os Outros em Lacan

Quinet (2012) aprofundou-se nesta proposição lacaniana em seu livro intitulado *Os outros em Lacan*. O outro para Lacan não é apenas um "não eu", mas o contrário, o outro sou eu. Aqui temos um processo de identificação narcísica, que inicia no estádio do espelho e que acompanha o sujeito ao longo da vida. Esse outro é revestido pela projeção e é da ordem do Imaginário, nele encontra-se algo que o sujeito reconhece como seu. O outro é constituído e constituinte e participa do processo de subjetivação do sujeito.

Ainda segundo Quinet (2012), na obra lacaniana encontra-se um (grande) Outro. Esse Outro, representado nos matemas pelo A, refere-se a um outro lugar, o lugar do inconsciente, palco iluminado e deformado nos sonhos e sob o qual atuamos às cegas quando em estado de vigília. Lacan retira essa expressão do livro *Interpretação dos sonhos*, num momento em que Freud, citando Fechner, fala do inconsciente como um Outro lugar, e que se utiliza da palavra lugar apenas como forma de ser compreendido, já que ela talvez limite o sentido. O Outro como lugar do discurso do inconsciente detém a cadeia de significantes que o sujeito habita sem a possibilidade de ser representado totalmente; o sujeito é um furo nessa cadeia. Esse Outro ganha lugar com a intervenção do significante Nome-do-Pai, que introduz a Lei e barra o sujeito, portanto, o que não é tolerável, o que não é permitido, é recalcado e retorna sob as formações do inconsciente, como sonhos, chistes e atos falhos.

## Os primeiros objetos em Lacan

O Outro primordial é encarnado pela mãe e é por meio dela que os significantes da cultura atuam sobre o bebê e essa relação. Lacan (1956-1957/1995), em seu seminário IV, referenciado por Freud, escreve que no mundo dos objetos existe um que é privilegiado, e este seria o falo. Esse objeto imaginário está presente na relação mãe-bebê, e Lacan diz que é uma relação triádica, e não dual, como foi proposto na escola inglesa, portanto mãe-bebê-falo. Aqui o falo, enquanto mediador da satisfação, entra em jogo. Inicialmente, o bebê é tomado como substituto do falo, supostamente perdido, da mãe. Enquanto falo, em um primeiro momento o bebê se faz objeto da mãe e tem seu gozo ocupando o lugar de objeto de desejo dela. A função paterna, por meio do significante Nome-do-Pai, faz a castração da mãe, impedindo o incesto e introduzindo outros elementos no jogo.

Lacan (1956-1957/1995), ao usar a metáfora do véu, nos mostra que este joga com a possibilidade da ausência do objeto. O objeto, por estar atrás do véu, está sob o significante presença-ausência, um par antitético que possibilita mais de uma resposta, que permite "jogo". Em suas palavras: "Sobre o véu se pode estampar, isto é, instaurar como captura imaginária e lugar de desejo, a relação a um mais-além que é fundamental em toda relação simbólica" (LACAN, 1956-1957/1995, p. 159).

No mesmo seminário, Lacan (1956-1957/1995) fala de um segundo momento em que ocorre, para a mãe, uma divisão do seu objeto de desejo, já que não é possível reduzir o falo à criança. A criança real simboliza a necessidade imaginária da mãe. A fantasia de completude se desfaz, porém o desejo se mantém na busca de algo que o bebê não tem, este "cavo" que a mãe tenta preencher nele, num jogo narcisista que tenta preencher a falta dela com/no outro. Já com o bebê, ao perceber que não é o único objeto de satisfação e de atração da mãe, por meio da identificação, reconhecendo a falta nela, começa a desejar o que ela deseja, ou seja, o que está mais além desse objeto, "o meu desejo é o desejo do outro".

Ainda no seminário IV, Lacan (1956-1957/1995) vai dizer que o objeto não é apenas um correlato do sujeito, mas algo que o sujeito utiliza para encobrir um fundo de angústia. O bebê, enquanto objeto de desejo, atenuaria a angústia da castração da mãe, bem como o bebê teria a mãe como objeto na tentativa de tamponar sua falta constitucional, o hiato estrutural da espécie e do qual todo sujeito é herdeiro. A mãe ocupa o lugar da Coisa, logo sendo o primeiro objeto para o bebê, e para ela o bebê seria o falo "perdido" e "reencontrado".

Em um momento mais avançado dos seus escritos, apoiado no princípio do prazer, Freud (1920/1996) nos apresenta suas reflexões a partir da brincadeira na qual seu neto tenta elaborar a ausência do objeto por meio de um jogo que ficou conhecido como Fort-da. A criança lança um carretel, que representa a sua mãe que saiu do ambiente, e logo depois o puxa de volta. O menino muda de posição e torna-se o ativo da situação, causador da ida e da volta da "mãe". Diante de uma realidade desagradável, a criança se utiliza do jogo para fantasiar uma situação de controle diante da angústia da ausência do objeto.

## A falta sob a ótica dos três registros

O objeto é variável e o que o torna objeto de desejo é justamente este cavo, o objeto a. É quando o sujeito acredita que o outro tem o que lhe falta que ele o ama. Nas palavras de Lacan (1956-1957/1995, p. 130), "o que é amado no amor, com efeito, é o que está para além do sujeito, é, literalmente, o que ele não tem" (*apud* FERRARI, 2009).

A castração é central na obra freudiana por sua articulação no complexo edipiano e a quebra da simbiose mãe-bebê, ao passo que a frustração se faz bastante presente nos textos pós-freudianos, e é necessário diferenciá-las enquanto falta. Além dessas duas modalidades, se assim podemos chamá-las, Lacan acrescenta a privação como terceira forma de falta.

A seguir apresenta-se um quadro inspirado no modelo presente no livro *O seminário livro 4 - a relação de objeto* (LACAN, 1956-1957/1995, p. 274), porém com a ordem modificada de acordo com a apresentação deste texto.

**Quadro 9.1** Relação de objeto em Lacan

| Agente (quem causa?) | Modo de falta (dinâmica) | Objeto (o que não se ganha?) |
|---|---|---|
| Mãe Simbólica | Frustração | Falo Real |
| Pai Imaginário | Privação | Falo simbólico |
| Pai Real | Castração | Falo Imaginário |

Fonte: adaptado de Lacan (1956-1957/1995).

Lacan (1956-1957/1995), em seu seminário IV, nos apresenta três formas de registrar a falta, estas descritas sob a lente da sua tríade Real-Simbólico-Imaginário. A alteração quanto à ordem do quadro original do livro lacaniano foi feita sob o argumento de apresentarmos aqui o caminho que está de acordo com a linha temporal do sujeito.

A frustração é, de acordo com Lacan, da ordem da reivindicação, do que se exige, mas não se recebe. Ela é apreendida no plano imaginário. Aqui o objeto, o falo, é real, não como imagem do órgão e ainda não como significante, mas como o que escapa, no limite do apreensível. É importante salientar que, para Lacan, o falo não é o pênis necessariamente, mas aquilo que faz a mediação do gozo, o que dá acesso. Enquanto objeto, aqui poderia ser o seio, falicizado, por exemplo. Na frustração o sujeito não recebe o objeto de alguém que, ele acredita, poderia ter lhe dado. O que está em jogo aqui é menos o objeto do que o amor de quem lhe recusou tal satisfação, aqui representado pela mãe.

De acordo com Lacan, o agente da frustração é a mãe, percebida enquanto agente simbólico, o objeto o seio. A relação no campo da frustração está associada à recusa do dom, este que está sob o signo do amor. O dom é um mais além do objeto e supõe toda uma ordem de troca. O dom só é dom se antes ele foi recusado, e pode-se compreender aqui que o desejo de dom é uma recusa da recusa. Em suas próprias palavras, "Nada é dom se não for constituído pelo ato que, previamente, o anulou ou revogou" (LACAN, 1956-1957/1995, p. 185). O apelo, protótipo da palavra, insere o bebê no campo do simbólico, já que ele pode ser atendido ou não e é na medida em que não é atendido que se faz presente. É diante da ausência de uma satisfação simbólica que a satisfação do instinto, como a alimentação que o seio oferece, é erotizada e passa ao registro do simbólico como objeto de amor.

Aqui Lacan (1956-1957/1995) retorna ao estágio do espelho, em que, ao mesmo tempo que o bebê tem seu júbilo diante da sua imagem e a sensação de domínio sobre ela, também se dá conta de que a mãe é um "não eu", portadora dos dons, e que esta não lhe obedece, tem o poder de dar ou não os dons. A frustração é primeiramente relacionada à impotência do bebê diante da onipotência da mãe, e em um segundo momento a este objeto de amor que nem sempre lhe dá o que deseja.

Para Lacan (1956-1957/1995), a privação é uma falta real atribuída a um agente terceiro, o pai imaginário. É o momento em que a criança vê o objeto como não todo; aqui a mãe perde a onipotência, e se ela não dá o que a criança quer é porque alguém não permite, portanto, a onipotência seria do pai, que na fantasia da criança não permitiria que a mãe lhe satisfaça. O pai enquanto agente imaginário é o detentor do falo simbólico. Se algo falta à mãe, algo que ela não tem e deseja, então este se torna o objeto de desejo da criança; o que o sujeito deseja é o desejo do outro. A criança passa a desejar o que pode faltar à mãe.

Na castração, tema central na teoria freudiana, a falta é de um objeto imaginário, a saber, o falo. Essa falta é imposta por um Pai Real, portanto irrepresentável e causador de angústia ou desejo. Se a castração é categorizada como simbólica, é pelo fato de estar intrinsecamente ligada à noção de Lei, apontada pelo complexo de Édipo. É por meio dela que o sujeito apreende a noção de falta, através da simbolização dela e do conjunto de regras que constituem o interdito. O objeto é o falo imaginário, este objeto que possibilitaria o acesso ao gozo. É a posição do sujeito diante da castração que o enquadra em uma das três grandes estruturas: neurose, perversão ou psicose.

## *E no fim, o que se quer?*

*Na verdade "nada" é uma palavra esperando tradução.*

Humberto Gessinger, "Piano-bar", 1991

Freud, que com frequência fazia uso da literatura, do teatro e da poesia em suas obras, nos mostra onde está o conhecimento sobre o humano, afinal a arte chega onde só depois a psicanálise vai chegar. Inspirado por ele, vou aos poetas buscar alguma forma de expressar algumas reflexões sobre o que é esse objeto de desejo e encontro em Humberto Gessinger uma possibilidade.

Conforme foi discutido e referenciado no presente texto, o objeto, que surge somente na dialética com algum outro conceito na obra freudiana, ganha muita atenção nos escritos dos pós-freudianos. Lacan dedica um ano de seminários a esse assunto e nos leva a pensar sobre o que dá valor ao objeto. Tamanha influência do objeto sobre o sujeito nos instiga saber qual "jogo" se dá nesta relação e qual estrutura a sustenta. Lacan (1956-1957/1995 *apud* KUSS, 2014, p. 153) profere a seguinte frase, por ele adjetivada como paradoxal: "O que é amado no objeto é aquilo que falta a ele – só se dá o que não se tem".

Na obra lacaniana se vê claramente o surgimento da sua teoria quanto ao objeto a, antes mesmo que ele lhe dê esse nome em seu sexto seminário. O seminário IV, tanto discutido aqui, nos traz o valor simbólico do objeto que se esconde atrás do véu e que, por não ter sua presença garantida, não apenas pode, mas deve ser nada, já que é símbolo. O objeto a é fugaz, escapa ao sujeito, nunca está onde se faz presente. É um cavo onde "cabe um mundo", tela que se tenta preencher eternamente com nomes que nunca traduzem o objeto do desejo, que deixa sempre a sensação de "não era bem isso". Mas a simples possibilidade de o objeto ser nos dá alento.

Não era bem isso, mas, quando (re)encontramos (antes de dizer que não era bem isso novamente), reconhecemos. Mas quem é reconhecido ou o que se reconhece? Há sempre algo, uma coisa, familiar atrás do rosto que nos encanta, familiar porque em muitos casos já fez parte da família. Apoiado nas palavras de Freud, pode-se pensar que talvez eles sejam os substitutos daquela que alimentou e daquele que outrora protegia. Lacan já nos disse que o amor sempre tem libido narcísica junto com a libido objetal e que amar é "querer ser amado". Gessinger (1991) ou leu sobre os outros de Lacan e as relações narcísicas ou chegou ao mesmo lugar por outras vias quando, ao cantar a história de um rapaz no bar, faz a seguinte reflexão:

*Ontem à noite eu conheci uma guria que eu já conhecia.*
*De outros carnavais, com outras fantasias.*
*Ela apareceu, parecia tão sozinha.*
*Parecia que era minha aquela solidão*

O objeto, mesmo sem forma, é reconhecido. É reencontrado naquela eterna repetição, que se repete sem que o sujeito saiba o porquê, que não cessa de repetir. O retorno tem muitos disfarces, nosso inconsciente não nos abandona a monotonia.

*Todos os dias eu venho ao mesmo lugar*
*Às vezes fica longe, difícil de encontrar*
*Mas, quando neon é bom*
*Toda noite é noite de luar*

Gessinger (1991) diz que "na escuridão, o invisível nos salta aos olhos", olhos estes como os que Édipo, da tragédia de Sófocles, arrancara após o encontro com o objeto proibido. O que resta se em Jocasta, enquanto objeto proibido do desejo, estava mascarada a falta radical do objeto impossível? Lacan (1956-1957/1995), ao repetir Freud, nos dá a pista: a angústia é algo que é sem objeto.

## *Referências*

CLAVURIER, V. Real, simbólico, imaginário: da referência ao nó. Trad. Elisa Rennó dos Mares Guia-Menendez. *Estudos de Psicanálise*, Belo Horizonte, n. 39, p. 125-136, jul. 2013.

FERRARI, I. F. Acerca do amor e algumas de suas particularidades na psicose. *Arquivo Brasileiro de Psicologia*, Rio de Janeiro, v. 61, n. 3, p. 87-96, dez. 2009.

FREUD, S. (1895). Projeto para uma psicologia científica. *In*: FREUD, S. *Obras completas*. Rio de Janeiro: Imago, 1996. v. I. p. 341-354.

FREUD, S. (1905). Três ensaios sobre a sexualidade. *In*: FREUD, S. *Obras completas*. Rio de Janeiro: Imago, 1996. v. VII. p. 119-217.

FREUD, S. (1910). A concepção psicanalítica da perturbação psicogênica da visão. *In*: FREUD, S. *Obras completas*. Rio de Janeiro: Imago, 1996. v. XI. p. 219-230.

FREUD, S. (1914). Sobre o narcisismo: uma introdução. *In*: FREUD, S. *Obras completas*. Rio de Janeiro: Imago, 1996. v. XIV. p. 77-110.

FREUD, S. (1915). Os instintos e suas vicissitudes. *In*: FREUD, S. *Obras completas*. Rio de Janeiro: Imago, 1996. v. XIV. p. 117-146.

FREUD, S. (1917[1915]). Luto e melancolia. *In*: FREUD, S. *Obras completas*. Rio de Janeiro: Imago, 1996. v. XIV. p. 245-270.

FREUD, S. (1920). Além do princípio do prazer. *In*: FREUD, S. *Obras completas*. Rio de Janeiro: Imago, 1996. v. XVIII. p. 13-74.

GESSINGER, H. Piano Bar. *In: Engenheiros do Hawaii. Várias Variáveis*. Rio de Janeiro: BMG, 1991. 1 CD. Faixa 4.

JORGE, M. A. C. *Fundamentos da psicanálise*: de Freud a Lacan. Rio de Janeiro: Jorge Zahar, 2000.

KUSS, A. *Amor e desejo*: um estudo psicanalítico. 2014. Dissertação (Mestrado em Psicologia) – Universidade Federal do Paraná, Curitiba, 2014.

LACAN, J. (1964). *O seminário*: livro XI – Os quatro conceitos fundamentais da psicanálise. Rio de Janeiro: Jorge Zahar: 2009.

LACAN, J. (1953-1954). *O seminário*: livro 1 – Os escritos técnicos de Freud. Rio de Janeiro: Jorge Zahar, 2009.

LACAN, J. (1956-1957). *O seminário*: livro 4 – A relação de objeto. Rio de Janeiro: Jorge Zahar, 1995.

LACAN, J. (1964). Posição do inconsciente no congresso de Bonneval retomada de 1960 e 1964. *In*: *Escritos*. São Paulo: Perspectiva, 2014. p. 843-864.

LACAN, J. (1966). O estádio do espelho como formador da função do eu. *In*: LACAN, J. *Escritos*. Rio de Janeiro: Jorge Zahar, 1998. p. 96-103.

LAPLANCHE, J.; PONTALIS, J.-B. (1982). *Vocabulário da psicanálise*. 8. ed. São Paulo: Martins Fontes, 1995.

LUCERO, A.; VORCARO, A. Do vazio ao objeto: das Ding e a sublimação em Jacques Lacan. *Ágora*, Rio de Janeiro, v. 16, n. spe., p. 25-39, abr. 2013.

QUINET, A. *Os outros em Lacan*. Rio de Janeiro: Jorge Zahar: 2012.

QUINODOZ, J. *Ler Freud*: guia de leitura da obra de Sigmund Freud. Porto Alegre: Artmed, 2007.

ROUDINESCO, E.; PLON, M. *Dicionário de psicanálise*. Rio de Janeiro: Jorge Zahar, 1998.

## Leituras complementares

FREUD, S. (1912). A dinâmica da transferência. *In*: FREUD, S. *Obras completas*. Rio de Janeiro: Imago, 1996. v. XII. p. 109-122.

NASIO, J.-D. (1988). *Lições sobre os 7 conceitos cruciais da Psicanálise*. Rio de Janeiro: Jorge Zahar, 2012.

NASIO, J.-D. (1992). *5 Lições sobre a teoria de Jacques Lacan*. Rio de Janeiro: Jorge Zahar, 2012.

# 10. A teorização de Margareth Mahler: desenvolvimento das relações de objeto e psicopatologia

*Hericka Zogbi Jorge*

O presente trabalho pretende discorrer sobre alguns pontos da construção teórica de Margareth Mahler, especialmente da teorização a respeito das fases iniciais de autismo normal e simbiose normal. A autora transitou entre a teoria clássica das pulsões e a teoria relacional, buscando a partir disso fortalecer seu arcabouço teórico até chegar em sua teoria do desenvolvimento, com foco na importância das etapas iniciais, pré-edípicas, em contraponto à teoria freudiana, que tem a marca do desenvolvimento bem-sucedido na resolução do complexo de Édipo. Em sua teorização, o processo de "separação-individuação", também entendido em suas formulações mais recentes como "nascimento psicológico", seria ainda mais determinante que a resolução do complexo de Édipo para os processos de saúde ou psicopatologia. Embora sua teoria derive da teoria pulsional clássica, o princípio organizador da teoria de Mahler está nas relações do self com os objetos.

A teoria do desenvolvimento psicossexual, com seu ponto alto no complexo de Édipo, parece, para teóricos recentes, deixar para trás muito do que é relevante no primeiro desenvolvimento. Os teóricos que operam no modelo relacional rejeitam a sequência da busca do prazer na descarga pulsional, enfatizando os modos de relacionamento com os outros (GREENBERG; MITCHELL, 1994).

Os autores afirmam que Mahler, junto com outros teóricos da psicologia do ego, tem o intuito de ampliar o modelo pulsional para abarcar novas dimensões do desenvolvimento psicológico. Para ela, a marca do desenvolvimento bem-sucedido não é a primazia genital que se segue à resolução do complexo de Édipo, mas o movimento que ocorre no desenvolvimento que vai de uma matriz simbiótica de criança-mãe até a realização de uma identidade individual estável, em mundo de outros cuja presença é previsível e que são realisticamente percebidos, movimento este que ela denomina de processo separação-individuação. O mapa desenvolvimental de Mahler, a base da sua teoria do desenvolvimento, está nas relações entre o self e os seus objetos, porém apoiado e derivado da teoria pulsional clássica.

Mahler (1982, p. 152) afirma que "a neurose infantil se torna manifestamente visível no período edípico, mas pode ter sido moldada pela crise de reaproximação que o precedeu". Isso porque as angústias e perdas da crise de reaproximação podem resultar na criança em uma tendência para a divisão do mundo objetal, o que, para a autora, criará dificuldades no período edípico, provocando ambivalência e uma característica danosa sobre o desenvolvimento da personalidade edípica e pós-edípica. A autora continua sua teoria, apontando que a compreensão da neurose infantil se beneficia da análise dos dados obtidos no que chama de fases iniciais da existência extrauterina (que vão constituir a base de sua teoria do desenvolvimento), na linha seguida pelo bebê em sua diferenciação e separação da matriz simbiótica.

Para Mahler, a criança tem uma fusão simbiótica com a mãe e, conforme emerge gradualmente dessa fusão, alcança uma identidade independente. Essa é uma concepção bem diferente das ideias de Freud sobre as questões da infância. A criança de Mahler é menos uma criança lutando com suas demandas pulsionais conflitantes e mais uma criança que deve continuamente reconciliar o seu anseio por uma existência autônoma e independente, com um anseio também poderoso para reemergir da fusão envolvente da qual veio. Esse modo de ver permite ao observador o acesso à formação da personalidade e à evolução da psicopatologia em sua origem, ou seja, perceber na linha do desenvolvimento quais são e onde estão os pontos geradores de psicopatologia, vinculados ao que em algum momento foi uma etapa normal do desenvolvimento (GREENBERG; MITCHELL, 1994).

O termo simbiose foi tomado da biologia (MAHLER, 1982) e se refere à íntima associação funcional entre dois organismos para proveito mútuo. Para a autora, o termo simbiose, usado no contexto da relação mãe-bebê, é metafórico, indicando não apenas o sentido da biologia – no qual a simbiose ocorre entre dois indivíduos distintos –, mas o estado indiferenciado de fusão do bebê com a mãe, quando o eu ainda está indiferenciado do não eu e quando o dentro e fora estão gradualmente começando a ser percebidos como diferentes. O aspecto essencial da simbiose seria "constituído pela fusão onipotente, psicossomática ou ilusória com a representação da mãe, e particularmente, a ilusão de limites comuns dos dois indivíduos real e fisicamente separados" (MAHLER, 1982, p. 68).

Nessa época, o ego-id indiferenciado contém uma mistura não diferenciada de libido e agressão. A autora afirma, pois, que na espécie humana o ego rudimentar do recém-nascido e do bebê precisa ser complementado pelo suporte emocional dos cuidados maternos numa espécie de simbiose social. O ego emergiria, então, de uma diferenciação estrutural de dentro da matriz de dependência fisiológica e sociobiológica da mãe.

Nesse contexto, Mahler observa a importância fundamental dos pais em interação com a criança, a partir da importância dos pais como objeto das pulsões libidinais e agressivas. A função dos pais, para ela, "é a de dar a criança a oportunidade, relacionada a objeto, para a canalização, a utilização e a fusão do seu amor com tendências agressivas" (GREENBERG; MITCHELL, 1994, p. 203) – em outras palavras: os pais deixariam de ser objetos de satisfação dos desejos para serem diretamente objetos integradores das tendências libidinais e agressivas da criança. Essas duas posições, uma mais pulsional e outra mais relacional, segundo os autores, fazem com que Mahler precise fortalecer sua base teórica para conter sua perspectiva.

Greenberg e Mitchell (1994) afirmam que na teoria de Mahler a personalidade dos pais exerce um impacto considerável no desenvolvimento da criança e a sua influência é mediada por meio de sua função de objetos no sentido clássico. Essa função de objetos no sentido clássico quer dizer ser objeto como alvo da pulsão, numa concepção freudiana e, ao mesmo tempo, numa concepção winnicottiana, ajudar a criança a delinear essa pulsão por meio de um ambiente suficientemente bom, equilibrando frustração e gratificação. Ou ainda, de um ponto de vista kleiniano, de ser um objeto apenas destinado à identificação projetiva do bebê para a finalidade da identificação introjetiva e construção da realidade psíquica, sem grande importância às características reais do objeto. Na leitura de Mahler, parece que nenhuma dessas funções do objeto é excludente em sua teoria. Porém, ela amplia esses papéis e dá a sua autoria, quando determina a importância do desenvolvimento psicológico inicial do ponto de vista dos processos de simbiose e separação.

Segundo Greenberg e Mitchell (1994), há uma tensão entre as observações relacionais e as explicações pulsionais na teoria de Mahler que a leva de volta ao arcabouço clássico para conter a sua nova perspectiva.

Para Mahler, a criança torna-se uma pessoa em razão de penetrar e emergir da personalidade da mãe. As marcas do desenvolvimento estão na relação estabelecida com a mãe, e não na redução de tensão no aparelho. Segundo os autores, o conceito de simbiose é o que consegue fazer a ponte entre a teoria pulsional e a relacional em Mahler. Para os autores, simbiose denota um relacionamento real entre mãe e bebê, com ações e comportamentos específicos exigidos de ambos. Mahler (MAHLER; PINE; BERGMAN, 1977) afirma que a simbiose também denota um acontecimento intrapsíquico, uma fantasia, dizendo que este seria um estado inferido, um traço de vida cognitivo-afetiva primitiva na qual a diferenciação entre self e mãe não ocorreu. Para ela, essa situação não requer a presença da mãe, podendo estar baseada em imagens primitivas de unidade ou em negação de percepções contraditórias.

Antes de prosseguirmos com a discussão específica sobre o estabelecimento das relações com os objetos em Mahler, é importante apresentar o panorama de desenvolvimento proposto pela autora. No presente trabalho não nos deteremos na explanação detalhada de cada uma dessas fases, posto que já foram apresentadas e sistematizadas pela própria autora e por diversos outros trabalhos.

Na obra *O nascimento psicológico da criança*, Mahler, Pine e Bergman (1977) apresentam a sequência teórica proposta por Mahler. Essa sequência foi apresentada de forma sintética no trabalho de Gus (1995) com o objetivo de uma integração com a teoria de Edith Jacobson, em busca de um entendimento mais completo do desenvolvimento infantil do ponto de vista psicanalítico.

A seguir, apresentam-se as fases evolutivas de Mahler e uma breve caracterização, de acordo com Mahler, Pine e Bergman (1977), Mahler (1982), Gus (1995) e Greenberg e Mitchell (1994).

- *Autismo normal ou fase autística normal* – Do nascimento à quarta semana, quando o bebê vive um estado de narcisismo primário absoluto sem consciência da mãe, com predominância de fatores fisiológicos; satisfação alucinatória do desejo e noção ilusória de autossuficiência (GUS, 1995, p. 86). É um período centrado na tentativa de alcançar a homeostase, dado o desequilíbrio provocado pelas necessidades fisiológicas. Aqui haveria uma fase sem objeto (MAHLER; PINE; BERGMAN, 1977).
- *Simbiose normal ou fase simbiótica normal* – Do primeiro mês ao quarto ou quinto mês, caracterizada especialmente pelo rompimento do escudo autístico; surge uma obscura percepção do objeto gratificador. Predomina ainda o narcisismo primário, porém, ele não é tão absoluto, pois o bebê começa a perceber, ainda que vagamente, um objeto parcial gratificador das necessidades. A preocupação materna original defendida por Winnicott com sua conduta protetora seria a organizadora da simbiose. O bebê se comporta e funciona com a mãe como um sistema onipotente, uma unidade dual dentro de uma fronteira comum (MAHLER, 1982, p. 68). Essa seria uma fase pré-objetal (MAHLER; PINE; BERGMAN, 1977). Mahler (1982) coloca que os estágios de autismo normal e simbiose corresponderiam a dois momentos do narcisismo primário proposto por Freud.

## *Separação-individuação, com suas subfases, diferenciação e treinamento*

- *Diferenciação* e o desenvolvimento da imagem corporal – Estende-se do quinto ao oitavo mês. Inicia com o processo que Mahler definiu como "sair da casca" (GREENBERG;

MITCHELL, 1994, p. 205) ou desabrochamento. O bebê pode buscar detalhes do rosto da mãe, olhar para além dela, buscar posições mais ativas, mas ainda próximas à mãe. Ocorre pela primeira vez uma clara discriminação sensorial entre self e objeto, que pode ser evidenciada no fato de o bebê apresentar ansiedade diante de estranhos.

- *Treinamento* (inicial e propriamente dito) – Vai dos 8 aos 15 meses (1 ano e 3 meses). Justaposta à fase de diferenciação, inicia quando o bebê começa a engatinhar, subir, e outras aquisições fisiológicas. O bebê já é capaz de se movimentar a alguma distância de sua mãe, mas retorna a ela para o que Mahler chamou de reabastecimento emocional. Ao mesmo tempo que há aumento na diferenciação corporal da mãe com uma habilidade de afastar-se dela fisicamente, um laço específico é criado entre mãe e bebê, baseado na capacidade dela de prover o reabastecimento emocional. No treinamento propriamente dito é que Mahler localiza o "nascimento psicológico" (GREENBERG; MITCHELL, 1994, p. 205), com enfoque especial na locomoção ereta. Aqui teríamos o ápice do narcisismo secundário, manifestado pelo prazer da criança com o próprio corpo. As novas habilidades da criança são sentidas como onipotência. A criança já aceita outros adultos além da mãe.
- *Reaproximação* (reaproximação inicial, crise de reaproximação, reconciliação) – Dos 16 meses (1 ano e 4 meses) aos 24 meses (2 anos). Nesta subfase ocorre que, em detrimento do seu narcisismo anterior de onipotência, a criança se vê como muito pequena em um mundo muito grande, o que faz surgir um tipo de ansiedade de separação. Surge a compreensão de que a mãe é realmente uma pessoa separada e que deve ser abordada num outro nível de interação, especialmente pela linguagem. Sobre a crise de reaproximação, Mahler

considera como uma época difícil e dolorosa e, por isso, determinante de muitos traços do desenvolvimento posterior da personalidade, a partir da forma como a criança resolve suas lutas internas. Ao mesmo tempo que precisa do mundo externo, nega o que realmente venha dele, exatamente pelo processo de separação e individuação em consolidação. A atitude da criança no período é entendida como ambivalente. Na etapa de reconciliação a criança pode suportar melhor a falta da mãe, diminuindo o controle onipotente e das ansiedades de separação. Ocorre o reconhecimento de si mesmo, a expressão de fantasias por meio de jogos simbólicos.

- *Consolidação da individualidade* e início da constância de objeto emocional – Ocorre entre os 24 meses (2 anos) e 36 meses (3 anos). Aqui um conceito estável de self e um conceito estável de outro como uma presença interna positivamente catexizada devem ser formados, num estado de separação intrapsíquica. A constância de objeto libidinal pressupõe a unificação de boas e más representações de objeto, como também a fusão das pulsões libidinais e agressivas. Essas realizações dependerão tanto de dados constitucionais quanto das experiências desenvolvimentais anteriores.

De acordo com Greenberg e Mitchell (1994), Mahler torna claro que a separação e a individuação são processos desenvolvimentais complementares, mas distintos. A separação refere-se à emergência da fusão simbiótica com a mãe e a individuação consiste naquelas realizações que marcam as características individuais da criança.

Na teorização de Mahler, a capacidade da mãe em acompanhar a criança é tão determinante para a formação do caráter e patologia quanto são as pulsões, suas vicissitudes e a maturação do ego. O papel da mãe transcende o de mero objeto que gratifica ou frustra (no modelo pulsional de Freud) e pode até se aproximar do conceito de mãe suficientemente boa de Winnicott.

Mahler coloca seus conceitos relacionais na teoria pulsional por meio do conceito de simbiose. Como inicialmente apresentado, o termo simbiose é usado tanto para referir-se a um relacionamento na realidade quanto a uma fantasia interna determinada libidinalmente (GREENBERG; MITCHELL, 1994, p. 213). Assim, Mahler cria uma ponte entre a teoria das relações de objeto e a metapsicologia do modelo pulsional.

De acordo com os mesmos autores, em Mahler o conceito de objeto não está mais ligado ao conceito de pulsão. O objeto está presente desde o começo, mesmo desde a vida intrauterina, e as relações com ele não dependem necessariamente da diferenciação entre as percepções do self e as percepções do outro, pois a relação simbiótica se estabelece enquanto relação com o outro, porém sem a particularidade de reconhecê-lo. Essa é uma definição que afeta diretamente o conceito de narcisismo. O narcisismo é compreendido, então, como um estágio de indiferenciação entre self e objeto, como um estado de fusão. Do ponto de vista libidinal, o narcisismo é mais aplicado à fase autística normal de Mahler porque durante esse período a energia psíquica está voltada para dentro e o bebê está sem um objeto externo. Mahler também inclui a sua fase simbiótica dentro do narcisismo primário de Freud. A autora define o narcisismo como a catexia de uma imagem ainda fundida do self e do objeto. O primeiro relacionamento com um objeto, que é o relacionamento da fase simbiótica, é de fusão, porém, a hostilidade dirigida a um não eu é dirigida a algo além da dupla simbiótica. Aqui o objeto, embora vagamente percebido, é sentido como prestativo.

Mahler (MAHLER; PINE; BERGMAN, 1977, p. 18) tenta mostrar como a relação de objeto se desenvolve a partir do narcisismo infantil (primário ou simbiótico) e se modifica paralelamente à aquisição da separação e individuação, e como, por sua vez, o narcisismo secundário pertencente ao funcionamento do ego cresce na matriz narcisista e mais tarde objetal, com a mãe. Mahler afirma que a contribuição dela e de seus parceiros deve ser vista como suplementar a conceitos como: narcisismo, ambivalência, sadomasoquismo, caráter oral ou anal, triângulo edipiano, posto que são, ao mesmo tempo, questões relativas à pulsão e à relação de objeto. A teoria de Mahler mostra o crescimento da relação de objeto desde o narcisismo, em paralelo com o desenvolvimento do ego e o contexto do desenvolvimento libidinal concorrente.

Os mesmos autores, no que tange à psicopatologia, explicam que sua teorização se aproxima do que Anna Freud chamou de distúrbios do desenvolvimento (MAHLER; PINE; BERGMAN, 1977, p. 19), que podem ser equilibrados pelo fluxo de energia ligado ao desenvolvimento, em fase posterior deste ou podendo ser precursores da neurose infantil ou de patologia de médio porte. Fenômenos fronteiriços e mesmo psicoses podem ser vistas no caso de desenvolvimento desordenado e/ou fracassado da subfase.

Cada vez mais os psicanalistas compreendem as patologias de crianças e adultos como derivadas dos primeiros anos de vida (MAHLER, 1982). Mahler sugeriu que dificuldades com separação e individuação estão no centro das desordens psicóticas e que o transtorno borderline também tem suas raízes nesses processos precoces (GREENBERG; MITCHELL, 1994, p. 224), embora afirme também que as primeiras experiências de simbiose são determinantes tanto da personalidade patológica quanto normal.

Como vimos, Mahler (1982) tenta esclarecer os conceitos de neurose infantil, relações de objeto e narcisismo a partir da consideração das fases simbiótica e de separação-individuação do desenvolvimento humano. Ela questiona as semelhanças que percebia no bebê muito pequeno e na criança psicótica, dando-se conta de que nenhum deles parecia ter nascido psicologicamente, nenhum dos dois parecia em sintonia com a realidade. Ela diz que aquilo que os bebês ainda não tinham alcançado os psicóticos haviam fracassado em alcançar, a saber, o nascimento psicológico, o qual se refere a "tornar-se uma entidade individual, separada, adquirindo um, ainda que primitivo, primeiro nível de identidade de self" (MAHLER, 1982, p. 120).

Para a autora, a criança precisa ultrapassar com sucesso a fase de simbiose e a subfase de diferenciação a fim de não se instalar a psicose. Perturbações mais moderadas que a psicose podem ocorrer em crianças que, embora transponham o processo de separação-individuação, tiveram desvios de progressão nas subfases. Os transtornos borderline e narcisista dizem respeito a perturbações nas subfases de diferenciação e treinamento, especialmente se a crise de reaproximação for extrema e não der lugar a constância objetal. O traço mais saliente dessas personalidades é que elas não prosseguem de maneira ordinária por meio do processo evolutivo que culmina num complexo de Édipo bem-sucedido e em neurose.

Nos casos de psicoses infantis, tanto em síndromes predominantemente autísticas quanto predominantemente simbióticas, foram observadas crianças que pareciam impedidas de entrar ou sair da relação simbiótica com a mãe. São crianças que não conseguem mostrar receptividade ou capacidade de adaptação aos estímulos vindos da pessoa que exerce função materna. Por outro lado, podem mostrar pânico por qualquer situação de separação. Qualquer que seja o caso, essas crianças mostram dificuldade em utilizar a mãe como um sinal de orientação no mundo da realidade externa. Assim, os núcleos do ego não se integram e se desintegram secundariamente. A criança com defesas autísticas tratará a mãe como não existente e reagirá com raiva quando seu escudo autístico for ameaçado por intrusão. A criança simbiótica tratará a mãe como se fizesse parte do eu, como se existisse fusão. Em ambos os casos, autístico ou simbiótico, não foram desenvolvidas adaptações ao mundo externo, representadas pelas relações objetais, e a individuação não se desenvolve.

O ponto de vista teórico defendido por Mahler e apresentado neste trabalho de forma sucinta enfoca o desenvolvimento normal e as raízes da psicopatologia – de menos a mais grave – nas relações com o objeto. A autora sistematiza as fases do desenvolvimento primitivo e nos mostra as cores que poderemos encontrar mais intensificadas no entendimento de estados patológicos hoje comumente vistos na prática clínica. Lisondo (2006) afirma que o imediatismo do mundo moderno arrasa o tempo dos processos mentais e resulta em nascimentos psíquicos prematuros, originando psicopatologia. As sequelas dessa precipitação são as perturbações na construção da subjetividade que podemos analisar em relação às fases propostas por Mahler de construção da personalidade.

Lisondo (2006) prossegue, falando sobre separações precoces da infância como um fenômeno corriqueiro e causador de adoecimento, além das exigências de competência e independência atravessando a adolescência e fazendo dela um fenômeno perpetuado. Nessas novas psicopatologias, entendidas por Lisondo como vazio mental, estados autísticos, simbiose patológica, doenças do psicossoma, anorexia e bulimia, entre outras, a autora afirma que encontramos sua origem nos processos mais precoces do desenvolvimento e que estes têm em comum o predomínio de estados mentais primitivos. Em especial nos casos de vazio mental, estados autísticos e simbiose patológica, pode não haver nem sujeito, nem objeto. Para a autora, o estado de vazio apresenta uma fragilidade narcisista, marcada pela ruptura precoce da simbiose primária, provocando o terror sem nome (BION, 1967 *apud* LISONDO, 2006) e uma busca repetitiva pela relação simbiótica perdida, na tentativa de paralisar o tempo e compensar o terror. Nos estados autísticos – caracterizados pelo afastamento da realidade e fechamento do sujeito em seu mundo interior –, a autora cita Mahler e sua distinção entre psicose autística e psicose simbiótica. O temor característico da segunda diz respeito ao medo da separação, enquanto o da primeira refere-se ao medo da aniquilação do eu pelo abandono. O resultado de ambas é um estado narcisista apagando-se os limites do self, permanecendo, muito além do período esperado, fundido com a mãe. Os estados simbióticos partem do estado simbiótico normal, mas em patologia a autora busca por Freud (1930 *apud* LISONDO, 2006), que afirma que a simbiose é a completude sem diferenciação nas relações. A autora destaca as falhas da função materna e paterna ao invés de enfatizar as questões da fantasia. Nesse estado não se precisa buscar o objeto, ele é percebido como parte de si, tal qual o desenvolvimento primitivo aponta.

Ao finalizar este trabalho, fica evidente o quão vasto e complexo é o tema do desenvolvimento primitivo. Mahler consegue colocá-lo em fases e sucessões explicativas sem abandonar a questão da pulsão dirigida ao objeto. Tal desenvolvimento nos ajuda a compreender estados patológicos comumente vistos na clínica nos dias de hoje, todos com estreita relação com o desenvolvimento do bebê e da criança.

Como Lisondo, ao finalizar seu trabalho, também aqui reiteramos a importância da prevenção precoce e do tratamento das perturbações emocionais na infância a fim de promover o desenvolvimento global do sujeito e de seus objetos, posto que a relação entre eles será responsável pelo nascimento psicológico da criança e poderá garantir, minimamente, o estabelecimento da neurose em detrimento de patologias graves e psicoses. De acordo com Friedman e Schustack (2004), Mahler acreditava que a formação de relações saudáveis com a mãe era de suma importância para a saúde psicológica e que as crianças que desenvolvessem esses laços seriam capazes de desenvolver a alteridade, empatia e a percepção de ser uma pessoa distinta, objetivo final do desenvolvimento psicológico em todas as teorias psicanalíticas, a despeito dos diferentes termos que possam ser usados nesse entendimento.

## *Referências*

FRIEDMAN, H.; SCHUSTACK, M. *Teorias da personalidade*: da teoria clássica à pesquisa moderna. São Paulo: Prentice Hall, 2004.

GREENBERG, J. R MITCHELL, S. A. *Relações objetais na teoria psicanalítica*. Porto Alegre: Artes Médicas, 1994.

GUS, I. A dimensão das relações de objeto segundo a perspectiva da psicologia do ego: um estudo evolutivo. *Revista de Psicanálise da Sociedade Psicanalítica de Porto Alegre*, v. II, n. 1, p. 83-99, maio 1995.

LISONDO, A. Os desafios da psicanálise ante as novas patologias: vazio mental estados autísticos. *Revista Psicanálise*, Porto Alegre, v. 8, n. 1, p. 37, 2006.

MAHLER, M. *O processo de separação-individuação*. Porto Alegre: Artes Médicas, 1982.

MAHLER, M.; PINE, F.; BERGMAN, A. *O nascimento psicológico da criança*: simbiose e individuação. Rio de Janeiro: Zahar Editores, 1977.

ROUDINESCO, E.; PLON, M. *Dicionário de psicanálise*. Rio de Janeiro: Jorge Zahar Ed., 1998.

# 11. Os longos dias de carnaval:[1] uma reflexão sobre a sociedade brasileira

*Heitor Mercio*

*Thaylor Santos*

Neste estudo buscamos refletir sobre os conflitos da sociedade brasileira com a analogia da maior festa do país, o carnaval, e seu maior regime de repressão, a ditadura, e os conceitos de narcisismo estudados por Freud.

O objetivo é a reflexão sobre a sociedade brasileira e a contemporaneidade, por meio de estudos históricos sobre o carnaval, associando esses temas às abordagens psicanalíticas para um melhor entendimento sobre o comportamento atual desta sociedade. Pretendemos com este estudo ponderar sobre os conflitos atuais

---

1 1) Período anual de festas profanas cuja origem remonta à Antiguidade e que, no período medieval, começava no Dia de Reis (Epifania) e se estendia até a Quarta-Feira de Cinzas, constituindo-se de festejos populares de ritos e costumes pagãos. 2) Período de folia que precede a Quarta-Feira de Cinzas, tradicionalmente de três dias, porém atualmente alongado para cinco dias, com folguedos populares, bailes e desfiles de blocos e de escolas de samba, que tem sua origem no entrudo. 3) Manifestação alegre e ruidosa. 4) Conflito entre duas ou mais pessoas por discordarem de algo; briga, confusão (CARNAVAL, [*s. d.*]).

da sociedade brasileira para uma melhor abordagem psicológica perante as questões sociais.

Num extremo temos um período militar. Freud (1929/1996), em *O mal-estar na civilização*, analisa que "no interior de cada uma dessas nações haviam se estabelecido elevadas normas morais para o indivíduo, segundo as quais ele devia conformar sua vida, se quisesse fazer parte da comunidade civilizada". Nesse período, conseguimos associar com esse trecho a maneira de como era conduzida a sociedade no Brasil. Obviamente que Freud não se refere diretamente ao Brasil, e sim a comunidades da esfera global em geral que buscam contorno nos extremos da retirada da liberdade e da guerra.

Noutro extremo temos a liberdade, a qual comparamos ao carnaval, um costume não apenas brasileiro, mas que é fortemente comemorado no Brasil. Entre seus significados, em termos da cultura popular, os sujeitos compreendem que tudo é liberado e tudo é possível durante um determinado período.

Mário Sergio Cortella e Clovis Barros Filho (2014) comentam em um café filosófico a existência do relativismo instaurado na sociedade brasileira, e de que maneira isso afeta as relações sociais. Para Freud e outros autores como Melanie Klein e Donald Winnicott, as flexibilizações excessivas no campo da ética podem ser comparadas com a falta de contorno das pulsões dada pela falta de um objeto continente, uma relação com o objeto que não foi suficientemente boa e amorosa e que não registra a consideração com o outro. Vahle e Cunha (2011, p. 206) sugerem que, para Freud, "as formas do sofrimento psíquico e o próprio funcionamento do psiquismo, são indissociáveis da reflexão ética, da problematização dos modos de viver junto e das formas de regulação do laço com o outro".

Assim, associamos a sociedade brasileira a uma criança e um adolescente; a primeira excessivamente reprimida e o segundo pedindo esse contorno, por meio de suas manifestações extremas de violência, até os absurdos pedidos de intervenção militar que vimos num período histórico que ainda temos a significar, entre 2019 e 2022 (PARA PACHECO..., 2022).

Nosso país vive uma crise de forma geral, tanto política quanto moral. Entendemos que este assunto se torna importante para a psicologia e para a psicanálise pois a partir disso podemos, quem sabe, entender melhor as demandas sociais e individuais, o que certamente vem a nos auxiliar na prática psicológica dentro e fora de nossos consultórios.

## *Carnaval: origem histórica*

Carnaval é uma palavra originária do latim *carnis levali*, que tem como significado retirar a carne, expressão relacionada com a rejeição dos prazeres carnais (BEZERRA, [*s. d.*]). O carnaval tem como uma de suas maiores bases a subversão dos papéis sociais, ou seja, a pessoa pode se vestir, falar e se comportar de maneiras às quais não estão acostumadas sem sentir a repressão social. Nesse contexto de inversão de papéis, a religião cristã sempre tentou enquadrar o carnaval como uma pratica pagã, porém, a partir do século VIII, o carnaval começou a ser utilizado como uma forma de liberar toda a pulsão, realizar todos os desejos libidinais antes da época em que as práticas religiosas eram mais rígidas. O carnaval acontecia dias antes da quaresma, que era um período no qual os religiosos abdicavam por quarenta dias os prazeres da carne; a Igreja tinha como objetivo estabelecer alguns dias do ano em que as pessoas pudessem extravasar toda a sua pulsão sem se sentirem culpadas (SILVA; PINTO, [*s. d.*]).

No Brasil a primeira prática carnavalesca foi introduzida pelos escravos durante o período colonial; o entrudo era uma manifestação de origem na cultura portuguesa em que os escravos se pintavam e saíam pelas ruas jogando farinha e todos os tipos de líquido nas pessoas. Não durou muito até que o entrudo fosse criminalizado por ser uma prática violenta e grosseira (SILVA; PINTO, [*s. d.*]).

## *Período militar e o carnaval*

Durante o período de 1965 a 1979, o regime militar acabou adotando os valores éticos e morais, buscando a defesa dos bons costumes como uma justificativa para aumentar o seu controle sobre práticas entendidas como meios de difusão de comportamentos imorais e subversivos. O governo militar, recebendo fortes contribuições da elite conservadora, acabou adotando grande parte de suas convicções, proliferando uma doutrinação dos ditos valores morais (NADAI; NEVES, 1997).

Em 1968, com concretização do AI-5, os grandes valores da "família brasileira" se veem ancorados na luta contra a nudez, as músicas de protesto, entre outros meios que pudessem ferir esses costumes, entre eles o carnaval, que ainda sim se vê como a festa que fere diretamente a moral desses chamados conservadores, "amantes dos bons costumes" (FICO, 2004, p. 37). Conhecido como um festejo de liberdade libidinal, o carnaval se vê como um libertador das convenções sociais, podendo estas serem chamadas por Freud de princípio do prazer, tendo o ponto de vista de que as pulsões não serão contidas, e a ideia de realidade se abstrai por esse período em que se ignora a existência de um superego e se vê a plena atuação do id.

Em 1985 ocorre o fim da ditadura militar no Brasil. Após o fim desse período, a sociedade brasileira busca por movimentos "libertários", em que a ideia de liberdade se vê ampla, mas, por outro lado, a ideia de limites se perde em meio ao relativismo social.

## *A sociedade contemporânea*

Para buscar entender esta sociedade contemporânea após um regime militar de extrema repressão, citamos Cortella (2015), que faz uma crítica baseada na frase de William Shakespeare "*or sink or swin*" (em português, "ou afunda ou nada"). Entendemos, como Cortella, que a sociedade brasileira vive em uma grande escala de perversão e narcisismo.

Segundo Freud, as relações objetais do indivíduo, isto é, inicialmente a sua relação com pais e posteriormente com irmãos, família ampla, professores, vão constituindo a forma com que são igualmente construídos os fenômenos sociais, posto que Freud nos lembra que toda psicologia é uma psicologia social. Os fenômenos sociais e relacionais estão em contraste e oposição aos processos narcísicos, nos quais a influência de outros objetos não pode alterar a satisfação dos instintos (FREUD, 1921/1996), não há consideração com o objeto e suas necessidades.

Ao associarmos os argumentos da sociedade contemporânea de Cortella e os conhecimentos do indivíduo e sociedade geral de Freud, notamos a importância da psicanálise para um entendimento sobre estes problemas sociais que enfrentamos na sociedade brasileira: uma sociedade que por 21 anos enfrentou uma enorme repressão vivida com a ditadura militar e hoje tem liberdade. Isso se assemelha ao desenvolvimento da criança e do adolescente, quando a primeira, muito reprimida em termos dos desejos e impulsos infantis (que devem, sim, ser reprimidos para a constituição da civilização e a vida em sociedade), leva a um adolescente mais rebelde que, em busca da sua identidade, precisa quebrar o *status quo*, nem sempre de maneira racional e organizada, como parte normal do seu desenvolvimento.

## *Uma sociedade narcisista?*

Para compreendermos se estamos a viver numa sociedade narcisista, temos de conceituar esse termo. Freud, em 1914, nos informa que o termo narcisismo foi escolhido por P. Nacke em 1899, consistindo na ideia de que o indivíduo serve como fonte e objeto da descarga de pulsão, e a pulsão retorna a ele mesmo. Freud nos diz que o narcisismo tem o significado de uma perversão e também que se encontra nos neuróticos. Nesse ponto de vista, o narcisismo não seria uma perversão, e sim um complemento libidinal em forma de egoísmo e autoconservação, e, assim, podemos analisar que o narcisismo se torna necessário para todos os indivíduos de forma geral, obviamente em escalas moderadas (FREUD, 1914).

O narcisismo trata de um certo tipo de relação com o objeto. O narcisismo primário diz que não há qualquer reconhecimento da existência de um objeto externo ao bebê; este acredita que tudo o que existe foi criado por ele. No narcisismo secundário há a noção de um objeto externo, mas que existe apenas para satisfazer as necessidades do bebê, sem que este considere as necessidades do objeto. Para Kohut (1984), o narcisismo faz parte do desenvolvimento normal e é estruturante, na medida em que depende da relação com os objetos, do quanto os objetos conseguiram compreender as necessidades do bebê de forma empática com ele, o que dá origem à capacidade de empatia e autoestima, na medida da saúde. Para o autor, a antítese do narcisismo é o amor objetal, a capacidade de sair de si mesmo e ir em direção ao outro.

Podemos fazer um paralelo entre o narcisismo e a adolescente sociedade brasileira. Freud fala sobre as relações objetais do indivíduo e como isso interfere diretamente na sociedade em si. Mostra-nos que o indivíduo sofre a influência geralmente de apenas um objeto de relação, ou um número mínimo deles, segundo Freud, tendo esses indivíduos uma espécie de significação extraordinária dentro de seu mundo interno. O indivíduo como um todo influencia diretamente as questões sociais, como podemos ver na obra *Psicologia dos grupos e análise do ego* (FREUD, 1921/1996), e essa sociedade interfere no indivíduo. Levando em conta essas considerações sobre a sociedade brasileira em si, podemos ver um forte viés narcísico nessas relações em seu meio cultural e social.

## *Conclusão*

Quando Freud, em seu livro, se refere à massa revolucionária, nos remete ao que ocorre no Brasil, na forma como o povo nos parece ser o adolescente pedindo o contorno da pulsão. Numa analogia, vimos protestos pedindo a intervenção militar, uma busca ensandecida por contornos. Ao mesmo tempo vivemos esse carnaval permanente em que cada um, e mesmo estes que pedem intervenção, aproveitam suas máscaras e toda a liberdade promovida pelo seu uso. Como as crianças e os adolescentes, queremos contornos e objetos que sejam capazes de auxiliar nesse processo. Ao não saber exatamente o que queremos, caímos na armadilha dos excessos, o que, como nos diz Winnicott, não é estruturante, pois ultrapassa a noção de suficiência. O que é mais que suficiente acaba sufocando o psiquismo, trazendo visões distorcidas da realidade, e acabamos no que estamos vivendo: gritos por repressão como se fossem gritos de liberdade.

A perversão trata exatamente disso: uma busca por algo que parece certo, mas que tem em sua finalidade um equívoco que será prejudicial para todos os envolvidos.

Com esta reflexão buscamos uma sociedade melhor tanto proposta pela psicanálise e pela psicologia quanto na proposta de uma conscientização das pessoas sobre o que estamos vivendo no período de 2018 a 2022.

*Se não nos deixarem sonhar, não os deixaremos dormir.*

Eduardo Galeano (2015)

## *Referências*

BEZERRA, J. História e origem do Carnaval. *Toda Matéria*, [*s. d.*]. Disponível em: https://www.todamateria.com.br/historia-e-origem-do-carnaval. Acesso em: 19 maio 2023.

CARNAVAL. Michaelis Dicionário Brasileiro da Língua Portuguesa (online). [*S. l.*; *s. d.*]. Disponível em: https://michaelis.uol.com.br/moderno-portugues/busca/portugues-brasileiro/carnaval. Acesso em: 19 maio 2023.

CORTELLA, M. S. *Educação, convivência e ética*. São Paulo: Cortez, 2015.

FICO, C. Versões e controvérsias sobre 1964 e a ditadura militar. *Revista Brasileira de História*, v. 24, n. 47, p. 29-60, 2004.

FREUD, S. (1914). Sobre o narcisismo: uma introdução. *In:* FREUD, S. *Obras completas*, v. XIV. Rio de Janeiro: Imago, 1996.

FREUD, S. (1916). Introdução ao narcisismo. *In*: FREUD, S. *Obras Completas*. Rio de Janeiro: Imago, 1996. p. 77-110.

FREUD, S. (1921). Psicologia dos grupos e análise do ego. *In*: FREUD, S. *Obras Completas*. Rio de Janeiro: Imago, 1996. p. 75-148.

FREUD, S. (1929). O mal-estar na civilização. *In*: FREUD, S. *Obras Completas*. Rio de Janeiro: Imago, 1996. p. 67-150.

GALEANO, E. O mundo está dividido entre os indignos e os indignados. [Entrevista concedida a] programa Singulars (TV3). *Agência Envolverde Jornalismo*, [*s. l.*], 13 abr. 2015. Disponível em: https://envolverde.com.br/galeano-o-mundo-esta-dividido-entre-os-indignos-e-os-indignados/. Acesso em: jun. 2023.

KOHUT, H. *Self e narcisismo*. Rio de Janeiro: Zahar, 1984.

MARIO Sergio Cortella e Clóvis de Barros Filho | Sempre um Papo | 2014. [*S. l.*], 2014. 1 vídeo (85 min.). Publicado pelo canal Sempre um Papo – Ano 37. Disponível em: https://www.youtube.com/watch?v=AqpdZcIDclQ. Acesso em: 19 maio 2023.

NADAI, E.; NEVES, J. *História do Brasil*. 19. ed. São Paulo: Saraiva, 1997.

PARA PACHECO, manifestações que pedem intervenção militar e fechamento do STF são 'anomalias graves'. *Senado Notícias*, 2 maio 2022. Disponível em: https://www12.senado.leg.br/noticias/videos/2022/05/para-pacheco-manifestacoes-que-pedem-intervencao-militar-e-fechamento-do-stf-sao-anomalias-graves. Acesso em: 19 maio 2023.

SILVA, D. N.; PINTO, T. S. História do carnaval e suas origens. *Brasil Escola*, [*s. d.*]. Disponível em: http://brasilescola.uol.com.br/carnaval/historia-do-carnaval.htm. Acesso em: 2 dez. 2016.

VAHLE, M. A.; CUNHA, E. L. Matrizes clínicas e ética em Freud. *Psicologia Clínica*, v. 23, n. 1, p. 203-220, 2011. Disponível em: https://doi.org/10.1590/S0103-56652011000100013. Acesso em: 27 maio 2019.

# 12. Perda objetal: estudo de um caso de melancolia à luz da teoria psicanalítica clássica

*Janaína Fassinato Pio de Almeida*

Este capítulo tem como objetivo apresentar um estudo de caso compreendido como um quadro de melancolia na contemporaneidade à luz da teoria psicanalítica clássica. Foram realizados atendimentos com frequência de duas vezes semanais de psicoterapia de orientação psicanalítica, e neste trabalho relatamos algumas sessões de psicoterapia e o entendimento psicodinâmico que foi utilizado em cada uma das intervenções para definição do diagnóstico de melancolia.

A demanda trazida pela paciente versava sobre ansiedade, angústias, dificuldade para dormir e um cansaço muito grande. Para Freud (1914/1980), o sono permite que parte do material psíquico inconsciente se torne consciente, privando-o assim de seu poder patogênico. A ausência de sono nessa paciente evidencia a dificuldade no contato com seus materiais inconscientes. No processo psicoterapêutico psicanalítico, o paciente passa por momentos de resistência e negação, entretanto, esses mecanismos sempre existiram e trabalham a serviço da proteção do psiquismo. Precisamos romper tais mecanismos para que o paciente possa recordar, repetir e elaborar (FREUD, 1914/1980), por meio de um espaço terapêutico constituído pela dupla terapeuta e paciente, em que existem dois psiquismos interagindo em um processo dinâmico.

É importante lembrar que, quando o sujeito não possui os recursos necessários para lidar com determinados traumas, ou seja, quando a integridade do ego é colocada em risco, ele utilizará mecanismos de defesa (FREUD, A., 1946/2006) que lhe deem recursos para encarar os fatos de uma forma mais suave.

Em seu importante trabalho "Luto e melancolia", Freud (1917[1915]/1969) postulou que a melancolia também pode vir a ser uma reação em relação à perda do objeto amado, objeto este que não precisa ter necessariamente morrido, e sim ter sido perdido como objeto de amor. Em alguns casos pode-se constatar a perda, entretanto não se sabe exatamente o que se perdeu (sabe-se, por exemplo, quem se perdeu, mas não se sabe o que se perdeu nessa pessoa).

## *Descrição do caso*

Chamaremos a paciente de Maya, 32 anos, casada e sem filhos.

Na primeira sessão, Maya relatou que sua busca pelo tratamento seria em função de ansiedade e cansaço, pois ambos atrapalhavam muito sua rotina diária. Ao longo das sessões, apresentou seu peso e sua aparência como uma demanda de psicoterapia. Maya se percebia diferente de seus amigos, era "uma pessoa triste e desanimada". Disse que, quando pequena, fez terapia familiar em função das questões com seu irmão do meio, mas a mãe não dava continuidade aos tratamentos, e esse seria o primeiro tratamento individual. Relatou também que tinha alterações no sono noturno, e que achava que isso poderia estar relacionado ao seu cansaço durante o dia.

A partir do início do seu tratamento, Maya sempre chegava à segunda sessão da semana falando de seus sentimentos da sessão anterior, de como se sentiu e de como foi para casa. Ao falar que saiu braba, irritada e pensativa, penso que Maya se refere à figura terapêutica e os sentimentos que surgiram no setting. De acordo com Zimerman (1999, p. 67), o setting é um novo espaço, muitíssimo especial, que está sendo conquistado pelo paciente, no qual ele concede ao seu analista uma nova oportunidade de poder reviver com este – à espera de outros significados e soluções – as antigas e penosas experiências afetivas que foram mal solucionadas em seu passado remoto.

Em relação a sua infância, referiu que foi conturbada e muito solitária; conta que seu pai casou com sua mãe muito cedo, eram jovens e logo tiveram uma filha; em seguida seu pai foi diagnosticado com esquizofrenia, mas não realizava tratamento. Após o diagnóstico do pai, nasceram seu irmão mais velho e Maya. A paciente relatou que nasceu em um ambiente doentio, que sua mãe era infeliz, passava por problemas financeiros, tinha que cuidar de seu pai doente e não queria ter filhos (embora já os tivesse). A mãe sempre deixou claro para os filhos que não queria tê-los e que eram um fardo pesado junto com toda situação do pai/marido doente.

Maya relatou que o pai esteve internado por duas vezes e nesses períodos a mãe utilizava seu tempo cuidando do irmão da paciente, que desde pequeno apresentava comportamentos desafiadores e com práticas delinquentes, com inúmeras passagens por casas de adolescentes infratores. Contou que sua mãe passava as noites na janela esperando pelo filho e que muitas vezes saía para rua; lembra que a mãe demorava muito e ela, pequena, ficava sob os cuidados da irmã.

Mesmo com toda situação da doença, Maya contou que o pai desempenhou um papel muito importante na sua construção. Relatou que os princípios morais e éticos lhes foram ensinados pelo pai, e que sempre o admirou pela sua integridade e inteligência.

Maya contou que sua mãe sempre foi muito superficial em suas relações, muitos namorados, poucos amigos, familiares afastados; relatou que a mãe nunca desempenhou seu papel de mãe para ela e sua irmã, que toda sua energia de afeto estava voltada para seu irmão.

Maya trouxe em uma das sessões uma situação de abuso que ocorrera na sua adolescência por parte de um namorado da mãe. Na sua fala, questionava a postura da mãe, permissiva com uma situação violenta. Relatou que sua mãe, em um momento de fúria, questionou-a de forma agressiva: "Espera que o mundo acabe em função de 'uma besteira'?". Ela pensava que havia algo de errado naquela fala e desconfiava de que a mãe tivesse passado por situação semelhante. Ao questionar a mãe, ela confirmou positivamente. Disse que sempre soube que a família de sua mãe era uma família de abusadores e que isso passava de geração para geração, como se fosse algo que todas tivessem que sofrer. Maya acabou falando que ela mesma teria sido fruto de um abuso sexual. Ela disse que sua mãe já não tinha uma relação homem-mulher com seu pai e, em função dos surtos agressivos de seu pai, tiveram um filho, que era Maya. Perguntada sobre como ela sabia de todos esses detalhes, ela disse que sempre soube, não sabia como, mas sempre soube. Maya disse que sua mãe nunca teve cuidado em poupar os filhos de seus sentimentos negativos, sempre expôs tudo mesmo que magoasse. Maya morava com seu marido próximo à casa da mãe, e era responsável pela criação de suas sobrinhas de 4 e 7 anos. Sentia-se muito sobrecarregada, pois no momento sua mãe tinha surtos regularmente e não aceitava procurar ajuda médica.

## *Discussão do caso*

Aquilo que Freud (FREUD, 1917[1915]/1969) descreve como melancolia muito bem se encaixa nos sintomas apresentados por Maya:

> *Os traços mentais distintivos da melancolia são um desânimo profundamente penoso, a cessação de interesse pelo mundo externo, a perda da capacidade de amar, a inibição de toda e qualquer atividade, e uma diminuição dos sentimentos de auto-estima a ponto de encontrar expressão em auto-recriminação e auto-envilecimento, culminando numa expectativa delirante de punição. (p. 250)*

A fala da paciente apresentava uma dor profunda ao fazer todos esses relatos, ao mesmo tempo que parecia muito firme e resolvida. Transmitiu a ideia de que ela sofria de uma profunda melancolia, tendo como base o conceito apresentado por Freud, sob cuja designação ele regularmente incluía o que agora em geral se descreve como estados de depressão, ocasionados por perda objetal retirada da consciência e abandonos por parte do objeto (FREUD, 1917[1915]/1969).

Maya apresentava um estado muito semelhante ao do luto pela perda de algo ou alguém, mesmo que não tivesse consciência disso.

> *O luto, de modo geral, é a reação à perda de um ente querido, à perda de alguma abstração que ocupou o lugar de um ente querido, como o país, a liberdade ou o ideal de alguém, e assim por diante. Em algumas pessoas, as mesmas influências produzem melancolia em vez de luto; por conseguinte, suspeitamos de que essas*

> *pessoas possuem uma disposição patológica. Também vale a pena notar que, embora o luto envolva graves afastamentos daquilo que constitui a atitude normal para com a vida, jamais nos ocorre considerá-lo como sendo uma condição patológica e submetê-lo a tratamento médico. Confiamos em que seja superado após certo lapso de tempo, e julgamos inútil ou mesmo prejudicial qualquer interferência em relação a ele. (FREUD, 1917[1915]/1969, p. 249)*

Os conflitos com a mãe, a personalidade dela, o fato de seu pai ter sido sua referência mesmo dentro de todo um cenário de sofrimento psíquico fazem confirmar a hipótese do quadro melancólico. As figuras parentais estavam lá, mas não se podia contar com elas.

> *O objeto talvez não tenha realmente morrido, mas tenha sido perdido enquanto objeto de amor [...]. Ainda em outros casos nos sentimos justificados em sustentar a crença de que uma perda dessa espécie ocorreu; não podemos, porém, ver claramente o que foi perdido, sendo de todo razoável supor que também o paciente não pode conscientemente receber o que perdeu. (FREUD, 1917[1915]/1969, p. 251)*

A paciente refere uma grande perturbação com seu corpo, diz que sua autoestima faz com que ela não se relacione com pessoas diferentes, está sempre fechada para novas relações, inclusive as profissionais. Seu campo de trabalho é muito amplo e sempre que tem uma oportunidade de trabalho acaba boicotando e criando pontos negativos para não aceitar; fala que se sente exposta e isso lhe gera uma grande tristeza. Freud (1917[1915]/1969) se refere ao empobrecimento do ego em grande escala nos quadros de melancolia.

Nas primeiras sessões de Maya é possível analisar que, ao chegar à terapia com tantas demandas, ela parecia relativamente bem com tudo o que descrevia, mesmo que fosse tristeza e cansaço. Obviamente não havia consciência do quadro melancólico; ela mostrava defesas importantes de negação quanto à perda do objeto materno, perdido, porém, sempre ali, sem que ela pudesse contar com ele. Maya verbalizava muitas perdas ao longo de sua vida, principalmente na sua infância, porém somente após algumas sessões ela conseguiu se dar conta que os objeto perdidos seriam os parentais e os papéis que não foram desempenhados por sua mãe. Foi possível perceber ao longo das sessões que, após trazer esses dados para a consciência, as cobranças para com ela mesma acabaram por diminuir.

> *Seria igualmente infrutífero, de um ponto de vista científico e terapêutico, contradizer um paciente que faz tais acusações contra seu ego. Certamente, de alguma forma ele deve estar com a razão, e descreve algo que é como lhe parece ser. Devemos, portanto, confirmar de imediato, e sem reservas, algumas de suas declarações. Ele se encontra, de fato, tão desinteressado e tão incapaz de amor e de realização quanto afirma. Mas isso, como sabemos, é secundário; trata-se do efeito do trabalho interno que lhe consome o ego – trabalho que, nos sendo desconhecido, é, porém, comparável ao do luto. O paciente também nos parece justificado em fazer outras auto-acusações; apenas, ele dispõe de uma visão mais penetrante da verdade do que outras pessoas que não são melancólicas. Quando, em sua exacerbada autocrítica, ele se descreve como mesquinho,*

> *egoísta, desonesto, carente de independência, alguém cujo único objetivo tem sido ocultar as fraquezas de sua própria natureza, pode ser, até onde sabemos, que tenha chegado bem perto de se compreender a si mesmo; ficamos imaginando, tão-somente, por que um homem precisa adoecer para ter acesso a uma verdade dessa espécie. Com efeito, não pode haver dúvida de que todo aquele que sustenta e comunica a outros uma opinião de si mesmo como esta (opinião que Hamlet tinha a respeito tanto de si quanto de todo mundo), está doente, quer fale a verdade, quer se mostre mais ou menos injusto para consigo mesmo. (1917[1915]/1969, p. 252)*

Freud (1917/2006) postula que, na mania, o ego deve ter superado a perda do objeto (ou seu luto pela perda, ou talvez o próprio objeto) e, consequentemente, superado as defesas ou anticatexias que o penoso sofrimento da melancolia tinha atraído para si. Além disso, o indivíduo maníaco demonstra claramente sua liberação do objeto que causou seu sofrimento, procurando, como um homem vorazmente faminto, novas catexias objetais.

Nas sessões a paciente consegue dar-se conta de que acaba ficando presa à sua mãe, o que lhe impossibilitava construir sua família com seu marido; usa o termo "mãe tóxica", relatando como percebe que sua mãe atrapalha sua vida e causa danos psicológicos, como sua ansiedade sempre que está perto dela, bem como sua dificuldade em separar-se dela efetivamente.

Maya também relata muita dificuldade em aceitar a ajuda de outras pessoas, como de seu marido. Ela procura sempre ser independente sem "contar" com outros – objetos – para ter suas coisas materiais; essa atitude pode estar demonstrando um desejo de ser independente e não necessitar de mais ninguém, no entanto, segundo Winnicott (1983), a independência total é uma ilusão; sempre dependemos emocionalmente de alguém. Aqui o grande problema é a dependência de um objeto que falta de forma proeminente. Maya teve perdas e desilusões sempre que buscou nos objetos iniciais o suporte que necessitava.

A paciente evidencia e verbaliza sofrer com seu passado e que isso gerava incertezas para o futuro. O diagnóstico de quadro melancólico justificou-se pelo decorrente desânimo, afeto reprimido transformado em ansiedade, perturbação de autoestima, incapacidade para sua atividade laboral, além de distúrbio do sono, choro frequente, desesperança, grande tristeza e um grande vazio sempre citado pela paciente e que podemos inferir como o empobrecimento e vazio do ego. Ficou nítida a utilização de mecanismos de defesa do ego para que a paciente consiga lidar com os estados afetivos dolorosos (GABBARD, 2016) principalmente a somatização e neutralização quando percebemos que Maya convertia sua dor emocional em sintomas físicos e a neutralização quando nega toda agressividade para com a mãe e racionaliza o abandono objetal dizendo que compreende os comportamentos da mãe.

A paciente refere uma angústia muito grande e, após algumas sessões, ela a nomeia como culpa. Podemos inferir que a culpa que Maya relata sentir até mesmo nas situações mais cotidianas, como desmarcar um compromisso se está doente ou dar um retorno negativo para alguém, está muito relacionada ao sentimento de abusada/abusador, mesmo tendo consciência de que não teve intenção de ser abusada e que não desejou conscientemente. Maya não supera a falta de zelo por aquela que seria sua cuidadora, a mãe. Segundo Ferenczi (2011), se a criança se restabelece de tal agressão, sofre uma enorme confusão; a bem da verdade, já é uma clivagem, ela ao mesmo tempo é inocente e culpada, e sua confiança no testemunho de seus próprios sentidos está quebrada. Mesmo com essa quebra, ocorrida na adolescência, a paciente apresenta uma estrutura de personalidade neurótica, de acordo Bergeret (1988). A estrutura neurótica apresenta caráter sexual genital, edípico, e podemos relacionar com sintomas apresentados por Maya, como: angústia, obsessão, estado deprimido, caracterizando a paciente na estrutura neurótica.

Em quase todos os momentos tensos das sessões e dos relatos da sua história, chamava a atenção o fato de Maya não chorar e muitas vezes utilizar do humor como defesa para relatar situações.

## *Considerações finais*

Compreendemos, por meio das sessões de Maya, com o auxílio da literatura, que a paciente se encontrava em um quadro de melancolia, na medida em que a sua relação com os objetos era com objetos perdidos.

Pela internalização de objetos perdidos ela não conseguira reconhecer sua relação com a mãe real, colocando sobre si mesma toda a culpa, usando essa postura como mecanismo de defesa, repelindo para o sistema inconsciente aquilo que seu aparelho não daria conta, sem conseguir elaborar e resolver seus conflitos internos, e assim os sentimentos e frustrações se acumularam.

Por fim, mesmo a paciente apresentando fragilidade no tratamento, demonstrou adesão à terapia e um desejo de cura. Possuía recursos psíquicos e cognitivos necessários para a evolução do tratamento, trabalhando junto com a terapeuta suas angústias, focando a frequência das sessões. Maya demonstrou que durante o ano de tratamento se beneficiou e teve alguns progressos nas suas relações, tornando-se mais confiante, podendo contar com seu parceiro e valorizando suas vitórias, que até então não eram percebidas.

## *Referências*

AMERICAN PSYCHIATRIC ASSOCIATION. *Manual diagnóstico e estatístico de transtornos mentais*: DSM-5. Porto Alegre: Artmed, 2014.

BERGERET, J. *A personalidade normal e patológica*. Porto Alegre: Artes Médicas, 1988.

FERENCZI, S. Confusão de língua entre os adultos e a criança. Trad. A. Cabral. *In*: FERENCZI, S. *Psicanálise IV*. São Paulo: Martins Fontes, 2011. p. 111-135.

FREUD, A. (1946). *O ego e os mecanismos de defesa*. Porto Alegre: Artmed, 2006.

FREUD, S. (1914). Recordar, repetir e elaborar. *In*: FREUD, S. *Edição Standard Brasileira das Obras Psicológicas Completas de Sigmund Freud*. Rio de Janeiro: Imago, 1980. p. 161-174.

FREUD, S. (1917[1915]). Luto e melancolia. *In*: FREUD, S. *Obras completas*. Rio de Janeiro: Imago, 1969. v. 14. p. 245-270.

GABBARD, G. O. *Psiquiatria psicodinâmica na prática clínica*. 5. ed. Porto Alegre: Artmed, 2016.

WINNICOTT, D. *O ambiente e os processos de maturação*. Porto Alegre: Artes Médicas, 1983.

ZIMERMAN, D. *Fundamentos psicanalíticos*: teoria, técnica e clínica. Porto Alegre: Artes Médicas, 1999.

# 13. Arte e psicanálise: o processo criativo como ferramenta clínica no tratamento de pacientes psicóticos

*Caroline Salgado*

Este capítulo traz um estudo teórico a respeito da utilização da arte como uma ferramenta clínica no tratamento de pacientes psicóticos. Para tanto, foi realizado um breve levantamento bibliográfico das interlocuções entre arte, psicanálise e loucura. Posteriormente foi elaborado um estudo do desenvolvimento emocional primitivo, da configuração das patologias mentais graves e da utilização do recurso artístico como tratamento. E, por fim, foram apresentadas as diferentes dimensões da arte, a estética e o processo criativo. Com base em diversos autores tanto da psicanálise quanto da arte, buscou-se apresentar os fenômenos intrapsíquicos do adoecimento de diferentes formas, entendendo a utilização da arte como uma ferramenta clínica ligada aos fenômenos emocionais primitivos.

## *Apresentando*

O presente trabalho se propõe a percorrer e analisar as interlocuções entre arte, psicanálise e loucura, tendo como foco o entendimento da fragilidade do ego nas patologias mentais graves e a sua dinâmica emocional arcaica, para compreender o lugar da arte na experiência psicótica e o benefício da sua utilização na clínica como uma ferramenta terapêutica.

Para que possamos compreender a arte como uma ferramenta de cuidado, foi necessário revisitar o caminho que ela fez entre a psicanálise e a loucura. O percurso iniciou nos trabalhos de Freud, que desde o início da criação da sua teoria teve interesse não apenas nas obras de artes, mas na experiência criativa e nos fenômenos internos que estão envolvidos nesse processo. A arte continua estando presente em outros trabalhos psicanalíticos, nos quais os autores também abordaram a relação dos fenômenos emocionais com a experiência criativa (AUTUORI; RINALDI, 2014).

A arte encontra a loucura quando nesse percurso os movimentos da antipsiquiatria buscam novas formas de cuidado, e em hospitais psiquiátricos se começa a utilizar a arte como uma atividade do tratamento dos enfermos. No Brasil, dois representantes iniciaram a utilização da arte nos seus tratamentos e são vistos como precursores desta nova técnica de trabalho em saúde. São eles Nise da Silveira e Osório Cesar, psiquiatras de abordagens teóricas distintas que aderem ao uso da arte no tratamento de seus pacientes (REIS, 2014).

Iniciando também novos movimentos, nasce a arteterapia, como uma área de atuação profissional que utiliza recursos artísticos com finalidade terapêutica (CARVALHO, 1995 *apud* REIS, 2014). Essa nova área abrange múltiplas teorias e técnicas de trabalho, podendo ser uma ferramenta para diversos contextos e para profissionais de diferentes áreas, mas com enfoque na arte como ferramenta terapêutica (REIS, 2014).

Desse modo, o caminho histórico no qual arte, psicanálise e loucura se encontram traça um percurso que nos leva a analisar a partir da literatura o entendimento do mundo emocional arcaico e os fenômenos intrapsíquicos que fazem parte da vida emocional saudável e patológica. Podemos, com isso, compreender a dinâmica de estruturas psicóticas e a forma como os fenômenos do mundo primitivo se relacionam com as experiências do mundo externo, sendo uma delas a arte.

Neste trabalho foram utilizadas as contribuições de Melanie Klein (1985) a respeito dos funcionamentos psicóticos, das condições primitivas, nas quais a relação estabelecida entre o bebê e sua mãe descreve a fonte de criatividade e/ou a sua incapacidade de criar. Segal (1993), uma das seguidoras mais fiéis de Klein, aborda o papel da fantasia na experiência artística, relacionando a tentativa de simbolização por meio da arte por indivíduos em estados emocionais regressivos. As contribuições de Winnicott (1983), também inicialmente seguidor de Klein e depois seu opositor, estão relacionadas ao desenvolvimento do psiquismo e a importância da adequação da mãe/ambiente às necessidades do seu bebê, estando presente no mundo emocional primitivo a criação como um impulso de sobrevivência e de desenvolvimento do psiquismo.

Essas contribuições, que trazem conceitos importantes do desenvolvimento do mundo emocional e da criatividade como parte da estruturação psíquica em uma abordagem psicanalítica, são a base deste trabalho e auxiliaram no entendimento do papel da arte de poder desempenhar uma função de seio no processo criativo com pacientes psicóticos. Para isso, foi necessário compreender a diferença entre arte, estética e experiência criativa, pois essas dimensões nos processos artísticos já eram descritas por Freud e cumprem um papel distinto na relação da arte como uma ferramenta clínica; para isso, foram utilizados autores das artes e a pesquisa literária.

## *Caminhos entre arte, psicanálise e loucura*

*Uma parte de mim*
*é multidão:*
*outra parte estranheza*
*e solidão.*

Ferreira Gullar, "Traduzir-se", 1980

Este capítulo convida o leitor a percorrer um caminho, caminho de descobertas, de perspectivas que se encontram, caminho de complexidades, de encantamento das dimensões que a vida humana pode ter. Abordaremos não a história da arte, mas a história da arte pelos olhos e paradigmas da psicanálise, e, ao avançar nesse percurso, também nos aproximaremos dos encontros entre arte e loucura. A psicanálise tem um interesse nas artes desde a sua criação como teoria e prática científica; Freud, em seus trabalhos, não apenas citou obras de artes ou as histórias dos artistas, mas criou alguns dos conceitos da teoria psicanalítica baseado nas artes (AUTUORI; RINALDI, 2014).

Ao longo de suas obras, Freud manteve o interesse no processo de criação do artista e na análise dos conteúdos manifestos das criações (SEGAL, 1993); suas contribuições sobre a estética tiveram repercussão e críticas, pois estava voltado mais à criação de uma análise do mundo interno do que ao valor estético das obras de arte. Freud expõe nas suas contribuições a comunicação que a arte exerce com a dinâmica da personalidade daquele que a cria. Segundo Autuori e Rinaldi (2014), ao reunir todos os escritos de Freud sobre a arte dividindo-os em quatro perspectivas de análise feitas pelo autor, pode-se perceber um percurso, sem uma ordem cronológica, no qual ele traça um encontro entre arte e psicanálise. As quatro formas de aparições da arte em sua obra podem ser divididas em autor e obra; arte, realidade e fantasia; o processo de criação artística; e a arte ensina a psicanálise.

Em autor e obra, Freud (*apud* AUTUORI; RINALDI, 2014), associa a vida do artista à interpretação da sua obra, criando um entendimento de uma relação entre o que se passa no mundo emocional do autor com a sua criação; esse tipo de análise da arte aparece em sua teoria como "psicobiografias" de alguns artistas. Essa maneira de entender as obras de artes, aprofundando aspectos da vida pessoal dos artistas e relacionando ao funcionamento psíquico, oportunizou a criação de alguns dos conceitos importantes da psicanálise.

A divisão de arte, realidade e fantasia corresponde à interpretação dos fenômenos psíquicos que podem ser vistos por meio das artes e que fazem parte do psiquismo do indivíduo. Nessa referência, Freud (*apud* AUTUORI; RINALDI, 2014) divide alguns conteúdos psíquicos, explicando a sua função na dinâmica do aparelho psíquico e ressalta que os dotes artísticos possibilitam a inserção no mundo, e não apenas a produção de sintomas. O processo de criação dos artistas é uma espécie de análise que Freud faz da experiência do artista ao criar suas obras, tentando entender a função da fantasia nesse processo.

A arte ensina a psicanálise é a divisão que traz as referências de Freud sobre a vontade de entender a arte por intermédio da sua teoria, que é constante em seus estudos, também apresentando a possibilidade de um tratamento mental por meio da arte. Reconhece os limites da ciência para o entendimento inconsciente e a arte como a sua aliada, no qual ela consegue, assim como em sua pesquisa clínica, expor os fenômenos psíquicos artisticamente (AUTUORI; RINALDI, 2014).

E é a partir de Freud que a arte aparece não apenas como um interesse de estudo da psicanálise, mas como uma ferramenta clínica. Outros autores contribuíram também para que se ampliasse o entendimento da arte na perspectiva psicanalítica. Klein (1985), ao aprofundar seus estudos com crianças e pacientes regressivos, trouxe aspectos do desenvolvimento arcaico, como uma fonte de criatividade, que aparece na relação da mãe com o bebê. Winnicott (1983) também se interessa pelos fenômenos psíquicos que vão estar expressos nas obras de arte, mas sua pretensão não foi analisá-los, e sim, na sua teoria do desenvolvimento psíquico, estabelecer o conceito de criatividade primária, que faz parte do desenvolvimento emocional e está presente nos processos de criação dos artistas. Segal (1993) retomará as perspectivas de autores psicanalistas anteriores a ela, apresentando críticas e novas compreensões da relação entre arte e psicanálise.

Esse movimento aproximou cada vez mais os trabalhos entre arte e psicanálise, o que possibilitou que outras áreas, como a psicologia e a psiquiatria, utilizassem a arte na clínica e no entendimento das dinâmicas mentais. O percurso que a arte traçou, entre outras abordagens, levaram-na aos antigos hospícios, como forma de tratamento da loucura, e não apenas como uma ocupação recreativa para os doentes. Essa aproximação de propostas expressivas como atividade terapêutica organizou-se em oficinas, ateliês e ganharam espaço integrando os tratamentos dos pacientes. Os precursores no Brasil a utilizarem arte nos seus tratamentos foram a psiquiatra Nise da Silveira e o seu contemporâneo, o psiquiatra Osório César. A terapêutica ocupacional proposta de trabalho de Nise da Silveira mudou a perspectiva de atendimento psiquiátrico, acreditando que o fazer criativo não é apenas uma recreação ou ocupação para os enfermos, e sim uma forma de tratamento do sofrimento psíquico. Já no Hospital Juqueri, Osório César analisou as produções artísticas realizadas pelos doentes fundamentando-as em uma compreensão psicanalítica, aderindo ao uso da arte no tratamento em saúde mental (MENDONÇA, 2005; REIS, 2014).

O uso de atividades expressivas nos tratamentos das psicoses – transtornos que podem ser sentidos como uma destruição do mundo interno – assemelha-se à experiência da arte, pois reconstruir o mundo emocional ou uma criação artística pode desenvolver uma comunicação com o mundo externo, uma necessidade premente do paciente psicótico, cuja comunicação é primordialmente com o mundo interno. Visto que o paciente psicótico tem dificuldades de inserção no seu meio social e de contato com a realidade, as atividades artísticas podem ser terapêuticas por possibilitarem uma reestruturação interna nessa nova forma de comunicação. A psiquiatria contemporânea agregou o uso de materiais expressivos e atividades artísticas no tratamento de patologias mentais graves por compreender e verificar que o contato com essas novas formas de tratamento revitalizava o cotidiano dos pacientes, por meio da criatividade e do afeto (WANDERLEY, 2002).

Esse percurso entre psicanálise e arte e a influência do uso da arte em hospitais psiquiátricos favoreceram a criação da arteterapia, porém a sua fundadora foi a educadora norte-americana Margareth Naumburg (1890-1983), que sistematizou seu uso (ANDRADE, 1995; 2000 *apud* REIS, 2014). Nos hospitais psiquiátricos o uso da arte como uma ferramenta de trabalho contribuiu para um tratamento mais humano. Apesar de Nise da Silveira não gostar de utilizar o termo arte para se referir às atividades propostas no tratamento dos seus pacientes, pois acreditava que daria uma conotação de valor, ela foi considerada pioneira na história da arteterapia no Brasil (REIS, 2014).

A arteterapia como uma ferramenta de trabalho terapêutica tem por definição o uso da arte como meio de expressão da subjetividade, uma linguagem não verbal, mas que pode funcionar como uma mediação dos processos de autoconhecimento, de uma organização interna e da relação do indivíduo com o mundo. Na definição da Associação Brasileira de Arteterapia, citada por Reis (2014), "é um modo de trabalhar utilizando a linguagem artística como base da comunicação cliente-profissional. Sua essência é a criação estética e a elaboração artística em prol da saúde" (p. 143). Esta capacitação de trabalho multidisciplinar, entre arte e outras áreas como psicologia e educação, pode atuar em diversos campos, como em escolas, hospitais e organizações, sendo uma ferramenta grupal ou clínica. O campo de estudo viabilizou a incorporação da arte como uma ferramenta de saúde no qual apresenta várias modalidades e formas de utilização; ela tem como uma de suas características de trabalho utilizar objetos que ganham representações expressivas ou lúdicas, por meio do envolvimento do paciente com a atividade, ou com estes objetos, a serviço do fazer criativo (REIS, 2014).

O fazer criativo citado anteriormente diz respeito à atividade proposta, que utiliza diversos materiais expressivos, como a pintura, a modelagem, a música, a dramatização, entre outros. Entretanto, também faz parte dessa experiência criativa a energia emocional que é canalizada nesse tipo de atividade e que desempenhará um papel auxiliar nos processos psíquicos. A arteterapia como proposta de trabalho aborda e compreende os fenômenos psíquicos conforme a linha teórica que é escolhida pelo profissional. A arte nesse trabalho funciona como um mediador entre o mundo interno e o mundo externo na experiência criativa; o paciente ou o cliente vai criar e transformar novas formas de vida, podendo ressignificar seus conteúdos inconscientes e conscientes a partir do processo de criação do objeto artístico. O ambiente em que essa proposta de trabalho vai ser realizada facilita, por meio do manejo do profissional, a promoção de saúde e qualidade de vida (REIS, 2014). E assim, no percurso a que este capítulo se propôs, retornaremos para a compreensão que a psicanálise desenvolveu sobre o encontro da arte com a clínica.

# *Psicose: mundo emocional primitivo e a arte como ferramenta terapêutica*

*Uma parte de mim*
*pesa, pondera:*
*outra parte*
*delira.*

*Uma parte de mim*
*almoça e janta:*
*outra parte*
*se espanta.*

*Uma parte de mim*
*é permanente: outra parte*
*se sabe de repente.*

Ferreira Gullar, "Traduzir-se", 1980

O desenvolvimento emocional primitivo é um dos objetos de estudo da psicanálise. O interesse por descobrir, observar, analisar a dinâmica da personalidade dos indivíduos e seus conflitos emocionais está presente desde a sua criação. É inegável o interesse daquele que se propõe à formação de analista, de conhecer o outro por meio de suas histórias, como um historiador, não no seu sentido literal, mas no sentido que a psicoterapia e a análise têm a função de percorrer histórias, conhecer o mundo do outro por suas lembranças. Assim como, segundo Freud (*apud* KLEIN, 1985), no trabalho de um arqueólogo, que busca nas suas escavações conhecer e desvendar histórias antigas e perdidas ao longo dos séculos, o analista se depara com situações semelhantes ao entrar em contato com o mundo interno de seus pacientes.

Quando exploramos as suas histórias, podemos conhecer a saúde mental e a vida emocional dos adultos, não apenas por aquilo que é exposto verbalmente, mas também pelo contato com os conteúdos emocionais; passado e presente se cruzam, revisitando os primeiros estágios do desenvolvimento emocional do indivíduo. A psicanalista Melanie Klein, em *Inveja e gratidão* (1985), ampliou conceitos importantes para o entendimento da dinâmica da personalidade, sua relação com estados intrauterinos e primitivos e a relação estabelecida com o objeto primário, contribuindo para o reconhecimento do conceito de inveja e a implicação que ele tem para o desenvolvimento da psique.

Ao acompanhar o desenvolvimento das estruturas emocionais de seus pacientes, obtidos através de insight, Klein (1985) pôde perceber a relevância dos estados arcaicos para a vida adulta. A relação de objeto e a sustentação emocional da mãe darão condições para que os processos de integração do ego sejam internalizados de maneira satisfatória. Para que seja possível um desenvolvimento saudável da personalidade, os impulsos do bebê, a inveja, a ansiedade persecutória e a destrutividade, voltados ao seio da mãe em um primeiro momento, terão que cumprir um papel reparador, sensível às necessidades do bebê, de gratificação e frustração.

Essa relação com o objeto primário se estabelece por intermédio do seio, não esquecendo a importância das condições externas pré e pós-uterinas, assim como a sensibilidade e manejo que a mãe desempenhará nesse percurso do desenvolvimento. Nos primeiros estágios da vida do bebê, ele percebe o seio como uma parte sua, na qual deverá satisfazer não apenas a sua fome, mas seus impulsos de amor e ódio (KLEIN, 1985).

O desenvolvimento emocional do indivíduo se estabelece na relação com seus objetos e estrutura a dinâmica da psique. Em uma maturação saudável é necessário que as necessidades do bebê sejam suficientemente correspondidas pelos seus cuidadores, no qual o ambiente deve ser favorável para seu crescimento emocional. As perturbações mentais, anormalidades do funcionamento arcaico, em que o indivíduo utiliza mecanismos primitivos e de cisão com uma persistência de estados narcisistas, são pressupostos da teoria de Klein (1985), nos quais a inveja excessiva favorece estados emocionais regressivos, comprometendo a dinâmica da personalidade.

A estrutura emocional primitiva presente na vida adulta está relacionada ao desenvolvimento das primeiras relações com o objeto. Nesse sentido, as contribuições de Klein (1985) nos ajudam a pensar no adoecimento psíquico por meio de perturbações na infância e nos primeiros anos de vida do bebê. A vida emocional arcaica corresponde às primeiras relações do bebê e às exigências dos seus instintos, nos quais nos primeiros meses de vida o objeto primário deve se adequar de maneira sensível às suas necessidades e ataques, fase em que ele está em um estado de *onipotência*, envolto por instintos de sobrevivência.

Ao nascer o bebê é envolvido em um estado de ansiedade, chamado por Klein (1985) de *ansiedade primária* ou *ansiedade persecutória*, força arcaica que atua no psiquismo após o nascimento, antecedendo a destrutividade e a sensação de medo do aniquilamento. A sensação de unidade que acompanha o bebê na vida uterina não está mais presente ao nascer; assim, ao buscar a segurança sentida no estado de unidade, os sentimentos de ansiedade são despertados. O *estado invejoso* proposto por Klein (1985) pressupõe a existência de uma relação após o nascimento, na qual o bebê depositará impulsos sádicos e agressivos na mãe. A agressividade inata do bebê o torna invejoso, e a inveja é dirigida para o seio nutridor, representado primeiramente pela mãe. O sentimento de inveja do bebê impulsiona ataques ao seio; dessa forma, o bebê deseja destruir, esvaziar e estragar o seio. Esse sentimento provoca a *destrutividade* e a privação da gratificação, sendo assim, a *inveja* excessiva adoece o bebê, não conseguindo criar e introjetar representações boas.

Esses fenômenos do mundo primitivo fazem parte do desenvolvimento saudável do psiquismo. Para Klein (1985), a inveja e a agressividade estão presentes na estruturação da personalidade, e Winnicott (1990) ainda irá citar essa agressividade inata do bebê, mas não a existência da inveja na sua concepção do processo de estruturação da personalidade. Para Winnicott (1983), o amadurecimento psíquico envolve as experiências passadas, o manejo e as contingências suficientemente boas do ambiente; ao existir uma falha ou ruptura desse processo de integração do ego, configura-se uma organização defensiva e o indivíduo sentirá um temor pela sua destruição, chamado de medo do colapso. Esse medo modifica o curso do crescimento emocional instaurando o sentimento de agonia primitiva, sendo a organização defensiva a maneira que o psiquismo encontra para suportar o medo.

Daremos enfoque à relação de objeto kleiniano para podermos falar de estruturas psicóticas. A primeira relação do bebê se estabelece com o seio da mãe, ou com o seu substituto, sendo gradualmente internalizada a figura materna. Essa relação de objeto se estabelece por meio do *amor* e do *ódio*, das forças instintivas e da necessidade de sobrevivência. Nessa relação, os sentimentos que envolvem o bebê são destinados à mãe, ao seu seio. Conforme a mãe consegue gratificar as investidas instintivas e os ataques do bebê, ele consegue internalizar as representações do objeto; se a mãe não consegue adaptar-se às suas necessidades, não existindo a internalização do objeto bom, o *objeto é sentido como mau* e instaura uma sensação de desamparo, atuando as forças destrutivas (KLEIN, 1985).

Essa relação de experiências negativas, ou também de uma exigência exacerbada do bebê de sustentação da mãe, pode ocasionar traumas e dinâmicas patológicas graves, que configuram uma organização da personalidade frágil, nos quais dificuldades no desenvolvimento emocional primitivo comprometeram a possibilidade de um funcionamento saudável (KLEIN, 1985). As psicoses acarretam graus de prejuízo da realidade, assim como prejuízos nas funções do ego. Os sintomas que caracterizam a dinâmica desse estado emocional são arcaicos, pois foram estabelecidos nos primórdios da vida do bebê, no qual, na sua luta por sobrevivência, seu amor instintivo e sua relação de objeto não foram suficientes para suportar e, assim, o ego mantém-se cindido (KLEIN, 1946/1985).

Winnicott (1990) centraliza a importância do papel da mãe na vida intrapsíquica e a sua função externa no desenvolvimento emocional, relacionando a experiência das mamadas, no qual o bebê, ao nascer, irá buscar algo que está ali para satisfazer suas necessidades, a essencial adequação sensível da mãe ao bebê conseguindo ofertar o seu *seio* para o bebê *criar*. O bebê não irá buscar apenas o seio como fonte de nutrição, e sim buscará também satisfazer o seu amor instintivo. Assim, as *mamadas* são um momento único de conexão da mãe com o bebê e a possibilidade de que se estabeleça uma confiança, sendo o seio a primeira fonte de nutrição e amor do bebê, determinando a primeira relação de objeto. A oferta do seio ao bebê a partir da sustentação da mãe proporciona o *espaço potencial* para ele fantasiar a criação do seio, assim como também é o objeto que estabelece o contato com a realidade e a possível relação com o *mundo externo.*

Essa adequação sensível da mãe às necessidades do bebê foi descrita por Winnicott em dois conceitos: o *holding* como a sustentação emocional, o suporte, a disponibilidade empática da mãe às necessidades do seu bebê, e o *handling* como o manejo sensível e adequado da mãe que consegue manter uma adaptação ativa às necessidades do seu bebê. A mãe, ao se adaptar às necessidades do seu bebê, entrará em um estado de extrema sensibilidade mantido ao longo da *relação de objeto*, sendo sentido como um *ambiente pessoal contínuo* (WINNICOTT, 1983).

Gradualmente este ambiente emocional contínuo constituirá o suporte para o bebê estabelecer uma relação com o mundo externo, o que apenas se torna possível com a diminuição das gratificações e a introdução das frustrações, suportada pela dupla relação com o objeto. Nos primeiros meses de vida o bebê não tem consciência da existência de um mundo externo; todas as manifestações que são sentidas por ele são fantasiadas pela sua onipotência como sendo as suas criações. Todavia, é necessário que primeiro o bebê crie o mundo externo a partir do seu *controle mágico* e, após a criação de *objetos transicionais,* também possa integrar um contato com o mundo externo. Assim os objetos transicionais ajudam o bebê a suportar os espaços de tempo quando o objeto primário não está atendendo-o. O *espaço ilusório* que acontece entre o mundo interno e externo é a expressão do controle mágico do bebê que ao criar um objeto pode não sucumbir à ansiedade persecutória. Esses fenômenos do desenvolvimento emocional estruturam a dinâmica da personalidade do indivíduo, ocasionando ou não sintomas patológicos ou a integração do corpo e da psique como processo saudável da maturação física e psicológica (WINNICOTT, 1983).

Igualmente, esse processo de criação está relacionado à dinâmica do aparelho psíquico, em que, ao criar, na tentativa de simbolizar suas fantasias inconscientes, o indivíduo revive estados emocionais de integração do objeto, pertencentes a agressividades e impulsos primitivos. Winnicott (1990), psicanalista que inicia seu percurso teórico e técnico com base kleiniana, nos contempla com o conceito de criatividade primitiva, um potencial criador inato do indivíduo, no qual relaciona a constituição emocional do psiquismo do bebê à necessidade de alucinar a criação do seio da mãe para sustentar a sua ausência, o que corresponde o ato criativo à tentativa de integração do objeto no desenvolvimento emocional saudável.

Essa relação dos processos primitivos do desenvolvimento emocional do indivíduo ao processo de criação do artista, fundamentado em uma perspectiva psicanalítica da experiência criadora, sustenta a hipótese de a relação já observada anteriormente por Freud e posteriormente por outros psicanalistas, tanto do processo de criação individual quanto da arte em si, fazer parte da natureza humana e estar ligada ao mundo interno do seu criador e dos seus expectadores. Não é possível negar que a experiência criadora acontece desde as primeiras manifestações da vida do bebê e que seja necessária para a sua sobrevivência. Winnicott (1990), que teve interesse nas artes, não em analisá-las, e sim em compará-las a fenômenos do mundo interno do indivíduo, constrói a sua teoria do desenvolvimento da personalidade nos fenômenos de criação.

> *No interior da pessoa agem forças tremendas quando, por haver saúde, existe a plena vitalidade. Para termos uma ideia do que ocorre durante o trabalho de reorganização interna após a experiência instintiva, devemos nos remeter às obras dos artistas que (em razão de sua técnica excepcional e sua confiança no próprio trabalho) conseguem alcançar a quase totalidade da força que existe na natureza humana. (WINNICOTT, 1954, p. 97)*

Em um determinado momento histórico, a área da saúde, a psiquiatria e a psicologia aderem à utilização de procedimentos artísticos e do uso da arte como uma ferramenta de trabalho e cuidado (WANDERLEY, 2002). A arte pode assumir uma função terapêutica com pacientes psicóticos não apenas pela forma e estrutura como pelas atividades que poderão ser propostas. Contudo, a atividade criativa exerce uma função de promover a organização interna, contribuindo para o desenvolvimento de potencialidades, habilidades emocionais e sociais dos participantes. Como vimos neste capítulo, o processo de criação faz parte do desenvolvimento emocional. Os movimentos que suscitam e provêm do trabalho artístico com pacientes psicóticos apresentam um alívio dos sintomas e uma melhora na sua qualidade de vida, pois, por intermédio da experimentação e do envolvimento com os processos de criar a descarga instintiva, ganham um espaço para o processo de reorganização interna (CAMARGO; LENA; DIAS; ROSO, 2011; REIS, 2014).

Porém, todo processo artístico é silencioso, não perpassa a palavra pelo seu primitivismo psíquico; o paciente artista não está consciente dos acontecimentos que se configuram ao entrar em contato com os materiais: a tinta, o lápis de cor, a argila, a linha, a agulha, e quaisquer instrumentos que forem fontes para sua expressão interna. No seu dia a dia, encontra vestígios dos processos artísticos que ultrapassaram os materiais e são visíveis na maneira como sua organização externa responde de forma mais adequada às suas demandas internas (ZOGBI; CAMARGO; LENA, 2011).

## *Experiência criativa, estética e arte*

*Uma parte de mim*
*é só vertigem:*
*outra parte,*
*linguagem.*

*Traduzir uma parte*
*na outra parte*
*– que é uma questão*
*de vida ou morte –*
*será arte?*
Ferreira Gullar, "Traduzir-se", 1980

Quando nos deparamos com uma criação artística somos capturados por uma admiração, não simplesmente pela sua beleza, dimensão ou estrutura, mas por algo que atravessa as profundezas da natureza humana. A arte, que, por definição, se ausenta de uma descrição conceitual, mas que esteticamente está baseada em determinados critérios, é motivo de indagações e questionamentos referentes à sua natureza e intencionalidade (COLI, 1995). Essas questões atravessam a humanidade e, assim, ganham referência em trabalhos na área da psicologia e psiquiatria, porém, ainda existem divergências e múltiplas perspectivas para compreendermos essas criações (WANDERLEY, 2002).

Não é concebível definir ou conceituar a arte em uma única lógica ou metodologia, assim como seus atributos e *status* fluem através dos séculos consagrando obras e artistas, não existindo apenas um conceito que a defina, mas traços e delimitações que nos ajudam a entender e identificar as obras de arte. Podemos encontrar diversas manifestações artísticas na história da humanidade, desde as pinturas rupestres até os estilos contemporâneos que possibilitaram a apreciação de outras formas de expressão, o que permite uma espécie de categorização dos objetos artísticos (COLI, 1995).

Podemos dizer que a arte pode ser expressão e manifestação da atividade humana, nas quais o objeto criado é admirado, culturalmente contemplado por diferentes grupos (COLI, 1995). Essa adesão está relacionada aos movimentos da antipsiquiatria e da reforma psiquiátrica, o que também incorpora um novo estilo de arte, a arte dos loucos, dos marginais. Mas este outro status das artes contribuiu para mais indagações a respeito da sua conceituação e do lugar que ocupa nas produções humanas. A causalidade de uma proximidade entre arte e loucura despertou interpretações do quanto a arte seria loucura e a loucura seria arte. Todavia, apesar das suas afinidades e de manifestações que se assemelham, não é possível igualar ou classificar a arte como loucura, e sim perceber que ambas dizem respeito à experiência humana (WANDERLEY, 2002).

As criações humanas podem ganhar o estatuto de arte a partir de uma relação com o observador. Essa ligação se estabelece por critérios estéticos e culturais; os objetos ou performances criadas pelos indivíduos podem ser segmentados em diferentes processos até alcançarem a dimensão artística. O processo de criação, aquilo que envolve o criador em uma experiência de produzir algo que manifesta suas expressões internas e externas, pode ser chamado de experiência criativa e antecede a obra de arte (COLI, 1995). No que se refere à experiência estética como uma espécie de fenômeno de contemplação, pois envolve o expectador em uma admiração irracional, aquilo que foi produzido pelo artista o vincula com suas manifestações emocionais primitivas (SEGAL, 1993).

Essa espécie de emoção que pode ser provocada ao entrar em contato com as artes visuais causa uma admiração no observador e pode ser denominada como emoção estética. As emoções evocadas ao se admirar uma obra estão relacionadas a camadas internas da psique do observador, distinguindo aquilo que não causa nenhum efeito estético naquele que o observa, pois a provocação e os desejos despertos ao admirar as criações artísticas dão uma qualidade peculiar a todos esses objetos (BELL, 1914 *apud* SEGAL, 1993).

A complexidade da obra artística dificulta a sua categorização e classificação, não apenas pela abstração dos conceitos propostos, mas na proposição em si das artes e dos artistas. Tradicionalmente os objetos artísticos estão baseados nas culturas, religiões e diversas dimensões da vida cotidiana dos indivíduos; sua extensão expressiva evoca as emoções, os sentimentos e os afetos dos espectadores-observadores, não possuindo unicamente uma utilidade ou finalidade. A arte não é meramente uma criação do artista; para que o objeto seja arte é necessário que esteja adequado à cultura vigente, que exista uma admiração estética, e se faz fundamental que o objeto criado esteja adequado aos critérios dos críticos, museus e ao contexto histórico. Os movimentos artísticos e seus estilos provocaram uma aceitação às criações, tornando possível que qualquer objeto aceito como arte se torne artístico (COLI, 1995).

As obras ou os objetos criados não são apenas produtos finalizados dos artistas, mas as performances e o processo de criação na contemporaneidade são classificados como arte, pois não existe mais uma precisão nos limites artísticos (WANDERLEY, 2002). O processo de criação do artista citado anteriormente é individual, no qual, a partir do olhar da psicanálise, pode-se entender não apenas pela perspectiva estética, mas em uma profundidade da sua constituição, como um canal entre o mundo interno e o externo do seu criador.

Esse olhar da psicanálise em relação às artes sofreu constantes críticas por priorizar o entendimento do mundo interno dos artistas e não abordar de forma ampla as expressões da estética envolvidas em uma obra de arte. Contudo, assim como a arte modificou-se ao longo dos anos, a psicanálise também ampliou seu olhar sobre as obras de arte e as suas criações, entendendo que é necessário, quando falar nas artes, compreender as múltiplas concepções que estão envolvidas nessa manifestação da natureza humana (SEGAL, 1993).

A obra de arte, o artista e o processo criativo fazem parte e formam o que é a arte; mesmo que apenas se tangencie uma definição dessas expressões de vida, a sensibilidade que nos envolve quando viramos os espectadores de uma obra nos comunica algo, interno e crucial para que exista uma contemplação desse objeto. A arte em si não se explica, ela nos envolve e captura nosso olhar, movimento que nos instiga e nos faz questionar: o que é arte? (COLI, 1995). Essa indagação esteve presente desde a formulação da psicanálise por Freud. Ao estudar os processos de criação artística, Freud (1901-1905/1999) também enquadrou essas expressões como base das pulsões inconscientes e do narcisismo, no qual os desejos sexuais não possíveis de serem satisfeitos poderiam ser transformados, nomeando esse processo de sublimação, conceito criado para explicar um dos mecanismos de defesa do psiquismo e uma das principais fontes de concepção da vida social (FREUD, 1913/1977). Essa formulação do conceito de sublimação passou por inúmeras modificações ao longo de sua obra.

Pensando nessas características que determinam tanto a obra de arte em si quanto o processo criativo e o artista, podemos distinguir cada categoria para entendermos as suas diferenças. Entretanto, segmentar essas dimensões da arte pode empobrecer sua essência, o que se torna necessário para que em determinados momentos possamos decodificar sua comunicação em nós. Assim conseguimos, por meio das colocações de Segal (1993) – psicanalista de tradição kleiniana, que aprofundou seus estudos na área da arte, psicanálise e estética, ganhando destaque com suas ideias que integram as obras de Freud, Klein e Bion –, compreender o processo de criação do artista e a experiência estética, utilizando definições que contemplam essas manifestações. A autora explica em sua abordagem dinâmica o que o processo individual da experiência de criar pode ser para aquele que o cria.

Segal (1993) cita o interesse da psicanálise na arte desde os trabalhos de Freud, o que proporcionou para a ciência abordar esses conteúdos como sendo parte da constituição do mundo emocional do indivíduo. A arte, nessa visão, pode ser uma expressão simbólica suprema da fantasia, mas, apesar de as contribuições de Freud para a estética serem de extrema importância, nesse percurso histórico seu interesse estava voltado ao conteúdo da obra de arte mais do que à sua forma. Freud analisava as obras de arte e os artistas conforme sua teoria do psiquismo, descrevendo a relação das criações com o mundo emocional interno e as vivências dos artistas. Expôs nos seus trabalhos que a relação do artista com a sua obra tem a ver com o princípio do prazer-desprazer e princípio da realidade, porque entende que o artista cria um mundo de fantasia no qual pode satisfazer seus desejos inconscientes, porém deixa claro que o artista sabe que a fantasia não é real.

Segundo Segal (1993), quando Freud falou da estética, foi criticado pela simplificação do seu entendimento, no qual comparou a um suborno ao inconsciente, um prazer preliminar, um acobertamento para a satisfação pulsional, não dando importância à questão estética em si. Os críticos de Freud trouxeram um conceito para a expressão estética, chamando de emoção estética o prazer ao apreciar as obras de artes. Quando fala na estética, é abordada a provocação que a forma, a estrutura e a dimensão das obras de arte instigam no observador, despertando emoções, sentimentos, afetos que capturam esse observador e caracterizam como bela a criação. Não é feita uma referência a padrões de beleza, no entanto o prazer ao admirar as criações dos artistas envolve o observador em um encantamento, tocando emoções primitivas.

Além de Segal (1993) retomar conceitos e referências importantes da psicanálise sobre o tema, ela propõe, conforme as contribuições de Klein, que a criatividade artística tem a ver com a tentativa de criação de símbolos. Afirma que o artista, no seu processo criativo, está tentando recriar o que sente na profundeza do seu mundo interno. A arte como uma busca de expressão simbólica vem junto com a análise dos conteúdos manifestos em obras de artes, nos quais os conflitos emocionais internos aparecem nas formas, nas linhas, nas cores e na estética das artes. Quando Segal (1993) analisa fragmentos de obras e os compara a manifestações do mundo interno que nos provocam a buscar respostas na sua comparação da estética e do impulso criador, diz que criar tem a ver com as memórias inconscientes de um mundo interno harmonioso e com a experiência de destruição que é sentida internamente pelo artista.

No esforço de entender o artista e a arte por meio da psicanálise, a complexidade do tema nos traz ao encontro de conceitos importantes para essa compreensão. A arte como uma atividade humana e inerente à vida do indivíduo está entre os fenômenos nos quais se visa diretamente à expressão, à comunicação, à elaboração e à simbolização. Foi comparada a outras atividades como o brincar da criança, o devaneio e o sonho, mas não se encaixa em nenhuma dessas comparações. A arte pode ser vista como uma tentativa de traduzir a fantasia em realidade, podendo ser um mecanismo de reorganização interna para as manifestações primitivas inconscientes (SEGAL, 1993).

Quando compreendemos a criatividade artística como um ato reparador, ou uma tentativa de criação de símbolos, o lugar que o processo de criação do artista ocupa é visto como fragmentos de suas manifestações internas primitivas, podendo ser entendido como um esforço de reparação e integração do objeto. A satisfação está ligada a um anseio por um objeto ideal, no qual existe uma necessidade de resgatar uma mãe não integrada com o self (SEGAL, 1993).

Porém, a arte não é apenas uma comunicação interna, e sim uma comunicação com os outros, e seu trabalho está ligado a criar novos meios de comunicação; por isso, a arte e a criação artística estão situadas como um canal entre o mundo interno e externo, encontrando novos meios simbólicos de comunicação. A arte também está ligada a uma forma de trabalho que pode ser entendida como um processo de aprendizagem e domínio da realidade, enfrentando os conflitos mais profundos e dando expressão para eles, por exemplo, as agressividades e a inveja primitiva. A arte, nessa perspectiva, pode ser uma tentativa de uma criação da vida (SEGAL, 1993).

O potencial de criar inato ao ser humano, descrito por Winnicott (1990), acompanha o indivíduo em todas as etapas da sua vida. Na infância a sua função está não apenas relacionada a um instinto de sobrevivência e à tentativa de descarregar agressividades, mas também de criar a possibilidade de um mundo externo. Na idade adulta a sofisticação do aparelho psíquico saudável organiza esse potencial criativo, não de uma forma em que todos os indivíduos serão artistas, mas em que a criatividade estará presente nas diversas expressões da sua vida.

As manifestações que são percebidas nas obras de artes, no processo de criação daquele que cria e na admiração dos espectadores a esses objetos, nos aproximam de experiências inconscientes e primitivas, mas defini-las seria empobrecê-las, como um instrumento de possível alcance da dinâmica psíquica do indivíduo. Não é proposto definir ou conceituar essa área e seus processos, e sim conhecer e reconhecer as dimensões da natureza humana e de suas expressões de vida.

## *Considerações finais*

> *A arte é uma realidade convencionalmente aceita, na qual, graças à ilusão artística, os símbolos e os substitutos são capazes de provocar emoções reais. Assim, a arte constitui um meio caminho entre uma realidade que frustra os desejos e o mundo de desejos realizados da imaginação – uma região em que, por assim dizer, os esforços de onipotência do homem primitivo ainda se acham em pleno vigor.*
>
> Freud, 1977

O percurso traçado neste trabalho começa por uma retomada histórica que nos levou às primeiras aparições das artes na teoria freudiana. Desde a sua criação Freud já tem a arte como sua aliada do estudo do inconsciente e do funcionamento intrapsíquico. Seguimos o percurso para compreendermos a relação que a arte desenvolve com a loucura, o que nos levou aos hospitais psiquiátricos e ao tratamento das patologias mentais por meio de atividades artísticas. E é nesse caminho que se traça uma relação com a criação da arteterapia, que tem como proposta terapêutica o uso da arte como mediador dos processos de promoção de saúde.

Após percorrermos esse entendimento histórico dos encontros da arte com psicanálise e loucura, somos levados a aprofundar o desenvolvimento emocional psíquico. Nesse momento foram utilizados três autores psicanalistas, Klein, Winnicott e Segal, cujos entendimentos convergiram sobre o desenvolvimento emocional arcaico e as fragilidades da dinâmica emocional patológica; apesar de cada autor trazer suas particularidades e divergências, eles contribuíram para o reconhecimento de um impulso criador inato, que faz parte da relação mãe e bebê.

A inveja descrita por Klein (1985) como parte dos impulsos voltados à relação com o objeto dificulta a possibilidade de criação do mundo externo e a incapacidade de introjeção do objeto bom, afetando a estrutura psíquica do indivíduo. Assim como o conceito de criatividade primária de Winnicott (1990) lança a ideia de um potencial criador inato do bebê que será voltado ao seio da mãe em um primeiro momento e auxiliará a criação de uma relação com o mundo externo.

A arte pode se oferecer como uma espécie de substituto do seio, assim como a mamadeira é seu representante simbólico; ao entrar no processo criativo, o indivíduo experimentará um estado entre mundo interno e mundo externo, que Winnicott (1983) chamou de espaço potencial, e objeto transicional aquilo que o bebê cria para sustentar a ausência da mãe e posteriormente conseguir entrar em contato com a realidade externa. O objeto criado pelo artista pode ser entendido como objeto transicional, entretanto o papel que a arte se propõe a cumprir na relação alucinatória de mundo interno e externo antecede a experiência dos objetos transicionais. Esse objeto criado pelo artista pode exercer um papel de seio, não por se igualar às primeiras relações com o objeto, mas por possibilitar que o conteúdo interno primitivo se reorganize a partir do objeto criado, assim, os impulsos voltados à criação poderão ser projetados e introjetados de uma maneira menos ameaçadora, transformados em saúde. Essa tentativa de simbolização, que Segal (1993) descreve como um dos papéis que a fantasia tem no trabalho artístico, pode ser relacionada à ausência de símbolos na psicose e o esforço por meio de materiais concretos de alcançar a simbolização, e não apenas como uma função de descarga.

A busca por simbolização na criação de novos símbolos ou a descarga criativa não apenas funcionam como um recipiente, mas como uma condição de internalizar o objeto de forma menos ameaçadora. Seria a arte um objeto capaz de suportar e dar sustentação às agressividades do primitivismo psíquico, cumprindo um papel de contenção e facilitando a criação de símbolos para a integração do self. Contudo, em pacientes psicóticos o comprometimento da sua dinâmica interna não modifica a estrutura de sua personalidade, mas o uso da arte colabora para que suas tensões e a vida sejam sentidas de uma forma menos assustadora.

Essa relação interna que os autores trazem e que fala de uma criatividade no processo de desenvolvimento da personalidade mostra a relação benéfica que o uso de atividades expressivas e que envolvam uma experimentação criativa pode ter, com um caráter terapêutico por se assemelharem e por movimentarem internamente processos primitivos do desenvolvimento. A arte desempenha uma função ilusória entre mundo interno e externo, sendo compreendida como um objeto transicional. Contudo, o caminho percorrido neste trabalho, por meio da revisão bibliográfica, propicia relacionar a experiência criativa que antecede o objeto criado, visto como um objeto transicional, a função do seio materno. Os pacientes psicóticos, por intermédio da experiência criativa, tentam simbolizar para diminuir as ameaças externas e, assim, internalizar um objeto menos ameaçador.

A arte assume um caráter terapêutico, ou seja, pode ser uma ferramenta de cuidado, não só pela metodologia de trabalho das atividades, mas pelas implicações clínicas que a experiência criativa pode ter, sendo elas: a possibilidade de reorganização interna, a possibilidade de simbolização e a possibilidade de descarga emocional, entendidas por meio da perspectiva psicanalítica.

Assim como a arte não se propõe a uma definição e uma conclusão, pois não é algo acabado, e sim um processo que pode ter ou não seu fim, a relação da psicanálise e da arte também não se conclui, elas se permeiam. Essa relação entre arte e mundo emocional nos envolve em um processo de contínuo aprendizado, rompendo limites, por falarem sobre a natureza humana e serem experiências de impulsos de vida.

## *Referências*


AUTUORI, S.; RINALDI, D. A arte em Freud: um estudo que suporta contradições. *Boletim – Academia Paulista de Psicologia*, São Paulo, v. 34, n. 87, p. 299-319, dez. 2014.

ZOGBI, H.; CAMARGO, V.; LENA, M. Oficinas terapêuticas em um caso infantil: arte, saúde e integração. *In:* ORMEZZANO, G. *Educar com Arteterapia: propostas e desafios*. Rio de Janeiro: Wark Editora, 2011. p. 179-196.

COLI, J. *O que é arte*. São Paulo: Brasiliense, 1995.

FREUD, S. Interesse científico da psicanálise (1913-1914). *In*: FREUD, S. *Obras completas*. Rio de Janeiro: Imago, 1977. v. XIII. p. 175-198.

FREUD, S. Resumo (1901-1905). *In*: FREUD, S. *Obras completas*. Rio de Janeiro: Imago, 1999. v. VII. p. 218-229.

FREUD, S. Sobre o narcisismo: uma introdução (1914). *In*: FREUD, S. *Obras completas*. Rio de Janeiro: Imago, 1996. v. XIV. p. 77-110.

GULLAR, F. Traduzir-se. Tudo é poema, 2017. Disponível em: https://www.tudoepoema.com.br/ferreira-gullar-traduzir-se/. Acesso em: jun. 2023.

KLEIN, M. *Inveja e gratidão e outros trabalhos*. Rio de Janeiro: Imago, 1985.

KLEIN, M. Notas sobre mecanismos esquizoides (1946). *In*: KLEIN, M. *Inveja e gratidão e outros trabalhos*. Rio de Janeiro: Imago, 1985. p. 179-196.

MENDONÇA, T. C. P. As oficinas na saúde mental: relato de uma experiência na internação. *Psicologia: Ciência e Profissão*, v. 25, n. 4, 2005, p. 626-635.

ORMEZZANO, G. Educar com Arteterapia: propostas e desafios. *In*: ZOGBI, H.; CAMARGO, V.; LENA, M. *Oficinas terapêuticas em um caps infantil*: arte, saúde e integração. Rio de Janeiro: Wark Editora, 2011. p. 179-196.

REIS, A. C. dos. Arteterapia: a arte como instrumento no trabalho do psicólogo. *Psicologia Ciência e Profissão*, Brasília, v. 34, n. 1, p. 142-157, 2014.

SEGAL, H. *Sonho, fantasia e arte*. Rio de Janeiro: Imago, 1993.

WANDERLEY, L. *O dragão pousou no espaço*: arte contemporânea, sofrimento psíquico e o objeto relacional de Lygia Clark. Rio de Janeiro: Rocco, 2002.

WINNICOTT, D. W. *O ambiente e os processos de maturação*. Porto Alegre: Artes Médicas, 1983.

WINNICOTT, D. W. *Natureza humana*. Rio de Janeiro: Imago, 1990.

# 14. Teoria do campo, terceiro analítico e a maternagem na clínica psicanalítica: a história de Alma

*Sharon Toledo*

## *Resumo*

A partir do atendimento em clínica de uma pré-adolescente, o trabalho aqui apresentado busca realizar uma reflexão sobre o diálogo entre a técnica da maternagem proposta por D. W. Winnicott e a clínica do campo de Madeleine e Willy Baranger. A partir da apresentação de partes de alguns dos encontros entre o par analítico, buscaremos ampliar o entendimento sobre o conceito do terceiro analítico, e como este pode auxiliar uma paciente que apresentava falhas importantes no desenvolvimento primitivo, encontrando no diálogo entre os autores dessas teorias espaço para suas novas significações expressadas não exclusivamente pela palavra narrada, mas também pela atuação no processo analítico.

## *Alma e corpo*

A paciente sobre quem escrevo e a quem chamarei de Alma, com o intuito de proteger sua identidade, é uma menina de 10 anos que chegara até o consultório depois que suas ideações suicidas foram descobertas pela família. Alma teve uma menarca precoce e por isso já apresentava um corpo mais desenvolvido para sua idade, tinha longos cabelos castanho-escuros, sempre desgrenhados, seu andar era curvado, parecendo carregar o peso do mundo em suas costas, e em nossos primeiros encontros a sua franja alongada tapava a maior parte do seu rosto.

Alma caminhava vagarosamente pelo corredor até o consultório, por onde diversas vezes precisei guiá-la, pois confundia-se entre as portas. Durante as primeiras sessões apresentava certo grau de paralisia, não mudando nem mesmo um centímetro de sua posição na poltrona. Quando falava o fazia muito baixo e de forma entrecortada.

Durante o processo terapêutico – que ainda se mantém –, as dificuldades no seu núcleo familiar tornaram-se evidentes. Criada pela mãe, com o auxílio dos avós maternos e distante do pai, Alma possuía dificuldades escolares, de socialização e um precário reconhecimento de si, negando-se a fazer não só as tarefas escolares como também a sua higiene pessoal. Além disso, Alma possuía um amigo imaginário que, segundo ela, encontrava-se atrás de seus olhos, vendo e ouvindo tudo o que acontecia.

Por meio das entrevistas iniciais com Alma e sua família, foram verificadas importantes falhas no "ambiente doméstico" (WINNICOTT, 1968/1990, p. 173). Winnicott nos fala sobre a importantíssima existência desse ambiente suficientemente bom para o desenvolvimento emocional que é anterior à latência, em que a criança poderá encontrar condições de experienciar e tolerar todos os seus instintos no desenrolar do seu desenvolvimento completo, a partir da capacidade de sobrevivência desse ambiente/lar.

Porém, a residência de Alma não se mostrava capaz de ser suficiente ou continente. Alma não possuía uma rotina saudável de alimentação, ficando sempre à espera de que alguém a alimentasse; a rotina de sono podia ser decidida por ela, que normalmente dormia próximo ao amanhecer, podendo também acordar na hora que lhe fosse mais aprazível.

Toda essa liberdade vivenciada por Alma desde os seus prematuros anos, emergia em nossos encontros por meio de um sentimento de profunda tristeza, de sentir-se à deriva e desamparada. Em suas associações, Alma nem mesmo conseguia definir sua residência – e note-se que uso a palavra residência, e não mesmo casa ou lar, posto que residência define morada habitual, lugar designado por autoridade, estada obrigatória por um tempo (RESIDÊNCIA, [*s. d.*]), pois ficava entre as duas casas da família, vizinhas no mesmo prédio –, sempre indicando ambas como "a casa da avó" ou "a casa da mãe". Casa – família, lar, membros da família, lugar destinado a encontros, conjuntos de pessoas cujos interesses estão expressos por ela – é algo que, por definição, Alma desconhece; casa como ambiente externo e interno.

Segundo Winnicott (1963/1983, p. 200-201), os distúrbios mentais não são doenças. São conciliações entre a maturidade do indivíduo e as relações sociais reais, tanto apoiadoras quanto retaliadoras. Para o autor, o ambiente, quando suficientemente bom, facilita o processo de maturação, mas para que isso aconteça é preciso que a mãe, ou uma pessoa com essa função, não tenha nenhuma outra preocupação e que esteja identificada com o bebê, de modo a sentir e satisfazer as necessidades deste, num processo natural.

Ainda segundo Winnicott, na mesma obra citada, dentro do ambiente facilitador, o bebê precisa atingir três pontos do desenvolvimento, os quais não são nada simples e determinam em grande parte a sua saúde ou seu sofrimento: atingir a integração entre as partes do self – cujo contrário é a desintegração, palavra empregada para definir a doença mental em Winnicott –, a personalização – a conquista de uma relação íntima entre psique e corpo – e o estabelecimento das relações de objeto.

E foram exatamente os alcances insuficientes desses três pontos que indicaram o caminho a ser seguido na psicoterapia: a maternagem. Uma das principais características dos atendimentos de Alma era sua necessidade de narrar detalhadamente o seu cotidiano desde a última vez em que tínhamos nos visto. Para Winnicott (1945/2000, p. 224), o sentimento de integração começa imediatamente ao início da vida e ser conhecido significa sentir-se integrado, ao menos na figura do analista. É disso que é feita a vida do bebê; ele precisa de alguém que lhe junte os pedaços, que o conheça em cada detalhe para que ele possa sentir-se integrado, vivendo dentro do próprio corpo, sentindo que seu mundo é real. Esses sentimentos Alma também desconhecia. Havia uma mistura entre os limites do que estava dentro e fora de si, da fantasia e da realidade. As frases "ninguém me conhece", "ninguém olha pra mim de verdade" foram ditas muitas vezes por ela.

Para Racamier (1956, p. 601), "a relação de maternagem nasce do encontro entre um paciente profundo e vitalmente ávido de ser passivamente satisfeito e um terapeuta apto a compreendê-lo e desejoso de ir a ele como uma mãe a um bebê abandonado". Segundo Laplanche e Pontalis (1998, p. 276), a maternagem conceitua-se como a "psicoterapia das psicoses, e particularmente da esquizofrenia, que procura estabelecer entre o terapeuta e o paciente, de um modo ao mesmo tempo simbólico e real, uma relação análoga à que existiria entre uma 'boa mãe' e seu filho".

Racamier (1956, p. 599) nos fala sobre o conceito de maternagem em um sentido amplo, o qual define "um conjunto de cuidados prodigalizados ao infans neste clima de ternura ativa, oblativa, atenta e constante que caracteriza o sentimento maternal", e que essa técnica seria antes de tudo reparadora através da compreensão das necessidades fundamentais do paciente.

Para Winnicott (1952/2000, p. 165), a compreensão dessas necessidades básicas ocorre no nascimento mútuo mãe-bebê – pois, segundo o autor, não veremos, exceto em casos de abandono, um bebê que não tenha junto dele alguém que realize o papel materno –, quando o simbólico e as palavras ainda não existem e presencia-se somente sensações corpóreas em que o instinto urgente da mãe precisa estar totalmente simbiótico com sua cria, para que ela possa ser capaz de atender satisfatoriamente as suas necessidades. Essa mãe devota, identificada e capaz de suprir as premências de seu bebê com urgência, catexizada por uma capacidade de sobrevivência, é o que Winnicott (1956/2000, p. 403) conceitualmente trata por *preocupação primária*. Para o autor, ela seria um estado necessário para o desenvolvimento rumo à maturidade psíquica do bebê no atingimento dos três pontos – integração, personalização e a relação dos objetos.

O autor se refere a esse momento simbiótico – como se o bebê fosse a mãe, e a mãe o seu próprio bebê – como uma quase doença (caso não existisse gravidez), podendo ser comparada a um estado de dissociação ou mesmo a uma perturbação do tipo esquizoide, em que um aspecto da personalidade assume o controle temporariamente. O autor nos aponta a necessidade de que a mãe seja psiquicamente saudável para que possa realizar esse processo e recuperar-se dele. Ou seja, a preocupação primária é entendida como um estado fundamental para que a mãe possa adaptar-se às urgências iniciais do bebê e identificar-se com ele. O atendimento mecânico de suas necessidades básicas, como trocar de fraldas e o alimentar, não é suficiente. É preciso antes de tudo que o bebê se sinta ligado àquele que dele cuida de forma afetuosa a partir do vínculo ativo realizado com a figura materna por meio do investimento, para que a visão de mundo desse bebê mantenha assim um sentimento de continuidade do ser (WINNICOTT, 1956/2000, p. 403).

Alma não obtinha em si esse sentimento de continuidade, ela era invadida pelas angústias de desintegração e descontinuidade, e no palco transferencial a carência latente do corpo da mãe era inequívoca. Segundo Winnicott (1945/2000, p. 224), a tendência ao alcance da integração é auxiliada por dois conjuntos de experiências, uma física e uma vivência simbólica.

O *holding* (*segurar*) pode ser traduzido, segundo Winnicott (1945/2000, p. 224), por meio da forma como o bebê é segurado, banhado e chamado pelo nome pela figura materna. Desde o início da linha da vida do bebê é preciso que esse segurar e sustentar seja constante e repetidamente refeito, tarefa que tende a contribuir para a maturação positiva do ego ainda frágil do bebê, alicerçando a sua capacidade de sentir-se real. Nesta fase em que o bebê se encontra em estado de dependência total, encontrar o vazio para suas projeções pode provocar um enfraquecimento do ego, pois este depara-se com as assustadoras sensações de desintegração.

Quanto ao *handling* (*manipular*), este caracteriza-se pela "experiência de entrar em contato físico com as diversas partes do corpo através das mãos cuidadosas da mãe" (COUTINHO, 1997, p. 101). Pois neste momento em que o bebê ainda não possui simbologia necessária para entender suas sensações, é papel da figura materna decifrar, por meio do tratamento, do cuidado e da manipulação, as suas necessidades, onde o corpo se torna soma, dando vida a uma parceria psicossomática (WINNICOTT, 1952/2000, p. 163-164).

A conquista dessa relação íntima entre psique e soma se dá, portanto, a partir desses pedaços da técnica do cuidar, onde os "rostos vistos e sons ouvidos e cheiros cheirados são gradualmente reunidos e transformados num único ser, que será chamado de mãe" (WINNICOTT, 1945/2000, p. 224).

Na situação transferencial com Alma fica claro seu estado psicótico de não integração e despersonalização e que ambos possuem um estágio muito primitivo no seu desenvolvimento. A exemplo disso, cito aqui o seu amigo imaginário, que não se trata de simples construção de sua fantasia. Segundo Winnicott (1945/2000, p. 225), essa criação mágica é facilmente usada como defesa, na medida em que por vezes a dor é tão insuportável que somente um outro eu pode dar conta das ansiedades associadas a incorporação, digestão, retenção e expulsão.

As sensações corporais básicas de Alma demonstravam-se sempre difusas. O reconhecimento de suas questões fisiológicas era um desafio para ela e, portanto, havia sempre um tempo reservado nas sessões para que essas necessidades fossem decifradas e traduzidas. Alma relatava insônia, mas sentia muito sono ao chegar ao consultório, e, após perceber-se sonolenta, chegara a pedir para dormir mais de uma vez em um divã que ela havia visto na sala ao lado, e suas cochiladas sob o olhar da terapeuta eram profundas, embora curtas, e sempre em posição fetal.

Além do sono, Alma também relatava sempre muita fome, a ponto de sentir fortes dores no estômago, mas esta era sempre facilmente aplacada por meia dúzia de bolachinhas doces oferecidas pela terapeuta. Por mais de uma vez, Alma verbalizou que esperava ansiosamente o próximo encontro para "comer as bolachinhas e depois sentir o sono chegar", o que nos remete à questão somática citada anteriormente.

Os encontros com Alma exacerbaram os limites das paredes do consultório. Eles foram preenchidos com sua família, deixando em segundo plano os limites rígidos de cada sessão, priorizando o ritmo necessário e desejante que se colocava naquele *entre*. Foram do tapete repleto de brinquedos para a mudança de sala a pedido dela, diminuíram a distância entre as poltronas, invadiram a cozinha quando ela precisava ser alimentada, o banheiro para encontrar uma escova que penteasse seus cabelos sempre desgrenhados e para o colo da terapeuta nos dias em que ela chorava.

Na teoria do campo (BARANGER; BARANGER, 1961), o recordar a partir do que se atua supõe, mais do que a soma das partes entre analista e analisando, um encontro de ambos, numa fantasia inconsciente bipessoal. Nesses privilegiados encontros – que constituem o campo analítico por excelência – onde as palavras não são suficientes, o método se torna processo analítico, dado que a atenção flutuante, principal ferramenta do terapeuta, focaliza os intercâmbios não verbais que ocorrem entre o par (BARANGER; BARANGER, 1961, p. 14-24).

É neste tentar ouvir – o inconsciente, que não pode ser dito por palavras – que o terapeuta procura por algo diferente daquilo que está sendo manifestado. Segundo a teoria do campo (BARANGER; BARANGER, 1961, p. 26), a arte do analista consiste em encontrar o ponto de urgência interpretável no material fornecido pelo analisando. No caso de Alma, esse ponto emergiu por meio de comunicações somáticas, por fantasias corporais como as questões sobre o sono, a fome, e os desejos de aproximação com a terapeuta e que configuraram uma linguagem específica entre a dupla.

"O par analítico é um trio" (BARANGER; BARANGER, 1961, p. 8). O conceito de fantasia bipessoal trouxe consigo outra concepção, a do terceiro analítico, o qual se tornou uma importante faceta da psicanálise atual e que versa fortemente sobre uma conceituação analítica da natureza da inter-relação entre a subjetividade e a intersubjetividade dentro do setting. A concepção de sujeito analítico de Klein e Winnicott conduziu a psicanálise contemporânea para um lugar onde não se pode falar em analista e analisando como sujeitos separados. Ou seja, a ideia de que o analista seja uma tábula rasa, livre para as projeções do paciente, vem perdendo espaço em algumas correntes a respeito do processo analítico (OGDEN, 1996, p. 59).

Segundo Ogden (1996), a natureza dialética da intersubjetividade analítica na teoria do campo dialoga diretamente com as concepções de Winnicott sobre o par mãe-bebê. Tal como o bebê não existe sem uma mãe, é possível inferir também, segundo o autor na mesma obra, que um analisando também não existe fora do contexto analítico, pois ambos os pares existem como entidades físicas e psicológicas separadas, e coexistem na tensão dinâmica de cada díade. Ou seja, funcionam completamente diferentes ao estarem juntos, "a intersubjetividade e a subjetividade individual criam, negam e preservam uma à outra" (OGDEN, 1996, p. 59).

Assim, a relação entre analista e analisando não se coloca para "desembaraçar os elementos constitutivos da relação", mas, pelo contrário, a tarefa analítica envolve o encontro, por meio do que é "experienciado na inter-relação da subjetividade individual e da intersubjetividade" (OGDEN, 1996, p. 60). O terceiro analítico seria, portanto, como o "produto de uma dialética única produzida por entre as subjetividades separadas do analista e do analisando dentro do setting analítico" (p. 60).

Alma falava muito pouco sobre o que sentia, mas manifestava claramente o desejo de que a terapeuta se aproximasse. A própria terapeuta foi tomada pela vontade de aproximar-se de Alma, tendo assim diminuído a distância entre as poltronas. Em outros momentos sentiu-se impelida a tocar-lhe a face a fim de enxergar o seu rosto, pois Alma escondia-se atrás da longa franja. Em outros, colocou-a recostada em seu colo após as brincadeiras no tapete, pois Alma percebeu-se cansada demais para manter os olhos abertos.

O tocar-lhe a face, retirando de seu rosto a franja que o cobria, tornou-se, como nos aponta Ogden (1996, p. 86), um "objeto analítico – portador de sentidos analíticos intersubjetivamente produzidos". A vontade de ser tocada e realmente olhada e a vontade de tocá-la e realmente vê-la uniu ambas as fantasias inconscientes e as ilusões somáticas compartilhadas nesse momento, refletiram as importantes falhas no alcance da maturidade no desenrolar do desenvolvimento emocional de Alma.

"Quando olho, sou visto, logo existo" (WINNICOTT, 1967/1971, p. 112-113). Tal momento compartilhado, onde a terapeuta verbalizou – ao retirar-lhe a franja dos olhos – "deixa-me te ver bem, não consigo com estes cabelos", foi capaz de abrir um novo caminho na relação terapêutica, muito mais profundo, a partir de um vínculo muito particular experienciado pela díade. Nas sessões seguintes, Alma apareceu aos encontros com o rosto à mostra e essa atitude foi colocada no setting, o que permitiu pela primeira vez que Alma falasse sobre a dor que a invadia sobre não se sentir vista verdadeiramente.

Durante as passagens mencionadas sobre os encontros com Alma, é possível observar que o terceiro analítico foi vivenciado e interpretado pela dupla essencialmente por meio de ilusões somáticas, por fantasias e sensações relacionadas ao corpo. Esse produto, manifestado principalmente por meio de sensações-fantasias corporais, dependeu fundamentalmente da capacidade de reconhecimento e tradução por parte da terapeuta, já que Alma obtinha um precaríssimo reconhecimento de si.

Além disso, é possível visualizarmos o que a dinâmica transferencial do campo tem por hipótese central: a de que a regressão na análise dá origem ao novo. Sendo este novo, por um lado, um produto criado pela dupla analista-analisando e, por outro, onde o próprio produto influencia na criação da dupla analítica. O terceiro analítico é então experienciado de forma assimétrica, pois é produzido no setting analítico e definido pelos papéis vivenciados por analista e analisando. Por consequência, nenhuma experiência é idêntica, levando em consideração as particularidades de cada par (OGDEN, 1996, p. 90).

Dentro dessa dinâmica transferencial criada pelo terceiro analítico, é necessário que o analista compreenda não só a projeção das fantasias do paciente, mas também os processos que possam surgir entre o par (BARANGER; BARANGER, 1961). O conceito do terceiro analítico viabiliza uma estrutura entre o que se compreende por transferência e contratransferência e o que ampara o analista em seus esforços para acompanhar a abundância de fatos clínicos com que se depara, sejam eles objetos analíticos manifestados corporalmente, verbalmente ou apenas divagados em suas próprias mentes (OGDEN, 1996, p. 91).

Mas, para que a análise não esbarre nas limitações do próprio analista, é preciso observar constantemente as resistências do par, as quais podem se tornar um vínculo crônico, dando origem à formulação de um baluarte do campo analítico. O baluarte pode ser entendido, segundo Baranger e Baranger (1961, p. 24-35), como uma neoformação estabelecida em torno de um conjunto de fantasias compartilhadas, que sugere pontos importantes da história de cada um e atribui um papel imaginário estereotipado a cada um.

Na relação analítica estabelecida entre Alma e a terapeuta, fica evidente o vínculo maternal que se coloca entre o par. Porém, é preciso afirmar que, ainda que ela fosse permeada por muitos afetos, não tratou de pré-fabricar uma relação entre mãe e filha em toda a sua forma. Mas, por meio do encontro dramático entre o par analítico, possibilitou-se o acesso aos seus conteúdos mais primitivos, auxiliando Alma na tradução do que não pode ser simbolizado anteriormente.

## *Considerações finais*

> *Minha visão é de que a ação terapêutica da psicanálise reside na experiência única de ser escutado e compreendido pelo outro de uma forma NOVA, naquilo que foi descrito como CAMPO ANALITICO, que leva o paciente a adquirir uma nova compreensão de si mesmo, reduzindo seu sofrimento e o tornando mais livre para desfrutar de suas próprias capacidades. [...] Para ser entendido de uma nova e mais completa forma do que qualquer outra experiência anterior proporcionou.*
>
> Eizirik *apud* Ferro; Basile, 2013, p. 45

Olhar para esse histórico não deixa nenhuma dúvida de que a técnica utilizada nos encontros com Alma foi a mais acertada. A maternagem de Winnicott permitiu o acesso e ativação, por meio do *role playing* (WINNICOTT, 1971) entre terapeuta e paciente dos acontecimentos inscritos na memória de Alma.

Esse *role playing*, segundo o autor, só é permitido pelo encontro de ambos, no qual o analista é convidado a desempenhar um papel no cenário analítico. O *entre* que surge nesse encontro pode então ser muito bem definido pelo terceiro analítico, a partir da dinâmica transferencial da clínica do campo.

Freud (1914/1980, p. 196), em seu artigo "Recordar, repetir e elaborar", afirma que o paciente não lembra nada, mas o atua, não o reproduzindo como lembrança, mas como ação, pois as vivências mais arcaicas do paciente, aquelas experienciadas antes que a linguagem verbal fosse aprendida, só podem ser recordadas e expressadas por meio da atuação dramatizada no espaço do real.

E foi dessa forma que se estabeleceu o processo terapêutico de Alma, entre suas associações livres e suas atuações dramáticas, representadas no aqui e agora, embaladas pelas fantasias bipessoais dos estados emocionais inconscientes de um passado não recordável por meio da transferência e de seu par indivisível, a contratransferência.

A capacidade de dramatização entre Alma e a terapeuta, neste caso, precisou transpor a mera figuração verbal e encontrar uma comunicação suficientemente boa nas expressões de linguagem de toda forma, para que se pudesse auxiliá-la na dramatização de uma realidade conhecida até então somente a partir do corpo. Em outras palavras, podemos dizer que os símbolos verbais e não verbais ganharam vida como terceiro analítico no setting terapêutico e foram capazes de transformar o vínculo entre o par, possibilitando o iniciar da reorganização emocional de Alma.

A dramatização da transferência não pode ser um monólogo, mas sempre um diálogo com um outro que representa um papel complementar (RACKER, 1948/1973 *apud* Sapisochin, 2016). Tal diálogo dentro do aspecto temporal do campo, que não é linear, quer dizer que o analisar significa reorientar a existência, em que o analista não pode ser espelho da relação anterior, na medida em que espelho não interpreta, apenas reflete (BARANGER; BARANGER, 1961, p. 18).

Esse vínculo, tão importante, pode facilmente ser obstruído mentalmente, impedindo o acesso ao imprevisto, a surpresa, o que é exatamente o que buscamos na emergência do inconsciente. Entretanto, o medo dessa emergência por questões pessoais, para que o viver analítico seja realmente um encontro, pode ser serenado por meio do tripé: tratamento pessoal, supervisão e teoria.

Ao fim de tudo, portanto, para que esse processo que se coloca de forma tão profunda e intensa realmente funcione, é preciso que o analista faça um exame permanente da sua personalidade por meio do seu tratamento pessoal, pois ele será, mais do que nunca, a ferramenta terapêutica deste *entre*. Pois, como nos disse Freud (1910/1996, p. 150), "nenhum psicanalista avança além do quanto permitem seus próprios complexos e resistências internas", ou seja, a análise de nossos pacientes só poderá ir tão longe quanto foi a nossa, sendo os elementos narcisistas do analista, segundo Rosenfeld (1987/1989, p. 139), o maior potencial de prejuízo na neutralidade analítica.

## *Referências*


FERRO, A.; BASILE, R. *O campo analítico*: um conceito clínico. Porto Alegre: Artmed, 2013.

BARANGER, M.; BARANGER, W. La situación analítica como campo dinámico. *Revista Uruguaya de Psicoanálisis*, Montevideo, p. 3-54, 1961.

COUTINHO, F. *O ambiente facilitador*: a mãe suficientemente boa. Rio de Janeiro: NAU, 1997.

RESIDÊNCIA. *Dicionário Michaelis*. [*s. d.*]. Disponível em: https://michaelis.uol.com.br/moderno-portugues/busca/portugues-brasileiro/resid%C3%AAncia/. Acesso em: 1 jul. 2020.

FREUD, S. (1910). As perspectivas futuras da terapêutica psicanalítica. *In*: FREUD, S. *Edição standard brasileira das obras psicológicas completas de Sigmund Freud*. Rio de Janeiro: Imago, 1996. v. 11. p. 143-156.

FREUD, S. (1914). Recordar, repetir e elaborar. *In*: FREUD, S. *Edição standard brasileira das obras psicológicas completas de Sigmund Freud*. Rio de Janeiro: Imago, 1980. v. 12. p. 191-203.

LAPLANCHE, J.; PONTALIS, J.-B. *Vocabulário de psicanálise*. 3. ed. São Paulo: 1998.

OGDEN, T. *Os sujeitos da psicanálise*. São Paulo: Casa do Psicólogo, 1996.

RACAMIER. P. C. *La psychanalyse d'aujourd'hui*. Paris: PUF, 1956.

RACKER, H. (1948). *Estudios sobre técnica psicoanalítica*. Buenos Aires: Editora Paidós, 1973.

ROSENFELD, H. *Impasse e interpretação*. Rio de Janeiro: Imago, 1987/1989.

SAPISOCHIN, G. Dialogando com D. W. Winnicott. Reflexões sobre a escuta do enactment. *Revista de Psicanálise da SPPA*, [S. l.], v. 23, n. 2, p. 231, 2016. DOI: 10.5281/sppa revista.v23i2.239. Disponível em: https://revista.sppa.org.br/RPdaSPPA/article/view/239. Acesso em: 31 jul. 2023.

WINNICOTT, D. W. (1945). Desenvolvimento emocional primitivo. *In*: WINNICOTT, D. W. *Da pediatria à psicanálise*: obras escolhidas. Rio de Janeiro: Imago, 2000. p. 218-232.

WINNICOTT, D. W. (1952). Ansiedade associada à insegurança. *In*: WINNICOTT, D. W. *Da pediatria à psicanálise*: obras escolhidas. Rio de Janeiro: Imago, 2000. p. 163-167.

WINNICOTT, D. W. (1956). A preocupação materna primária. *In*: WINNICOTT, D. W. *Da pediatria à psicanálise*: obras escolhidas. Rio de Janeiro: Imago, 2000. p. 399-405.

WINNICOTT, D. W. (1963). Os doentes mentais na prática clínica. *In*: WINNICOTT, D. W. *O ambiente e os processos de maturação*: estudos sobre a teoria do desenvolvimento emocional. Porto Alegre: Artmed, 1983. p. 196-206.

WINNICOTT, D. W. (1967). Mirror-role of mother and family in child development. *In*: WINNICOTT, D. W. *Playing and reality*. London: Tavistock, 1971. p. 111-118.

WINNICOTT, D. W. (1968). O ambiente. *In*: WINNICOTT, D. W. *Natureza humana*. Rio de Janeiro: Imago, 1990. p. 173-180.

WINNICOTT, D. W. *Playing and reality*. London: Tavistock, 1971.

WINNICOTT, D. W. *Os bebês e suas mães*. São Paulo: Martins Fontes, 1999.

WINNICOTT, D. W. *Da pediatria à psicanálise*: obras escolhidas. Rio de Janeiro: Imago, 2000.

# 15. Inveja e solidão na pós-modernidade: o uso das redes sociais nas perspectivas de Melanie Klein e Zygmunt Bauman

*Maria Izabel de Freitas*

> *Hoje andei como louca, quis gritar com a solidão,*
> *Expulsar de mim essa Nossa Senhora ciumenta.*
> *Madona sedenta de versos. Mas tive medo.*
> *Medo de que ao sair levasse a imensidão onde me deito.*
>
> Viviane Mosé, "Prosa patética"

Este trabalho trata de um estudo teórico a respeito de como os sentimentos de inveja e solidão se articulam com a pós-modernidade e com as redes sociais. O tema será fundamentado por bases teóricas do pensamento da psicanalista Melanie Klein e do filósofo e sociólogo Zygmunt Bauman. O pensamento kleiniano aborda os conceitos de inveja e de solidão como emoções existentes no mundo interno de cada ser humano desde o momento do nascimento. Do ponto de vista de Melanie Klein, embora esses afetos estejam enraizados nas profundezas do inconsciente de todos os indivíduos, é nas relações de objeto cotidianas que a inveja e a solidão ganham um destino para se manifestarem. Para fazer uma interlocução com Klein nos tempos atuais, será trazida a ideia de

Bauman a respeito de uma pós-modernidade líquida e descartável, a qual parece estar alcançando e convocando essas expressões emocionais primitivas por meio das redes sociais virtuais.

## *Introdução*

A presente produção tem como meta realizar uma discussão teórica sobre os sentimentos de inveja e solidão, emoções estas que se desenham na tenra infância, percorrendo a vida adulta diante do encontro de novos objetos (KLEIN, 1957/1985). Em consonância com esses encontros, o tema defenderá a hipótese de que, nos tempos pós-modernos, esses sentimentos parecem estar dando lugar para a manifestação de descargas emocionais quando expostos às redes virtuais.

O universo virtual oferece um mundo de recursos e funções em que é possível ter acesso a infinitos interesses por meio de apenas um clique. Essa acessibilidade autoriza até mesmo que a privacidade de todos os indivíduos seja descortinada pelo acesso a uma página pessoal, mais conhecida hoje como Facebook, Twitter, Instagram e WhatsApp. E esses mecanismos não param de se multiplicar, em consequência da necessidade dos seres humanos de estarem a todo momento reinventando vias que contornem as direções que encaminhariam os seres humanos a se defrontarem com frustrações e faltas.

Não há dúvidas de que os usos de redes sociais virtuais também servem para o aperfeiçoamento das maneiras de se comunicar dentro de uma sociedade pós-moderna, a qual é pautada por características como as de precipitação e improvisação. No entanto, enquanto alguns fazem uso dos artefatos virtuais por conta de suas potencialidades, existe também outro público que os utiliza para reviver o seu infantil, deslocando as suas ameaças internas para projetores móveis, essencialmente para buscar alternativas que sanem equívocos internos que ficaram para trás no tempo primitivo, mas que ainda causam perturbação por estarem carregadas de sentimentos de ódio, desamparo e de uma insatisfação que parece eterna.

Desse modo, para fundamentar essas impressões sobre o desempenho das relações pós-modernas na era digital, durante os dois primeiros momentos deste trabalho será realizada uma análise de obras clássicas da autora Melanie Klein, as quais foram intituladas por ela de "Inveja e gratidão" (1957) e de "Sobre o sentimento de solidão" (1971), contando também com breves passagens de outros textos da psicanalista, os quais englobam definições importantes para a construção das obras escolhidas.

Após esse momento, em uma terceira seção será realizada uma análise por meio do pensamento contemporâneo de Bauman, especialmente do livro *Modernidade e ambivalência* (1991), bem como de suas *44 cartas do mundo líquido moderno* (2010). Por fim, sustentada por esses grandes escritores, a última seção fará uma discussão entre as reflexões teóricas e o uso das redes sociais virtuais, pautando reflexões que justifiquem as funções existentes dentro dessa sedução do ser humano para com o território cibernético.

## *Sobre o conceito de inveja em Melanie Klein*

Em sua obra "Inveja e gratidão" (1957), a psicanalista austríaca Melanie Klein seguiu amadurecendo as suas ideias a respeito das angústias primitivas dos bebês, as quais lhe chamaram a atenção no seu trabalho com a análise de crianças pequenas. O sentimento de inveja, o qual é a inspiração para o presente capítulo, está entre os principais investimentos teóricos da autora. De acordo com Klein, esse sentimento surge já nos primeiros meses de vida do bebê, podendo repercutir em sua vida adulta em particulares níveis de intensidade. Segundo a teoria kleiniana, os anos esquecidos não estão livres de serem rememorados por meio do encontro com novos objetos (KLEIN, 1957/1985).

Por via dos princípios da autora, as compreensões sobre a situação emocional dos bebês se fundamentam dentro dos acontecimentos que surgem entre o bebê e a mãe nas posições esquizoparanoide e depressiva. Ainda que Klein tenha extraído parte de suas conclusões dos embasamentos de Freud, a criação de uma topografia pautada no conceito de posição a singulariza das demais teorias, pois permite que o ser humano transite por esses dois estados frequentemente. Logo, a inveja primária passa a ser um sentimento nada atípico dentro das relações afetivas, independentemente do tempo cronológico dos indivíduos. Para Klein (1957/1985), nas crianças e nos adultos, há sempre um bebê interno disposto a despertar e a convidar uma mãe boa ou má para reaparecer.

Embora exista essa condição de transitar entre as duas situações psíquicas, alguns sentimentos são naturais de determinada posição. Sendo assim, do ponto de vista de Klein (1957/1985), a inveja se associa à posição esquizoparanoide, por ser a expressão inicial do bebê ao buscar por uma mãe que ofereça o seio e satisfaça suas necessidades de alimentação. O encontro com o seio faz com que o bebê fertilize fantasias no seu mundo interno; a autora nomeia essas primeiras concepções como fantasias arcaicas, visto que elas são legítimas da vida mental primitiva.

Ao longo de sua obra, a autora amadurece as suas compreensões sobre a representação de mundo externo para o bebê, conceituando os encontros com o seio e a habilidade de buscá-lo simbolicamente em outros objetos como relação de objeto. Klein sustenta que as heranças psíquicas constituídas no mundo interno do recém-nascido dependem diretamente da qualidade da relação que ele estabeleceu com a mãe. Vínculo este em que é esperada a construção de um elo de confiança para que o indivíduo realize um desenvolvimento emocional consideravelmente saudável, e, por sua vez, integrado em uma futura condição psíquica (KLEIN, 1957/1985).

No momento em que o bebê sente fome, frio ou qualquer outro tipo de dor física, ele se depara com a sensação de estar desprotegido, levando-o a uma situação de ansiedade. Essa ânsia faz com que ele invista sua força para buscar uma interação com o primeiro objeto de amor, a mãe. Para o bebê, a mãe é o único objeto que pode satisfazer os seus desejos, por isso a sensação de gratificação oportunizada por ela se torna simbólica de sentimentos de segurança. Esse sentimento repercutirá também em como o bebê se sentirá em relação a si mesmo, por afastar a ideia de infelicidade, construída na presença de perturbações paranoides (KLEIN, 1937/1996).

Conforme já mencionado, Klein (1971/1975) acrescenta ter recebido fortes influências dos primórdios da psicanálise para as conclusões sobre o seu conceito de inveja, essencialmente no que tange à temática do complexo de édipo freudiano. Nessa conflitiva, a criança começa a reconhecer os limites oriundos do princípio da realidade. E, por conta disso, percebe-se em desvantagem quando comparada com o lugar do seu objeto rival diante da tentativa de tomar o seu objeto de amor totalmente para si, sendo ocupada pelo sentimento de ódio, emoção essencial para compreender a dinâmica da inveja.

Klein (1957/1985) conduziu parte desse ponto de vista teórico para os primeiros meses de vida do bebê, compreendendo o seio como o primeiro objeto que enfrenta os ataques de ódio. Segundo a autora, a justificativa para essa reação do bebê na interação com o seio é o fato de ele ser portador dos elementos que nutrem e acalentam as ansiedades persecutórias e de aniquilamento sentidas com maior intensidade na posição esquizoparanoide. Essas propriedades do seio, quando percebidas pelo recém-nascido como patrimônios exclusivos da mãe, configuram uma percepção idealizada do bebê para com o objeto.

Na posição esquizoparanoide os sentimentos de ódio e agressividade surgem quando o bebê sente que o objeto provedor de amor não parece estar disposto a gratificá-lo, ocasionando então a percepção de que ele não é alguém digno de atenção. A decepção de não receber a satisfação desejada automaticamente degrada a percepção do bebê de que existe um objeto bom, e a situação se inverte, modelando o objeto que se afastou para mau (KLEIN, 1937/1996).

Para Klein (1957/1985), a idealização arquitetada por meio do sentimento de inveja parte do pressuposto de que, ao experimentar a ansiedade persecutória, o bebê começa a "desejar" reestabelecer sua ligação com o seio bom. Mas esse desejo ainda não pode ser compreendido como uma tentativa madura de se reconciliar com o seio, como aconteceria no processo de busca por integração da posição depressiva. Aqui o bebê ainda está realizando tentativas de expelir os seus impulsos destrutivos para tentar eliminar o que em seu mundo interno é compreendido como mau. Klein compreende que o bebê realiza esses ataques por meio do mecanismo de projeção, para buscar escapar do medo de ser esquecido, esvaziado de afetos bons, e principalmente de ser atacado (retaliado); por esta razão, inveja o objeto que possui as qualidades que ele compreende estar impedido de possuir.

Essa perturbação tem descendência da pulsão de morte inata do bebê, e é também caracterizada por levá-lo a se esforçar por procurar caminhos que o direcionem novamente ao estado de dependência, vivenciado quando habitava o útero materno. Na hipótese de Klein (1957/1985), no estado pré-natal ainda inexiste o primeiro corte físico e emocional entre a dupla mãe-bebê. Essa ruptura corporal é caracterizada por inaugurar a separação e a perda parcial do objeto que promovia substâncias necessárias para a sobrevivência do bebê de forma espontânea, sem que ele precisasse se expor ao trauma do desamparo a que é apresentado no momento do nascimento.

Klein (1957/1985) explica que é diante da experimentação desse rompimento que o bebê começaria a se deparar com o sentimento de frustração. Para a psicanalista, é diante desse desencantamento que se origina no mundo interno a percepção de que o seio da mãe não se encontrará presente em tempo integral. O bebê então começa a suspeitar a consumação de afastamentos inusitados do objeto, e então há um estranhamento, pois isso não era habitual em seu vilarejo primordial, o corpo da mãe.

Conforme o pensamento de Klein (1957/1985), é dentro desse tempo e espaço existente entre o bebê e o seio que o ódio passa a fluir com maior força a serviço de tentar alcançar a sua parte boa, a qual nesse instante está direcionada para fora. Caso ocorram dificuldades para conseguir cativar o objeto, o bebê irá repetir as tentativas de destruir o seio em sua fantasia. E, além disso, dependendo do grau de desilusão e falta de reciprocidade materna, o bebê pode até mesmo perder o interesse por abrigar experiências boas dentro de si. Sobre o sentimento de ódio, Klein (1937/1996) completa ainda as suas observações pautando que ele pode dar disposição a estados de sufocamento, falta de ar, bem como outras situações que causam destruição ao corpo.

O objeto completo, idealizado e "perfeito", continuará sendo uma parte distante, a qual não pode pertencer a ele. Então o bebê poderá se sentir ocupando um lugar de inferioridade, vazio das qualidades de que apenas o objeto, então invejado, dispõe. Dentro dessa comparação o desejo por esvaziar o seio ganha ainda mais intensidade. E, embora essas emoções tenham um forte colorido de destruição, invejar se torna a única maneira de o bebê conseguir evitar que a morte se concretize. Isso quer dizer que o bebê faz uso da inveja como uma defesa, e diante dessas circunstâncias do desenvolvimento emocional primitivo pode estar expressando tentativas de renunciar à presença do seu vazio interno já existente e predominante no ego (KLEIN, 1957/1985).

A autora complementa ainda que a busca incessante do bebê por esta mãe sublime não é meramente motivada pela necessidade de gratificação libidinal em nível orgânico, mas pelo anseio de encontrar alguém que o contenha com amor e compreensão, apontando que as manifestações de desejo do bebê para ser abrigado pelo objeto retratam o seu esforço para construir e introjetar dentro de si a noção de fidelidade, a qual poderá se desenvolver somente em um encontro íntimo e afetuoso com a mãe. Klein (1957/1985) condensa essas palavras por meio do termo intitulado de constância objetal; para ela, essa percepção é adquirida quando o bebê começa a não mais reconhecer a ausência da mãe como um ataque contra ele. Essa estabilidade só pode ser desfrutada como fonte de prazer quando a fantasia persecutória é elaborada, e, por sua vez, não mais sentida como um objeto mau, "egoísta" e "ladrão" de suas qualidades boas, conforme acontece na inveja destrutiva.

Klein (1957/1985) percebeu que na inveja destrutiva, mesmo que o bebê tenha realizado experiências de gratificação no encontro com o seio, não se pode evitar que ele seja submetido a padecer sobre o que se espera. Isso significa que, ao experimentar a desilusão de não ser incessantemente assistido pela mãe, o bebê tende a reconhecer o objeto somente por aspectos negativos. A autora coloca que esse sentimento, quando suplementado dentro do bebê, o direciona a fazer uso dos seus impulsos destrutivos para sabotar os investimentos afetuosos da mãe.

Nesse caso, na presença do fornecimento das necessidades básicas, como a alimentação, carinho e amor, o bebê não mais os reconheceria como fontes de prazer, repercutindo em degradações nesse vínculo primitivo. Dentro dessa decomposição afetiva, o objeto bom se transformaria em objeto perseguidor, causando deficiências nos caminhos psíquicos que autorizam o bebê a desfrutar da integração e do sentimento de gratidão. A ausência desses potenciais internos desautoriza o bebê a desenvolver e a regozijar da capacidade de ser criativo, bem como de ser generoso e de reconhecer o interesse externo diante de suas produções. Como resultado dessa degradação afetiva, a autora cita a constante necessidade de ser reconhecido e aprovado para poder conseguir assimilar os valores da sua existência (KLEIN, 1957/1985).

Secundária à inveja e, ao mesmo tempo, agindo em conexão com ela, sobretudo em um nível elevado de ódio, a autora descreve o conceito de voracidade, o qual se diferencia da inveja por estar ligado à introjeção. Isso significa que a voracidade entra em cena não para destruir o objeto com a projeção impetuosa de excrementos maus, mas principalmente para esvaziar o objeto pela via da introjeção e furtar as qualidades que lhe faltam e que, nitidamente, são profundamente invejadas (KLEIN, 1957/1985).

Para finalizar, convoco o que Klein (1957/1985) resgatou como possibilidade de saída para resgatar o bebê das corrosões emocionais construídas e citadas anteriormente dentro do viés mortífero da inveja: a possibilidade de reparação e a gratidão. Conforme menciona o próprio título do livro, o sentimento de gratidão é antagônico à inveja, por desafogar o bebê de um mundo interno congestionado por sentimentos de desprazer.

A gratidão estaria então ligada à proximidade do bebê com uma mãe que o abasteça de sensações boas, fortes o suficiente para não serem golpeadas por inusitadas falhas do objeto. Isso não significa que o bebê tenha superado a inveja por completo, mas que terá condições para contrabalançar os seus impulsos destrutivos e para conseguir se beneficiar com o que de bom ainda existe. A habilidade de contrabalancear o amor e o ódio é uma característica da reparação, visto que, se o bebê introjetou as bases para desempenhar um relacionamento feliz com o objeto, terá condições de fazer sacrifícios pela pessoa amada mesmo que ela o desaponte (KLEIN, 1937/1996).

Sendo assim, a gratidão estaria ligada ao fato de o bebê conseguir identificar que a pessoa odiada também é a pessoa amada, e recriar a fantasia ruim para preservar a relação satisfatória, sem deixar o objeto totalmente aliado à representação de ressentimento. Na opinião de Klein (1937/1996), tanto a capacidade de reparar como também a de ser grato e compreensivo com as pessoas são as competências fundamentais para todas as relações humanas, individualmente ou com os seus objetos de identificação.

## *O sentimento de solidão para Melanie Klein*

A seção anterior envolveu uma retomada sobre o conceito de inveja na obra "Inveja e gratidão" de Klein (1957/1985). Nesse texto, a autora se dedicou a explicar suas compreensões a respeito dos destinos psíquicos dos bebês no aumento das ansiedades persecutórias, como também da importância da elaboração dessas depreciações fomentadas da relação com o seio. Presentemente, será abrangido o que anos mais tarde, no texto "Sobre o sentimento de solidão" (1971), a autora ampliou de suas interpretações já prescritas em 1957. Klein agora desenvolve um pensamento sobre a dinâmica que levaria o bebê a se sentir solitário mesmo na presença de objetos externos e em novas tentativas de assistência para com as suas necessidades. Também realiza conexões do sentimento de inveja com a solidão, ressaltando que o bebê faria uso da primeira como escudo contra a possibilidade de se despedaçar internamente.

De acordo com Klein (1971/1975), a solidão brota de uma necessidade do bebê de retornar a um estado perfeito, em que o ego se sente prestigiado ao alucinar em sua fantasia onipotente que pode controlar o objeto. O bebê supõe que o objeto que o satisfaz pertence somente a ele, e que em tempo integral irá substanciá-lo sem que ele precise sofrer temporariamente com as suas emergências internas. O grande drama vivenciado pelo bebê ao perceber a separação entre o eu e o objeto é o de precisar entender que o objeto não é alguém para ele se fusionar eternamente. A ruptura dessa fantasia de plenitude instaura em seu mundo interno a sensação de ter sido abandonado, e esse sentimento incrementa as suas fantasias persecutórias, levando o ego a fazer uso de mecanismos que dividem o objeto em bom e mau.

Diferente da inveja, que é primária, o sentimento de solidão é secundário, e isso significa que o bebê só se sente solitário porque já experimentou o sentimento de prazer de ser saciado em seus momentos de lamentação. Diante da frustração de perceber que o objeto não é um mordomo que administra as suas demandas sem interrupções, o bebê presencia os primeiros indicativos de que é um ser humano de individualidade, deduzindo-se como solitário. A solidão começa a apresentar ao bebê sua dependência com o objeto; em consequência disso, o apego com aquele que o desilude se potencializa e ao mesmo tempo fomenta a perseguição. A proporção de felicidade que esse bebê representou dentro dele perante novos investimentos já não é a mesma, e ele começa a carecer do prazer recebido anteriormente. Mediante a percepção de novos reencontros com a sensação de desprazer, o bebê passaria a sentir como mau o objeto que o atendeu primordialmente, e esse sentimento receoso o levaria a se defender do objeto utilizando de sua agressividade inata (KLEIN, 1971/1975).

O que leva o bebê a fazer uso de projeções agressivas é a sua sensação de estar em perigo. Ao direcionar ataques sádicos ao objeto mau, o bebê passa a acreditar que está se protegendo das ameaças externas e preservando a sua vida em fantasia. Contudo, a agressividade pode passar por mudanças positivas, pois, na medida em que a projeção é acolhida e moldurada com um sentido de cuidado, ela pode ser introjetada em forma de pulsão de vida. O bebê precisa desenvolver essa capacidade para suavizar a necessidade de repetir o ataque agressivo que utiliza para se defender de introjeções penosas, e é apenas assim que conseguirá se livrar relativamente da solidão (KLEIN, 1971/1975).

Melanie Klein (1971/1975) intitulou essa dinâmica da vida neonatal de posição esquizoparanoide, concluindo que ela percorre até os três meses de vida do indivíduo. Enfatizou que inevitavelmente a ansiedade persecutória é experimentada nessa etapa de maneira relativamente forte, podendo alcançar grandes níveis de intensidade. As elevações desses níveis dependem de alguns fatores, entre eles a qualidade da projeção e da introjeção que é investida e "traduzida" dentro da relação com o objeto recipiente.

A necessidade de transformar a agressividade projetada em afetos de qualidade para o ego do bebê tem o sentido de construir uma base de estabilidade a ele, e essa medida de preservação auxilia o bebê a conter e a superar parte de suas perturbações da posição esquizoparanoide. A respeito desse movimento procedente da díade mãe-bebê, é relevante considerar não só como o seio investe a pulsão no bebê, mas também o quanto o bebê se disponibiliza a recebê-la, visto que existem situações em que o bebê por si só não consegue se colocar à disposição de receber os investimentos bons do objeto. É como se para ele fosse muito duro receber amor, resultando no predomínio de ações desviantes que fortalecem as ansiedades persecutórias, como acontece nas esquizofrenias (KLEIN, 1971/1975).

Para a autora, a perturbação na relação inconsciente do bebê com o objeto é um dos principais fatores que irá designar a qualidade da projeção que se fará de recurso para a defesa contra a solidão. Se o objeto é sentido como bom, a tendência é que o bebê não se sinta em perigo e não precise projetar como uma tentativa de esforço para destruir aquele que é sentido como agressor. A cada inscrição boa inaugurada dentro dele, menos ele precisará aliviar as suas ansiedades por meio do ato de expelir os seus impulsos destrutivos e invejosos. O bebê precisa sentir que não existe a necessidade de furtar qualidades boas do objeto amado para que ele também possa ser objeto de amor. É somente por meio de uma relação de reciprocidade que ele irá ter recursos para desenvolver o seu eu e sentir que as suas conquistas pertencem a si mesmo (KLEIN, 1971/1975).

Entretanto, Klein (1971/1975) pontua que, em meio ao uso demasiado de cisão objetal, existe um propósito que está a serviço de alcançar o que é chamado de integração do ego. A integração é o que conduz o ego ao seu crescimento e a sua base está na qualidade com que o bebê conseguiu introjetar o objeto. O estabelecimento de segurança no mundo interno do bebê não necessariamente depende da qualidade da amamentação do seio, mas do que ela vem a representar para o bebê em aspectos afetivos, isto é, dentro de uma intimidade inconsciente fundada entre a mãe e o bebê. Isso significa que, se o objeto sobreviveu aos ataques sádicos sem ressentimentos e se instaurou com segurança no mundo interno do pequenino, o objeto conseguiu facilitar a construção da essência do desenvolvimento desse ego.

Como secundária à posição esquizoparanoide e também nuclear para a integração, a autora traz a posição depressiva, a qual tem início por volta dos 3 meses da vida do bebê e vai sendo exercida até o seu primeiro ano. De acordo com Klein (1963), embora o sentimento de solidão seja sentido com maior força na posição esquizoparanoide, por conta do predomínio das ansiedades persecutórias e de a integração ainda falhar, ele segue por todo o percurso do desenvolvimento psíquico primitivo, e isso significa que a solidão adentra também a posição depressiva.

Para Klein (1963), a passagem para a posição depressiva simboliza o encaminhamento do bebê de uma condição emocional cindida (dividida) entre aspectos bons e maus para um estado mais integrado, o que representaria um bebê com condições de introjetar uma mãe que agora pode ser vista e sentida em seus aspectos bons e maus. No desfecho dessa etapa da vida psíquica da criança, os sentimentos e emoções de se aliar à mãe e, por sua vez, colocar a sua própria existência em risco ganham uma proporção dentro da fantasia. O temor pela morte se desenha com fervor diante da possibilidade de separação e da necessidade de renunciar à onipotência para alcançar uma independência psíquica e corporal. Essas acentuações emocionais da posição depressiva são resultado dos processos de integração que também constituem a solidão, por conta da ambivalência entre desejar a independência, mas também ter medo de suas consequências futuras.

Klein (1971/1975) também se refere ao descobrimento da necessidade de integração e o sentimento de realidade como momento em que a onipotência do bebê é minimizada. Agora, ele passa a se dar conta de que precisa do objeto que se ausenta; esse alvo não corresponde à reciprocidade de sua fantasia, com isso ele precisará engenhar novos dispositivos para lidar com a falta de maneira deleitável. Essa percepção interfere diretamente em sua capacidade de ter esperança e também confiança em si mesmo por conta da perda de idealização. Enquanto o bebê na posição esquizoparanoide estava convicto de que o objeto bom é perfeito, e assim fazia uso de suas forças projetivas para resgatar o sentimento de regozijo, a posição depressiva vem para mostrar ao bebê que o objeto bom é o mesmo que o zanga. Desse modo, a idealização se declina a serviço de apresentar ao bebê um objeto total, composto de qualidades boas e também más.

Ao vivenciar a integração, o bebê passa a compreender que o mesmo objeto que o causou raiva e pavor é também o objeto que aguçou dentro dele o prazer de ser amado, sensação a qual ele lutou para preservar fazendo uso de suas projeções rancorosas. Nesse caminho também se desenvolve a percepção de que, se o objeto não é perfeito, o bebê também começa a se reconhecer como não perfeito. Essa perda de encantamento induz ao sentimento de solidão, levando o bebê a ansiar por vencer as dificuldades em relação ao objeto, pois o reconhecimento de que o bom também é mau faz com que ele se reencontre com o sentimento de ser odiado e de também colocar o objeto bom em risco de vida. Perante o insucesso da onipotência, o bebê reconhece que não lhe compete verdadeiramente o poder de demolir os produtos que a sua fantasia condena e, nesse caso, ele começa a aceitar e a desejar construir uma reconciliação objetal (KLEIN, 1971/1975).

É importante salientar que, se o sentimento de confiança não triunfa dentro da relação com o objeto e a insatisfação ganha permanência dentro do vínculo, há um incremento do sentimento de solidão. Isso ocorre porque, diante da ameaça de afastamento do seio, o bebê passa a sentir a mãe como perseguidora, e isso fortifica a sua instabilidade interna. Para Klein (1971/1975), a insegurança originária dessa instabilidade está diretamente ligada ao desenvolvimento da solidão e reflete até mesmo na maneira como o bebê irá se reconhecer e eleger objetos posteriormente. Ainda que receber os nutrientes necessários para sobreviver também seja uma maneira de acolher, a forma como o objeto retorna o seu olhar, o seu tato, bem como o tom de sua voz também influenciará em como o bebê irá construir as suas identificações.

Se as identificações foram realizadas de maneira positiva, possivelmente as escolhas de objeto futuras serão empreendidas com amor e também gratidão, podendo assim compartilhar desses sentimentos bons sem ser impedido por temores passados. E isso vai para além das relações amorosas entre pares, servindo também para a relação em sociedade. Olhar sob esse ângulo faz pensar que todo esse conjunto de elementos poderá fazer parte da constituição da futura identidade do bebê, e que, caso não se desenvolvam dentro dessas circunstâncias, pode ser que a insegurança venha à tona em razão da falta de reconhecimento sobre a própria imagem; da solidão de não ser e não se saber quem é. Nas palavras de Klein (1971/1975), a solidão então precisará buscar por referências que saciem o "não eu"; em consequência de o bebê não ter conseguido experimentar sua singularidade desde cedo e aproveitar sua gama pulsional para ser criativo, quando adulto será obrigado a se submeter a influências alheias.

Klein (1971/1975), embora tenha se detido em explicar o funcionamento mental do ser humano embasada em manifestações emocionais dos bebês por meio das duas posições apresentadas, sustentou que a solidão inicial predomina durante toda a vida do sujeito em níveis subjetivos. Sua justificativa são as heranças desagradáveis que se enraizaram na dissolução da posição esquizoparanoide e depressiva. O conceito de posição se presta a sustentar o fato de que o ser humano passa a vida oscilando entre uma e outra, e é por essa razão que jamais se livrará da vulnerabilidade da solidão, precisando desenvolver capacidades de se proteger de seus próprios impulsos destrutivos.

Concluindo, o sentimento de solidão, quando predominante na vida psíquica do sujeito, concede ao seu mundo interno uma espécie de amnésia de sentimentos bons, como se as experiências minimamente boas não tivessem forças para superar o que de mau se introjetou. Com isso, o bebê se vê incapaz de suportar as suas próprias ansiedades, ficando vedado de criar e de buscar por possibilidades que contornem esse abismo interno. Por vezes havendo a necessidade de buscar por um objeto idealizado para tentar abrandar a solidão, sendo essa mais uma defesa para tentar impedir a reafirmação da ausência de amor, conforme corresponde a sua fantasia (KLEIN, 1963).

Alcançar uma reconciliação com o primeiro objeto desejando consolidar uma relação feliz por meio da integração e, junto a isso, um processo de internalização de qualidades favoráveis encoraja o bebê a receber amor. Com a disposição para introjetar emoções agradáveis, ele conseguirá sentir prazer por outras vias que não só na presença do seio e do afeto advindo dele. Devido a essas recordações boas serem florescidas em potencial no repertório da vida primitiva do bebê, quando o próprio se deparar com incertezas e com episódios de desencanto, aos quais o princípio da realidade o submete, lembrará a alegria vivida anteriormente (KLEIN, 1971/1975).

Isso irá sucessivamente refletir em sua forma de lidar com as fatalidades da vida com maior maturidade, pois saberá que estar vivo não se resume a desfrutar de experiências más, por mais que elas insistam em cegar o ego diante de sua aparição. Ele também saberá que o bom está por vir devido à capacidade de compreender as próprias ansiedades, em virtude de já ter experimentado a sensação de ser amparado outrora (KLEIN, 1971/1975).

## *A pós-modernidade na ótica de Zygmunt Bauman*

Zygmunt Bauman, nascido em 1927 na Polônia, foi um importante autor para a filosofia e a sociologia pós-moderna. O escritor ganhou tamanha importância por sua influência em provocar reflexões que denunciam a instabilidade emocional instituída na sociedade contemporânea, por vezes despercebida e não nomeada. Bauman alerta sobre um coletivo marcado pela intolerância do ser humano para com o seu próprio fracasso, bem como com o de seu semelhante. Esses desdobramentos do convívio social pós-moderno repercutiram em seu conceito de liquidez, em que parte do ponto de vista de que nada se firma e tudo pode se tornar descartável. E será essa linha de raciocínio que percorrerá esta seção, tendo como ponto central convocá-lo dentro das relações virtuais.

Para ampliar as compreensões sobre o conceito de pós-modernidade, se faz necessário retornar ao que Bauman pontuou no livro *Modernidade e ambivalência* (1991) sobre a sua definição de modernidade. Em seu texto "Pós-modernidade ou vivendo com a ambivalência", traz as influências das ciências sociais para o nascimento do que é conhecido como moderno. As ciências sociais têm origem iluminista; isso significa que elas vieram de uma necessidade do ser humano de compreender as eventualidades universais pelo uso da razão, acreditando que verdades sustentadas pelo uso da razão teriam o poder de reestruturar uma sociedade. Com a ética da razão, o modernismo prometeu produzir autoconhecimento para a sociedade, mas na prática houve um fracasso. Segundo as palavras de Bauman (1991, p. 244):

> *O que quer que tenham feito as modernas ciências sociais, o fato é que não cumpriram sua promessa; em vez disso, sem consciência, e, menos ainda, intenção, cumpriram algo que não prometiam; para dizer*

> *claramente, produziram o tempo todo um produto racional sob o falso pretexto de estarem suprindo algo completamente diferente...*

Constatando os vácuos do modernismo, os quais podem ser considerados como respostas do pensamento absolutista compreendido na época como apropriado, Bauman (1991) chegou à conclusão de que a razão é uma instância racional. É uma ilusão de alinhamento social, que visa impedir o protagonismo da alteridade e a liberdade de expressão individual dos seres humanos. A modernidade então viveu um período de autoilusão, pois defendia que o que se tinha de particular e não universal não servia como algo moralmente aceito. E, mesmo que a ótica universal não fosse completar, ela era definitiva como sendo a única linha de pensamento válida para a sociedade. Todavia, mesmo com esse pensamento rigoroso, a modernidade conseguiu produzir muito na política, na economia e na educação (BAUMAN, 1991).

A modernidade era dominada pela doutrinação pelo uso da verdade; essas ditas verdades determinavam os significados de superioridade e inferioridade dentro da sociedade. Quem se rebelava diante de alguma verdade imposta por uma entidade maior era dito inferior em determinado contexto. A civilização moderna adotou a consciência racional como sinônimo de supremacia, e a alteridade era reconhecida como obstinação, a qual poderia ser superada com o uso de imposições dogmáticas (BAUMAN, 1991).

Nesse sentido, o autor considera a modernidade como um período social infeliz, visto que a necessidade de mudança era encarada como destrutiva e não como novas possibilidades de crescimento. O sentimento de não saber era considerado como algo depredador, não era autorizado que uma sociedade carecesse de certezas. Essa contingência, como intitula Bauman (1991), causava na modernidade desconforto e ansiedade, dos quais escapava apenas diante da imposição de alguma norma, e dessa maneira conseguia se livrar da diferença. E dessa mesma maneira o autor reconhece os reflexos da lógica modernista na pós-modernidade: "Hoje somos infelizes porque nos deixaram o velho vocabulário, mas perdemos a esperança que o enchia de vida. O farfalhar de palavras secas, sem seiva, nos recorda incessantemente e de forma intrusiva o vazio que está hoje onde antes estava a esperança" (BAUMAN, 1991, p. 247).

Pensando nos obstáculos alicerçados no período moderno, Bauman (1991) define a pós-modernidade como uma nova chance para a modernidade. Para Bauman (1991), a solidificação de leis que concretizem destinos para tribos e nações apazigua o temor pela morte, e isso significa que a morte do modernismo seria se defrontar com a falta, com a necessidade de algo que não está no alcance de sua lei. Por conta disso é que a pós-modernidade seria uma possibilidade de salvar a modernidade do seu próprio terrorismo, visto que a mente pós-moderna pode ser considerada menos cruel e, por sua vez, menos tendenciosa à humilhação.

Pode ser concluído também que a pós-modernidade é a tentativa de reciclar os destroços da modernidade, posto que o fato de o funcionamento moderno ter entrado em um estado de vulnerabilidade provocou a ruptura da repressão da emancipação social. A necessidade de romper com o silêncio conduzido pelo vício modernista de catequizar a subjetividade configurou um novo tempo, caracterizado por autenticar a liberdade da diversidade humana. Para Bauman (1991), ainda que essa nova dinâmica social seja considerada uma evolução, ela também fez florescer insegurança no encontro da sociedade anteriormente legislada, agora com espaço para a autonomia. Para o autor, a contemporaneidade por vezes ainda se apresenta dependente de escudos da era modernista, para mitigar a existência da ambivalência entre a normatividade e a liberdade.

A repressão originária da Modernidade, período que tem como característica as intrusões do pensamento dogmático religioso, banalizava a manifestação de intimidade. Oposta à identidade moderna, a pós-modernidade vem funcionando com um posicionamento dessemelhante, caindo em outro extremo, em que a intimidade parece agora quase inexistir. Em *44 cartas do mundo líquido moderno* (2010), na carta intitulada "Sozinhos no meio da multidão", Bauman convoca a ideia de que nos dias de hoje as pessoas estão cada vez menos experimentando a sua própria solidão com o sentido de bem-estar. E que cada vez mais elas estão desistindo de serem íntimas de si mesmas por estarem dependentes de aparelhos eletrônicos.

Segundo Bauman (2010), esses dispositivos impedem e até mesmo protegem os seres humanos de ficarem a sós com suas emoções particulares; sonhos, alegrias, medos e devaneios. É como se os aparelhos celulares fossem extensões do corpo humano, e sem essa parte ele não funcionaria. Entretanto, essa ferida pós-moderna parece estar impedindo a humanidade de experimentar a arte de estar consigo mesmo.

Em outras cartas, nomeadas de "Estranhas aventuras de privacidade", Bauman elaborou o termo "arena pública" para salientar o quanto as pessoas estão permitindo que suas vidas sejam colocadas em acesso livre a qualquer pessoa, quando quiser. A privacidade vem perdendo o seu significado de segurança, e o uso desses dispositivos tem se tornado equivalente a uma busca por se sentir seguro ao ser inserido em grupos virtuais (BAUMAN, 2010).

Como complemento a essa percepção, na carta "Online, offline", Bauman comenta o quanto a conversão da privacidade em publicidade influenciou na perda do contato e do convívio social das pessoas. As relações virtuais devastaram a vida real, e os vínculos offline estão se tornando cada vez mais descartáveis. Com a invenção de botões de excluir, bloquear e deixar de seguir, os conflitos passaram a se tornar pouco aprofundáveis. Fazendo um paralelo entre as suas cartas, Bauman (2010, p. 29) marca a seguinte conclusão:

> *Parece-me que a crise atual da privacidade está bastante ligada ao enfraquecimento, à desintegração e à decadência de todas as relações inter-humanas. Nesse processo, uma tendência é o ovo, a outra a galinha, e, como em todos os casos similares, é perda de tempo discutir o que nasceu primeiro e o que veio depois.*

Para Bauman (2010), a ausência de contradições é o principal atrativo do mundo virtual, uma vez que oferece recursos que facilitam para as pessoas se livrarem de eventos conflitantes da vida real. A redução da duração das discussões tem como resultado o enfraquecimento de laços. O acesso fácil a teclas que permitem eliminar o outro de maneira superficial serve como via facilitadora para evitar conviver com a diferença e a desenvolver no ser humano a capacidade de ser tolerante. Em contrapartida ao mundo online, nas relações offline os conflitos são vivenciados em tempo real, demandando esforço para que as pessoas envolvidas trabalhem suas capacidades de tolerar frustração.

Parece que no mundo virtual as pessoas estão menos habilidosas para reduzir a ênfase de seus duelos, para conseguir construir diálogos, como hipoteticamente aconteceria por meio de um encontro legitimado pela realidade. Em harmonia com essa contingência, Bauman (2010) alude que hoje, quando se é vivida uma decepção amorosa no mundo real, parece estar mais fácil renunciar a um vínculo de longo prazo utilizando o mundo virtual para apaziguar a perda. O aparelho celular e suas imensuráveis redes de contato oportunizam à pessoa zangada deslegitimar a existência de seu inimigo e negar a sua existência em apenas um clique. Bem como facilita procurar a perfeição para que recomponha a sua esperança, sem precisar pensar em suas emergências offline.

Outra ânsia que Bauman (2010) notou emergir na pós-modernidade foi analisando o funcionamento dos grupos de jovens. Pontua que, do seu ponto de vista, essas pessoas parecem estar preservando uma constante necessidade de remodelar sua "identidade" e, com ela, a sua "rede" de relacionamentos. O autor assinala que a grande suspeita para essa constante oscilação da juventude pós-moderna é a falta de habilidades deles para se defrontar com as suas necessidades. Dificuldades essas que, para Bauman (2010), são sinônimo de capricho, por conta da escassez de flexibilidade para lidar com carências particulares. Assim, se saciam por meio da instabilidade identitária, como se sempre precisassem mudar de endereço, o que também fica bastante mascarado pelo uso degenerado do termo "inovação".

Por consequência disso, Bauman (2010) conclui que as identidades estão cada vez mais descartáveis, nomeando-as como identidades insatisfatórias ou facilmente abandonáveis. Essas identidades podem ser abandonadas por inúmeros motivos; um dos mais notáveis na pós-modernidade é o de precisar acompanhar o outro; outro que possivelmente esteja em posição superior, e que seduz por não deixar transbordar a sua falha. Esse é mais um exemplo da dinâmica que hoje em dia forma e também desforma os vínculos dentro da internet, constituída sob medida para essa nova necessidade. Conseguir se livrar de ser reconhecido como inferior dentro da relação com o grupo, e tendo como resultado a elevação numérica de amigos virtuais, camufla e também afasta parcialmente condições de incompletude, mesmo sem reconhecer a identidade de seu "seguidor". Em harmonia com as declarações de Bauman (2010, p. 16):

> *Em sua versão eletrônica, é a quantidade de conexões, e não a sua qualidade, que faz toda a diferença para as chances de sucesso ou de fracasso. É isso que possibilita manter-se em au courant do que "todo mundo está falando" e das escolhas indispensáveis do momento: as músicas mais ouvidas, as camisetas da moda, as últimas aventuras das celebridades, as festas mais badaladas, os festivais e eventos mais comentados.*

Ao mesmo tempo que Bauman (2010) alerta sobre os desafios da comunicação na era digital, em que o diálogo "de mim para ti, de nós para eles" acaba confundindo e desencorajando a conectividade humana na realidade, ele traz algumas perspectivas quanto a formas de aproveitar positivamente esses meios. O autor comenta que, embora o fluxo cibernético convoque um vício patológico para os usuários, as progressivas atualizações do mundo virtual são inalcançáveis na experiência offline. E isso também significa que a geração eletrônica em certo nível é importante por ser um facilitador da comunicação social (BAUMAN, 2010).

Ainda assim, a questão para Bauman (2010) é que infelizmente a admissão de liberdade faz com que as pessoas caiam em excessos por estarem maravilhadas com a possibilidade de transplantar o espaço offline para o online. Nesse sentido, a existência humana parece estar se fragmentando entre dois extremos, em que um deles acaba caindo por terra por estar em desvantagem dentro de uma nova geração. Entre os conceitos mais importantes, que se associam ao lado desvalorizado no meio social, estão os conceitos de contato, encontro, reunião, comunidade e até mesmo amizade (BAUMAN, 2010).

O que parece estar acontecendo é que os celulares e as demais redes de fácil acesso a comunicação estão fecundando uma esfera ilusória na rotina social, no sentido de que a acessibilidade do hoje parece esquartejar a autonomia humana. Segundo Bauman (2010), ela oferece uma falsa autonomia, visto que estar disponível exige abrir mão do tempo consigo mesmo para servir ao outro que lhe demanda resposta em tempo real; em outras palavras, para saciar a amargura da pós-modernidade, a qual clama por atenção para que a sua "bateria" não acabe e não a torne ultrapassada.

## *Discussão entre os pensadores e o uso das redes sociais*

Em nossos tempos atuais, é possível observar que os estilos de vida e de relacionamento vêm se apresentando de maneiras subversivas em relação a padrões antigos de organização. Hoje os vínculos parecem estar cada vez mais viabilizados pela tecnologia, incluindo variadas alternativas para expressar sentimentos e sensações pelo uso de redes sociais virtuais, sem que necessariamente os indivíduos estejam sentindo e presenciando determinado acontecimento em um espaço físico.

Conforme abordou Bauman (2010) em suas cartas sobre a pós-modernidade, torna-se possível sustentar a ideia de que as relações contemporâneas estão se tornando cada vez mais rudimentares por conta do cultivo da indiferença dentro dos vínculos, como também da intolerância para com a imperfeição e a falta de algo. Na pós-modernidade é como se os sujeitos fossem tão descartáveis como aparelhos celulares, *walkmans*, computador, entre outros; objetos que, quando não se apresentam em estado perfeito, podem ser facilmente colocados no lixo e até mesmo substituídos. Também se conduz as experiências permeadas de afetos reais e reciprocidade a serem cada vez mais oprimidas e facilmente alteradas por novos aparelhos eletrônicos. Apetrechos esses que tiram a complexidade que envolve buscar por novos amigos, visto que a praticidade que é servida na contemporaneidade proporciona uma imensa rede de *chats* virtuais, como também sugerem amizades na própria rede social pelo critério da aparência e gostos em comum, uma vez que a diferença entre o "eu" e o "outro" não pode existir.

Os sujeitos contemporâneos concederam a esses instrumentos o poder fulminante de transformar as emoções humanas em reações concretas, porém virtuais, levando as pessoas a se engavetarem em seus mundos "privados" e a se tornarem solitárias de si mesmas e do que de bom seus semelhantes poderiam lhes oferecer. O prazer da cultura pós-moderna aparenta então estar sendo marcado por uma individualização superficial, um viver em unidade, sem que exista uma necessidade de depender de um outro; outro indivíduo que traria um espaço para o desconforto, provocando o movimento da imaginação e da criatividade por intermédio da diferenciação.

Contudo, parece que isso está ocorrendo no sentido contrário, pois, na pós-modernidade, quanto menos sentimento se demonstra, menos se corre o risco de precisar de outra pessoa para ser feliz, garantindo o lugar de – falsa – superioridade. É como acontece no conceito de idealização paranoide de Klein (1957/1985), no sentido de que as relações pós-modernas se organizam em uma dinâmica em que, dentro das díades vinculares, é preciso existir o invejoso e o invejado, a vítima e o ladrão, em que a gratidão de um para com o outro inexiste.

Tendo em vista essa postura dos sujeitos pós-modernos, surgem os seguintes questionamentos: por que será que se comunicar vem sendo tão sentido e vivenciado como áspero e perigoso, a ponto de as pessoas preferirem um dispositivo descartável, ao invés de uma comunicação afável em tempo real? O que será que estão buscando em suas telas de celulares e seus espaços virtuais que os tornam tão fascinantes e intimidadores aos olhos humanos?

Associando o pensamento de Bauman (2010) sobre a vida online e as articulações de Melanie Klein (1957/1985) sobre o desenvolvimento emocional primitivo, conclui-se que as redes sociais virtuais podem estar servindo como uma espécie de ímã para os sentimentos de inveja e solidão. Primeiramente, chamando a atenção para o conceito de inveja e o uso de redes sociais como o Facebook, rede que permite o acesso direto à vida privada mesmo que os corpos estejam distantes, é oportuno recordar as brigas e o uso de ataques sádicos em comentários realizados em publicações alheias por conta da falta de tolerância para com o argumento do outro. Aquele que anteriormente era visto como amigo, por fazer crescer os números de adicionados em sua comunidade "particular" e por estar incluído nos contatos online, prevenindo o internauta de ficar só, diante de uma contradição passa a ser sentido como traiçoeiro, se tornando alvo dos impulsos agressivos e projetivos.

Esse funcionamento dos tempos atuais pode ser compreendido pela hipótese de que as redes virtuais apresentam a existência de uma incessante necessidade dos indivíduos de buscar lugares que simulem e possibilitem uma supérflua repetição das desilusões da relação objetal da primeira infância. Provavelmente em resultado de uma falta de continência para com a própria agressividade, e também de uma forte necessidade de buscar pela ilusão de serem completos, sentimentos os quais ainda imperam nos seres humanos mesmo quando adultos em um estado psíquico saudável.

Refletindo a teoria de Klein (1957/1985), esses atritos virtuais também parecem estar a serviço das buscas por um lugar de descarga, o qual apaziguaria as desavenças e angústias não elaboradas na posição esquizoparanoide. Isto é, dos internautas com seus objetos internos, como acontece quando o bebê se sente ameaçado e ataca o seio para tentar destruí-lo e abrandar as suas ansiedades.

Apontando novamente a metáfora do ímã, caracterizado por ser um objeto "dipolo" (possuidor de um polo atrativo e outro repulsivo), é viável imaginar as redes sociais virtuais como um campo magnético em que o ódio primitivo e o objeto se reencontram superficialmente. Ao se deparar com o seio, dono dos recursos prazerosos que o ego não pode ter inteiramente para si, o bebê realiza ataques invejosos para tentar destruir o seio que o inferioriza em sua fantasia. O Instagram, rede social em que só é permitido postar imagens em nível de perfeição, é outro exemplo de ímã que atrai o sentimento de inveja e de solidão primitiva dos seus usuários.

O encontro com a perfeição desperta nos internautas a sensação de estarem no paraíso, mas, ao mesmo tempo, "excluídos do paraíso", ou, em termos kleinianos, presenciarem o trauma do nascimento e descobrirem que são seres castrados. Pessoas desconhecidas, mas que possuem milhares de seguidores e fotos contempladas por inúmeras curtidas se tornam idealizadas. Ao publicarem um rosto sem rugas ou qualquer outro tipo de imperfeição, fotos do carro e casa do ano, ou a viagem sonhada por muitos, despertam o sentimento e a percepção paranoide de que a felicidade é uma esfera distante e praticamente impossível de ser alcançada. Esse dito regozijo é empreendido na pós-modernidade por meio de publicações regidas apenas por características associadas a prestígio, como se nas redes sociais as pessoas estivessem incessantemente gozando e anulando o lugar da frustração.

Existem pesquisas que complementam a essência das hipóteses teóricas sustentadas até aqui, pontuando que a prova de que esses sentimentos são recorrentes nos psiquismos pós-modernos é que o Instagram está entre as principais redes sociais do mundo, sendo os públicos de adolescentes e adultos jovens os que mais a utilizam para tentar abrandar sentimentos de rejeição de si mesmos, bem como de baixa autoestima (LIRA *et al.*, 2017). As pessoas parecem precisar recorrentemente procurar por lugares que marquem a sua existência para que assim sejam lembradas e preenchidas por meio de companhias evanescentes. E é só assim que parecem conseguir descarregar parte dos seus sentimentos de inveja, bem como saciar a solidão.

É também como resultado desse primitivismo global que muitos seres humanos parecem não conseguir abrir mão de seus argumentos em discussões virtuais e persistem em agir de forma voraz na tentativa de esvaziar a posição reflexiva de seu congênere. Mesmo que a publicação esteja coerente com a realidade, e tenha uma expressão potencial e inspiradora, o sentimento de inveja não permite tal reconhecimento.

O invejoso, perante o sentimento de inferioridade, usa o espaço do *feed* de notícias, principalmente a alternativa que concede liberdade para deixar comentários, para se descongestionar de suas emoções paranoides como se a publicação estivesse direcionada para ele e ameaçasse a sua integridade. Como exemplo atual, temos o cenário político, em que as brigas em redes sociais abriram palcos para discursos de ódio e para o incremento da rivalidade. A inveja, o ódio e a agressividade barraram a possibilidade da construção de um diálogo empático, permitindo que uma guerra virtual e persecutória se propagasse.

Por conta disso, os espaços virtuais acabaram perdendo o lugar de exercitar uma troca sensata, visto que a rixa descendente da inveja barra a construção de uma crítica criativa, cedendo grande espaço para a descarga de agressões. Agressividade essa que é empregada na busca primitiva de reproduzir o sentimento de destruir e esvaziar o seio da mãe interna.

Pensando em outro exemplo a respeito do funcionamento das relações contemporâneas, é possível associar as ansiedades persecutórias que são evocadas dentro do bebê perante o distanciamento materno com as ansiedades que os seres humanos parecem vivenciar quando ausentes do sinal metaforicamente "pulsional", o qual está representado concretamente pela rede wifi, bem como pela eventual falta de bateria nos aparelhos telefônicos. Esses objetos tecnológicos, ao mesmo tempo que os conectam com o mundo, ganham também o poder de os privar deste e, além do mais, denunciam as suas dependências emocionais desses aparelhos que os protegem temporariamente da solidão.

O imediatismo cultural leva muitas vezes as pessoas a se comportarem de maneira infantilizada em situações contempladas de ansiedades persecutórias e sentimento de solidão ao se reconhecerem impedidos de serem recepcionados instantaneamente. Isto é, a impossibilidade de dar ou receber uma resposta imediata, por exemplo, no WhatsApp, pode estar associada ao conceito de inconstância objetal. No sentido de que, se a resposta não chega imediatamente no ato do envio e da visualização da mensagem, esse evento ganha o significado de que não há reciprocidade, visto que automaticamente o indivíduo passa a se sentir esquecido pelo objeto idealizado.

A mesma situação pode ser associada com a falta de lugar para a experiência de privacidade mencionada por Bauman (2010). Instâncias como o WhatsApp rompem com a possibilidade do sujeito de viver a sua intimidade, uma vez que denunciam quando se está online e até mesmo quando uma mensagem é visualizada. Permitem então que as pessoas controlem umas às outras e, do mesmo modo, descarreguem as suas angústias paranoides. Esses desdobramentos da pós-modernidade reacendem nos adultos as mesmas angústias que supostamente sofreram no distanciamento do seio materno diante de suas necessidades. Para Klein (1957/1985), esses rompimentos são sentidos dentro da criança solitária como se as suas vivências satisfatórias com o objeto fossem engavetadas e instantaneamente esquecidas, e o amor pelo objeto se tornasse empobrecido, o que abre margem para a aparição de sentimentos de rancor e, novamente, de inferioridade. Pensando nisso, é possível supor que as mensagens digitais podem ser um alvo potencial para as fantasias e projeções paranoides, pois não é sempre que a redundância e objetividade nas palavras, e até mesmo o adiamento de um retorno de uma mensagem, são compreendidos, por conta também das exigências pós-modernas, em que os indivíduos necessitam funcionar como engrenagens fornecedoras de experiências de satisfação.

Seguindo o ponto de vista da necessidade de gratificações imediatas do sujeito contemporâneo, e ao mesmo tempo retomando o tema das manifestações de afeto concretas das redes sociais, é necessário (re)convocar o fenômeno do Instagram e a sua característica particular de ter apenas um coração como opção de reação. Ou seja, onde há uma compreensão de que só se pode amar ou não amar e ignorar deixando passar, o que vem a qualificar o quanto a imagem do usuário pode ser amada ou não, tornando-se um ciclo vicioso para quem almeja ser lisonjeado por cerca de milhões de "seios seguidores", os quais, ao ausentarem *likes*, se tornam perseguidores.

Esse comportamento pós-moderno também apresenta uma tentativa dos seres humanos, ou melhor, dos bebês ainda presentes no mundo interno dos adultos, de procurar por falsos enlaces virtuais que os encaminhem a uma incongruente experiência de reencontro e de (re)vivência com os seus desapontamentos objetais anteriores. Esses empreendimentos psíquicos, ao que tudo indica, são para tentar reparar os danos arcaicos por meio dos recursos expositivos das redes sociais. Exemplificando, é cabível pensar nos usuários da internet que procuram complementar os números de seguidores para se sentirem menos excluídos do meio social, mesmo que esses alvos sejam desconhecidos.

Com isso em vista, a necessidade de quantificar as relações, bem como de cultivar uma popularidade no contexto virtual por meio da coleção de *followers*, está diretamente associada ao sentimento de solidão kleiniano, tornando possível sustentar a hipótese de que essas especificidades das redes virtuais servem para mitigar temporariamente a intensidade desse sentimento por meio de uma suposta apreciação por colecionar admiradores na vida online.

Possivelmente, a busca por esses olhares de admiração é resultado de faltas anteriores à palavra, e fora do alcance da consciência, provindo de um acentuado e inconsciente desamparo que concede aos *followers* a responsabilidade de testemunhar o quanto de amor o usuário merece e o quanto a pessoa consegue ser cortejada em relação aos demais. Se o número de curtidas não cresce, a frustração se intensifica e a imagem do ego se enfraquece, ao passo que o seu conteúdo parece perder o valor, evocando sentimentos já existentes dentro do seu mundo interno. Os *followers* ou (per)seguidores ganham um valor idealizado, e dentro desse vício o quanto "sou bonito", "inteligente", "criativo" e "importante" só pode ser legitimado quando mensurado por uma espécie de seio ideal cibernético.

O olhar invejoso para esses objetos idealizados é também fruto da necessidade de destruí-los na tentativa de ocupar um fantasiado lugar de importância para conseguir se sentir completo e vivo. É uma troca constante entre idealizações e empréstimo de gratificações. Parece que, enquanto "Maria" procura por um "João" que invista *likes* amorosos em suas fotos e a convença de seus valores, do outro lado da tela, o "João" que a assiste e parece tão necessário para "Maria" também depende da aprovação de "Maria". Sujeitos que buscam por preenchimentos para apaziguar os seus buracos psíquicos, competindo entre si na tentativa de reconquistar visibilidade materna. Pensando em conjunto com Klein (1971/1975), esses movimentos acontecem para tentar evitar o retorno aos abismos de uma solidão já existente, caminhos esses que potencializariam o sofrimento e o acesso a perturbações inconscientes.

Ao realizar este percurso kleiniano nos tempos modernos de Bauman, é relevante reconhecer o fato de que, ainda que os adultos tenham considerado as suas vivências objetais proveitosas e satisfatórias, os rastros dos seus sentimentos de inveja e solidão permanecem guardados em seus inconscientes primitivos. E é nesse sentido que a internet parece estar ganhando espaço como via de escape para esses sentimentos se deslocarem do interno para o externo. E a partir disso é possível sustentar que o contexto virtual da atualidade está construindo a imagem de um "berço coletivo", trazendo à luz essas precoces emoções ao saírem disfarçadamente da toca do recalcamento, projetando-se em telas de celulares e computadores.

Para finalizar, é importante também pontuar caminhos que conduzam a uma reparação saudável dos sentimentos de inveja e de solidão, como também da elaboração dos impulsos agressivos na virtualidade. Klein (1957/1985) explica os desdobramentos necessários na dinâmica entre vivências de frustração e gratificação para que seja possível encontrar um equilibro. Quando a criança introjeta uma quantidade significante de sentimentos bons, ela se torna suficientemente segura a ponto de não precisar cindir (dividir entre bom e mau) a relação com o objeto para se defender.

Isso refletirá na maneira como futuramente, quando adulta, irá estabelecer boas relações com as pessoas, sem necessitar, por exemplo, recorrer a redes sociais virtuais para realizar descargas destrutivas, evitando prejudicar o vínculo com seu semelhante e a exposição da própria identidade. Para Klein (1957/1985), ao internalizar dentro de si uma mãe boa, confiável e criativa, o bebê se sentirá autorizado a usufruir dessas sensações para a construção de sua identidade, o que desviará os riscos de se sentir insuficiente e impossibilitado de criar e sentir prazer com a sua imagem.

Quando isso se torna possível, os efeitos da inveja e da solidão primária não ganham destaque dentro da criança pequena nem, por sua vez, dentro do adulto, podendo ele apreciar o sentimento de felicidade, como também abrir caminhos para o desenvolvimento da capacidade de ser grato ao que o objeto lhe proporciona de bom. Condição essa que se faz necessária para que os seres humanos consigam fazer uso das redes sociais como espaço para fertilização de conteúdos produtivos, que estimulem a criatividade do ego. E para que assim consigam preservar as relações que estabelecem consigo mesmos e com os seus círculos sociais.

## *Considerações finais*

Deparar-se com a realidade nem sempre é um movimento prazeroso, ainda mais quando nos deparamos com uma cultura marcada pela individualização, o que resulta em um distanciamento das pessoas e no declínio das relações. Como foi trazido por Bauman (2010), a pós-modernidade tem como principal característica a substituição dos vínculos reais por aparelhos portáteis, os quais suprem vagamente a ausência de companhias reais.

Um dos objetivos da pós-modernidade, essencialmente pela razão de não desperdiçar tempo, é fazer uso de recursos que ajudam a evitar os sentimentos de insuficiência, como também mascarar a inveja e a solidão. Hoje, parece ser perda de tempo esperar pela ajuda de seus semelhantes, afinal de contas, não é sempre que eles poderão atender imediatamente. E, por isso, criar expectativas também é perda de tempo. Precisar de uma "mãozinha", para a pós-modernidade, também significa ficar para trás, e correr o risco de ser tomado pelo sentimento de inferioridade.

É por isso que as redes sociais entram como um dos principais recursos para que os seres humanos não precisem recorrer à ajuda de outro ser de subjetividade, já que elas gratificam em tempo integral. Com essas "amiguinhas" a insatisfação não existe, afinal, elas fornecem dispositivos que reconhecem as necessidades individuais sem precisar de muito esforço para que a comunicação entre sujeito e celular seja traduzida, como seria necessário na relação mãe-bebê. Além de respostas instantâneas, elas oferecem amigos, namorados, inimigos, e editores fotográficos que causam o mágico efeito de fazer parecer que as pessoas dormem e acordam perfeitas. Aos desconfortos são oferecidos botões de "deletar" e "bloquear", e, após um clique nessas opções, em questão de segundos tudo volta a ficar bem.

Com isso em vista, os sentimentos de inveja e solidão ganharam importante espaço nos cenários desse trabalho para nomear e alertar o funcionamento doentio da contemporaneidade, visto que são fatores que parecem controlar a forma como os indivíduos se relacionam. A inveja então se apresenta nas redes sociais sempre à procura de um alvo superior e idealizado para que a sua agressão seja descarregada, fazendo com que o regozijo e a conquista, quando manifestados nas telinhas, corram perigo de ser aniquilados. Quando quem está correndo risco é o próprio invejoso.

Não muito distante dessa dinâmica, a solidão sempre está pronta para receber mensagens, *likes*, comentários e *glamour*, para que o seu vazio não se avigore. E, embora também exista satisfação no desprazer que essas emoções despertam nos sujeitos, os psiquismos pós-modernos se mostram receosos em relação aos danos que esses sentimentos podem nos causar.

## *Referências*

BAUMAN, Z. Pós-Modernidade ou vivendo com a ambivalência. *In*: BAUMAN, Z. *Modernidade e ambivalência*. Rio de Janeiro: Zahar, 1991. p. 244-298.

BAUMAN, Z. *44 cartas do mundo líquido moderno*. Rio de Janeiro: Zahar, 2010.

KLEIN, M. (1937). Amor, culpa e reparação. *In*: KLEIN, M. *Amor, culpa e reparação e outros trabalhos*. Rio de Janeiro: Imago, 1996. p. 346-384.

KLEIN, M. (1957). Inveja e gratidão. *In*: KLEIN, M. *Inveja e gratidão e outros trabalhos*. Rio de Janeiro: Imago, 1985. p. 205-267.

KLEIN, M. (1971). Sobre o sentimento de solidão. *In*: KLEIN, M. *O sentimento de solidão, nosso mundo adulto e outros trabalhos*. Rio de Janeiro: Imago, 1975. p. 133-173.

LIRA, A.; GANEN, A.; LODI, A.; ALVARENGA, M. Uso de redes sociais, influência da mídia e insatisfação com a imagem corporal de adolescentes brasileiras. *In*: *Redes sociais e insatisfação corporal*. São Paulo: Jornal Brasileiro de Psiquiatria, 2017. p. 164-171.

MOSÉ, Viviane. *Toda palavra*. Rio de Janeiro: Record, 2008. 108 p.

# 16. O (des)enclausurado

*Taciane S. Corrêa Gonzaga*

Este trabalho tem como objetivo propor um olhar psicanalítico sobre a obra literária *Enclausurado*, do escritor britânico Ian McEwan, lançada em 2016. Um romance de alta inventividade em que o feto é o narrador exclusivo. Já no ventre materno, inicia a descoberta do seu universo interior e do mundo exterior. Ambos aparecem para ele, desde o princípio, como algo difuso, misterioso, ameaçador e de certa forma contraditório. Após a leitura da obra, utilizou-se o método de pesquisa exploratória, buscando entender determinados fatos ficcionais sob a linha psicanalítica de Melanie Klein; por meio da análise de estudo de caso, identificou-se situações em que o feto-narrador desenvolve os mecanismos de defesa mais primitivos, assim como se procurou reconhecer no psiquismo do feto as posições descritas pela autora como posição esquizoparanoide (PEP) e posição depressiva (PD), e por fim pontuou-se o eterno dilema entre o amor e o ódio, apontando em que trechos da obra *Enclausurado* seria possível estabelecer essas correlações.

Depois de traçar a referida conexão, percebe-se não apenas a inteligência criativa do romancista, mas também a complexidade da relação objetal mãe e bebê apresentada e a viabilidade desse tipo de reflexão para repensar esse vínculo que se iniciaria desde a concepção.

## *Introdução*

A partir de uma situação inverossímil, pois um feto não pode narrar, por ausência de linguagem e os consequentes meios de expressá-la, Ian McEwan demonstra sua engenhosidade literária ao construir uma história tão eletrizante quanto persuasiva. Desde o início aceita-se como verdade artística as percepções e a fala do narrador, tanto é que o livro virou um fenômeno mundial de vendas. De alguma forma a obra lembra *Memórias póstumas de Brás Cubas*, de Machado de Assis, no qual a voz do narrador vem do túmulo. Ou seja, em ambos os romances uma situação inicial inverossímil transforma-se em uma visão realista, já que o alvo dos dois narradores é desvelar a vida real a partir de situações absurdas. Há uma diferença, entretanto, no caso do feto: mesmo registrando, preferencialmente, a realidade externa, ele também evidencia detalhes da sua existência no útero materno, enquanto Brás Cubas nada comenta a respeito de sua experiência *post mortem*.

Ressalta-se que *Enclausurado* não integra o gênero fantástico, em que acontecimentos ilógicos, enigmáticos e personagens tenebrosos imperam no texto. O truque narrativo do autor, por mais arbitrário que possa parecer, conduz o romance a complexas e sutis observações sobre as paixões humanas e a existência concreta.

Devido a esse mergulho simultâneo no mundo objetivo e no mundo de uma subjetividade singular – um feto cuja sensibilidade extraordinária permite-lhe descobrir aspectos e pulsões profundas da alma humana –, o romance do autor inglês oferece a possibilidade de uma densa aproximação com alguns elementos nucleares da psicanálise, sobretudo os referentes ao processo de formação primária do indivíduo.

## *Desenvolvimento*

A escolha de uma obra ficcional dessa complexidade se deu, inicialmente, pela palestra assistida com o autor, em que este afirmou que encara a literatura como uma forma de investigação da natureza humana e relatou como foi o trabalho árduo para a construção fascinante do personagem, suas angústias, dúvidas, elucubrações e pesquisas intensas para conseguir *fantasiar* como vive, pensa e se comporta um feto humano.[1] "Cada romance é como se eu estivesse começando uma nova jornada. [...] A investigação da natureza humana é a alma do projeto, de tentar gerar a sensação de um mundo compartilhado" (McEWAN *apud* THOMÉ, s. d.).

E, em um segundo momento, pelos já inúmeros trabalhos que contemplam a relação da ficção com a psicanálise, bem como a sua valorização como parte de uma realidade, conforme diz Certeau: "o *fictious* estaria mais perto do real do que o discurso dito objetivo", e complementa que é exatamente "'um discurso que dá forma [*informe*] ao real', sem que isso signifique qualquer pretensão de representá-lo" (2011, *apud* PEREIRA, 2014, p. 13).

A ficção sediada em um tecido composto por fantasias – como formas de narrar os desejos – é colocada, segundo Pereira (2014), como uma forma de substituir registros alienantes da realidade, correspondendo, todavia, às intersecções do simbólico e do imaginário, vindo ao mesmo tempo separar e abrir uma passagem em

---

1 Palestra "Em busca do real", proferida em Porto Alegre no evento *Fronteiras do Pensamento* em 24 de outubro de 2016.

direção a um possível encontro com o real. Esse encontro se dá, essencialmente, se se estiver contemplando a alma humana, pois, conforme Freud, "há mais conhecimento sobre a alma humana em qualquer obra de Shakespeare do que em toda a medicina" (PEREIRA, 2014, p. 49).

Se Freud ocupa-se em desvendar a questão lógica do inconsciente no processo de criação literária, Assoun (1996) retoma a questão da fantasia, a qual também pode estabelecer certo diálogo com o sonho, ao referir que este muitas vezes "se deixa levar pela fantasia", deslizando, conotando. "Assim, quando se diz *tu fantasme* também se pode dizer *tu revê*, você fantasia, você sonha" (PEREIRA, 2014, p. 64).

Todo esse processo faz irmos para o inconsciente em busca de uma libertação de tensões e pulsões:

> *A verdadeira satisfação que usufruímos de uma obra literária procede de uma libertação de tensões em nossas mentes. Talvez até grande parte desse efeito seja devida à possibilidade que o escritor nos oferece de, dali em diante, nos deleitarmos com nossos próprios devaneios, sem autoacusações ou vergonha. (FREUD, 1907-1908/1980, p. 158)*

Muitos leitores de *Enclausurado* devem ter se questionado acerca das circunstâncias que envolvem o feto. Se este pensa, se tem sentimentos, se pode sentir gosto ou cheiros e até mesmo escutar o que se passa no mundo e tentar especular sobre o grande mito: como reage durante uma relação sexual. São inúmeras dúvidas que o autor procura de certa forma responder apresentando-nos uma ficção que tem por objetivo desvendar uma determinada visão sobre esse mistério que é a vida intrauterina.

Outro elemento, além da natural curiosidade, seria a identificação com o personagem que tende a ser mais intensa quando há mais ambiguidade na situação, ou seja, segundo Freitas (EDLER; FREITAS; ALBUQUERQUE, 2009), quanto maior for o conflito, maior a identificação. Sem desconsiderar, é claro, a afirmação de Freud de que todo grande escritor faz de seus personagens os porta-vozes do desejo inconsciente, que é uma das formas encontradas para expressar laços afetivos com o outro, bem como uma das formas utilizadas pelo ego para atender ao desejo pulsional. E esses personagens, quando envoltos em tragédias, traduzem aquilo que na dimensão inconsciente acontece a todos os homens.

Isso nos permite desvendar na obra as marcas inconscientes deixadas pelo escritor de tal maneira que, neste caso, a psicanálise venha a ser uma ferramenta de interpretação dos mistérios do feto-narrador. Escolha que se fundamenta na fala de Winnicott ao trabalhar sobre a gênese da fantasia, porque para ele:

> *O viver criativo é a mesma coisa que viver. Ele diz que existem duas formas de vida: o viver criativo, esse no qual cada bebê recria o mundo, sobre a base das narrativas que lhe dão, sobre a base da falta; e a outra forma é a via do falso-self, o sujeito que se subjetiva em uma constante prestância ao outro, mas que não encontra uma autenticidade em si. (CORSO; CORSO, 2009, p. 118-119)*

Para melhor refletir e analisar a ficção e este mundo particular que o feto recria, propõe-se uma divisão que permite averiguar o mundo interno e o mundo externo do narrador, mesmo que ambos estejam intimamente imbricados. Entretanto, essa separação visa, de uma forma lógica, guiar o leitor pelo caminho da interpretação psicanalítica.

## Como o narrador sente e vê o mundo

A primeira frase da obra – "Então aqui estou, de cabeça para baixo, dentro de uma mulher"[2] (p. 6) – nos leva de antemão ao indício de uma relação conturbada que se desenvolverá nas próximas páginas de *Enclausurado*. Uma mulher, que não é apresentada de imediato como a mãe do protagonista – seria pelo simples fato de que no decorrer da narrativa ela não se comporta como alguém que espera um bebê? –, além de não ter nenhum diálogo com o filho, não sabe o seu sexo, não escolhe o seu nome, não se organiza para a sua chegada (compra de roupas, organização do quarto, entre outros preparativos necessários), e tampouco toma os devidos cuidados para uma gestação saudável.

Considera-se que em nenhum momento se desenvolve holding, deixando o narrador inseguro e desamparado. Para Winnicott (1983), esse é um termo utilizado para designar as dimensões do cuidado, seja ele físico, emocional, temporal e ambiental, que determinam as relações objetais. É toda e qualquer elaboração da experiência, seja ela física ou psicológica, construída com base na percepção e empatia da mãe, vindo a abranger também a continência em relação às necessidades do bebê. O autor sublinha a relevância de uma mãe suficientemente boa – com uma dedicada preocupação materna primária –, ou seja, com um estado de devoção ao filho e uma capacidade de sustentação, pois, com a ausência de um holding suficientemente bom, os estágios de desenvolvimento do sujeito não podem ser alcançados e mesmo mantidos de forma saudável.

2 As citações apenas entre aspas, sem a referência completa, foram extraídas da obra analisada (McEWAN, 2016).

> O holding *inclui especialmente o* holding *físico do lactente, que é uma forma de amar. É possivelmente a única forma em que uma mãe pode demonstrar ao lactente o seu amor. Há aquelas que podem suster um lactente e as que não podem; as últimas produzem rapidamente no lactente uma sensação de insegurança e um chorar nervoso [...] para ilustrar a sutileza do cuidado materno. Um lactente está em fusão com sua mãe, e enquanto isso permanece assim, quanto mais próximo a mãe chegar de uma compreensão exata das necessidades do lactante, melhor. (WINNICOTT, 1983, p. 43)*

Apesar de viver sem holding, o personagem tem total consciência de si, escuta o mundo lá fora e vai tomando notas mentais, sente-se inquieto com a realidade, inocente, descomprometido das obrigações e com um espírito livre apesar do pouco espaço de que dispõe, relata como se constitui o seu ser e de que forma as ondas sonoras – que lhe levam a informação e o permitem entender o mundo exterior – atingem seu pequeno corpo: "as ondas sonoras viajam através do maxilar e da clavícula, descendo pela estrutura óssea e atravessando velozmente o nutritivo líquido amniótico" (p. 13).

A sua sensação de liberdade – "ninguém para me contradizer ou repreender, sem nome nem endereço anterior, sem religião, sem dívidas, sem inimigos. Minha agenda, se existisse, registraria apenas meu futuro dia de nascimento" (p. 10) – não persiste por muito tempo quando percebe que está de forma simbiótica ligado *à mãe* e esta está planejando um crime cruel e ele não tem como se livrar de um destino que não escolheu. Mesmo se sentindo inocente, está profundamente envolvido nessa conspiração e sabe disso desde o primeiro dia:

> *Aquele momento de criação que chegou com meu primeiro pensamento [...]. O início da vida consciente foi o fim da ilusão, a ilusão do não ser, e a erupção do real. O triunfo do realismo sobre a mágica, do é sobre o parece. Minha mãe está envolvida numa conspiração e, consequentemente, eu também estou, mesmo se meu papel consistir em fazê-la fracassar. (p. 10-11)*

A relação dual entre a mãe e o bebê, além de privá-lo de liberdade, o impossibilita de ser um objeto distinto da mãe-sujeito, pois precisa dela para sobreviver e, todavia, não consegue se conceber longe da mãe, está fusionado, visto que esta alimenta tanto sua construção física quanto a psíquica, conforme assinala Bergeret (1998).

Pelo olhar do feto, a mãe não é mais do que um prolongamento, uma extensão dele, por isso ele não se conforma com o fato de sua mãe querer cometer o assassinato de seu próprio pai e passa a se culpar quando percebe que não pode fazer nada para impedir esse ato cruel, e que se o plano fracassar – e ela for descoberta – terá que dividir com a mãe a responsabilidade pelo crime.

> *Já escutei dizer que, na prisão, mães que estão amamentando levam uma vida melhor. Mas vou perder meu direito de nascer, o sonho de todos os seres humanos, minha liberdade. Enquanto eles podem escapar raspando. E depois me darem a alguém. Sem mãe, mas livre. Portanto, o que é melhor? Já pensei nisso, voltando sempre ao mesmo bendito lugar, à única decisão moralmente correta. (p. 170)*

Maldonado (1982, p. 14) resume esta integração simbiótica na gestação sob uma resolução saudável e sob uma resolução patológica na vida da criança, como se pode observar:

> *Outra característica da gravidez como situação de crise é o fato de representar uma possibilidade de atingir novos níveis de integração, amadurecimento e expansão da personalidade ou de adotar uma solução patológica que predominará na relação materno-filial. Assim, uma relação materno-filial saudável implica, em termos gerais, em perceber e satisfazer adequadamente as necessidades do bebê, visto como um indivíduo separado e não simbioticamente confundido com a mãe.*

No entanto, a autora ainda complementa que, apesar da intensidade dessa simbiose, o sangue da mãe não se mistura ao sangue do feto, remetendo dessa forma ao fato de que "a simbiose nunca é total e desde o início da formação a criança tem sua individualidade própria" (MALDONADO, 1982, p. 102), o que se percebe na fala anterior, em que o feto, por não concordar com a ideia de assassinato da mãe, pretende fazê-la desistir. Ou ainda na fala em que se refere a suas inesperadas preferências individuais sobre vinho: "Estamos dividindo uma taça, talvez uma garrafa, de *sauvignon blanc* da região de Malborough. Não seria minha primeira escolha e, para a mesma uva e um gosto menos marcado de grama, eu teria partido para um Sancerre, de preferência de Chanvignol" (p. 39).

Algumas indicações a respeito da personalidade e do caráter da mãe ele já sabe. Contudo, passa conhecer a mãe fisicamente de modo mais claro por meio das descrições poéticas do pai. Aqui fazendo referência apenas às características externas, porque internamente o bebê sabe mais do que ninguém do que a mãe é capaz de fazer em termos de perversidade – já que, por estar dentro dela, relaciona-se com o seu self mais verdadeiro: matar o pai para viver livremente com o cunhado, seu amante, e ainda usufruir de uma vultosa herança. Esse plano vem sendo traçado pela mãe (Trudy) e pelo amante (Claude), que articulam todos os detalhes falando em sussurros, "como se ambos suspeitassem de que úteros têm ouvidos [...] Eles evitam usar as cordas vocais porque estão planejando um acontecimento tétrico" (p. 16).

Percebe-se aqui que o feto consegue discernir o bem e o mal e sabe que esse ato é amedrontador e repugnante, pois os programas que escuta no rádio – notícias, programas de vinhos, autoajuda, palestras, biografias de dramaturgos do século XVII, entre outros – lhe dão uma percepção do mundo interno e externo, desde concepções morais e códigos de conduta a um panorama das mazelas da contemporaneidade.

Klein (1991) deixa clara essa temática quando explica que a introjeção e a projeção funcionam desde as primeiras atividades do ego e interagem constantemente, construindo o mundo interno, bem como modelando a imagem da realidade externa. A introjeção significa que o mundo externo, ou seja, as situações que o bebê atravessa e os objetos com que se relaciona, não é vivido apenas externamente, mas é levado para dentro do self, passando assim a constituir a vida interior daquele sujeito – são os objetos primários internalizados. E a projeção ocorre de forma concomitante, referindo-se à capacidade de atribuir aos objetos à sua volta sentimentos de diversos tipos, prevalecendo os de amor e ódio.

Ainda de acordo com a autora, esses sentimentos correspondem aos processos mentais mais arcaicos do bebê, os quais são focalizados primeiro na mãe e depois transferidos para as relações de objeto, ao longo da vida. E é exatamente dessas relações que depende a vida e o bem-estar dos sujeitos. Os impulsos destrutivos, por exemplo, tendem a dar origem a sentimentos hostis e retaliadores, já que "a vida mental é influenciada pelas mais arcaicas emoções e fantasias inconscientes" (KLEIN, 1991, p. 282).

A relação simbiótica com a mãe remete constantemente a sentimentos que oscilam entre o amor e o ódio. O feto vive essa luta constante, pois não consegue se tornar independente dos atos que a mãe vem cometendo e se angustia profundamente:

> *Preciso de um momento sozinho, fora do alcance das vozes. Fiquei muito absorto, muito impressionado com a arte de Trudy de olhar para dentro do poço de minha própria dor. Muito além, o mistério de como o amor por minha mãe cresce proporcionalmente ao meu ódio por ela. (p. 115)*

Klein (1991) considera a cisão como uma atividade primordial do ego, já que o bebê tem a tendência de cindir impulsos e mesmo objetos. Cisão essa que ocorre devido à falta de coesão ao ego arcaico. O amor e o ódio correspondem à cisão, no qual "as relações de objeto são cindidas em boas e más" (KLEIN, 1991, p. 18). Em contrapartida, o essencial seria conseguir contemplar esses sentimentos no mesmo objeto sem deixar que se estabeleça uma desintegração.

A cisão acaba sendo uma defesa contra a ansiedade, com o propósito de manter o objeto amado separado do objeto perigoso. Por conseguinte, surge a "necessidade de cindir o amor do ódio" (KLEIN, 1991). Ato que serve como uma espécie de autopreservação, já que o feto depende de uma mãe boa, para ampará-lo e ajudá-lo em sua sobrevivência.

> *Através da cisão de dois aspectos e de agarrar-se ao bom, ele preserva sua crença em um objeto bom e em*

> *sua capacidade de amá-lo, sendo esta uma condição essencial para manter-se vivo. Pois, sem ao menos um tanto desse sentimento, estaria exposto a um mundo inteiramente hostil que, ele teme, o destruiria. Esse mundo hostil também seria construído dentro dele. (p. 287)*

Cabe ressaltar também que o bebê-narrador, além de viver nesta constante contradição (amor × ódio), habita – mesmo no útero da mãe – um ambiente de alta hostilidade, permeado pela angústia de aniquilamento, e sente de forma profunda a intensidade da raiva da mãe, chegando a denominá-la como "oceânica, vasta e profunda", comparando-a com seu meio ambiente e sua própria personalidade. "Sei através de seu sangue alterado que passa por mim, no desconforto granular onde as células são perturbadas e comprimidas, as plaquetas despedaçadas. Meu próprio coração está lutando com o raivoso de minha mãe" (p. 84). Um ódio que só vai aumentando com o decorrer da trama, de acordo com atos e as escolhas da mãe, como se pode ver:

> *Eu a odeio, e odeio seu remorso. Como passou de John a Claude, da poesia ao lugar-comum mais boçal? Descer para o chiqueiro asqueroso a fim de rolar na imundícia com seu amante debiloide, espojar-se na merda e no gozo, planejar o roubo de uma casa, infligir uma dor monstruosa e uma morte humilhante a um homem bondoso. E agora arquejar e tremer diante do que fez, como se a assassina fosse outra pessoa – alguma irmã triste fugida de um sanatório com o cérebro envenenado e sem autocontrole. (p. 121-122)*

Maldonado (1982) registra que os alicerces dos relacionamentos entre pais e o bebê começam a surgir na gestação e as formas como são conduzidas as primeiras tensões serão determinantes para o favorecimento do crescimento emocional e a estruturação da ligação materno-filial tanto para a criança quanto para a própria estrutura familiar.

Porém, existe um sentimento de unicidade com a mãe do qual o feto não tem como escapar, assim como não tem ferramentas para se proteger ou mesmo se afastar de seus sentimentos e atos, "o inconsciente da mãe e o inconsciente da criança estão em íntima relação um com o outro" (KLEIN, 1991, p. 282). A mãe nada mais é do que a relação do bebê com o mundo exterior, melhor dizendo, tudo o que é bom como o que é mau vem dela, de seu contato com o mundo e também de sua mente por meio de pensamentos e sensações.

Bion, por exemplo, discorre sobre uma conexão intrauterina com a progenitora e Klein defende um conhecimento inato e inconsciente da existência da mãe, "e esse conhecimento instintivo é a base da relação primordial do bebê com a mãe" (KLEIN, 1991, p. 219), de quem ele espera muito mais que alimento e proteção. Espera amor e compreensão, e não esta relação completamente indiferente e gélida que encontramos em *Enclausurado*.

Bion, desde a década de 1970, insiste na existência de uma intensa vida psíquica fetal; são primitivas sensações corporais e experiências emocionais que ficariam de certa forma impressa no psiquismo do feto, pois desde a concepção já existe uma forte e complexa relação objetal com a mãe. "De certo modo, experiências emocionais vivenciadas pelo feto, ficam impressas no seu psiquismo e vão determinar uma influência no futuro adulto" (*apud* ZIMERMAN, 1995, p. 99). Aqui também seriam incluídos fatores de natureza orgânica (efeitos genéticos) e eventuais estados de intoxicação da mãe que penetram de maneira atroz no organismo do bebê durante a gestação. Em *Enclausurado* fica evidente como o feto é afetado pelo excesso de álcool ingerido pela mãe. E, em alguns momentos, ele inclusive se sente embriagado sem conseguir articular qualquer pensamento; em outros experimenta intensas dores de cabeça em decorrência da grande quantidade de vinho que a gestante consome diariamente, associada à má alimentação.

> *Assim, por exemplo, a hostilidade e a rejeição da gravidez podem ser "transmitidas" através de uma tendência a acidentes, descuido da alimentação, obesidade, excesso de fumo, álcool e drogas [...] Mas é possível também que os conflitos emocionais da gestante sejam expressos através do sistema endócrino e do hipotálamo que, por vez, atuam sobre a vascularização, oxigenação e atividade do útero. (MALDONADO, 1982, p. 78)*

Todos esses prejuízos estão sendo percebidos pelo feto na narrativa. Inúmeras vezes relata que está perdendo parte de sua inteligência pela quantidade de álcool que a mãe bebe. Brazelton (1970, *apud* MALDONADO, 1982) acrescenta que uma alimentação inadequada pode afetar o número e o tamanho dos neurônios e a excessiva ingestão de drogas pode vir a produzir alterações cromossomiais.

Seguindo a mesma linha, registra Zimerman (1999) que muitos autores defendem a ideia de que as repercussões de estados físicos e emocionais da mãe atingem diretamente o feto. Para Pintontelli (1989, *apud* ZIMERMAN, 1999), é a partir da sétima semana que o feto começa a responder tanto a estímulos externos como internos e que no útero já é possível se detectar indicações do futuro temperamento da criança.

Essa interação mãe-criança, para Bion, forma-se por três vias: comunicação primitiva entre ambas, formação de vínculos e a forma com que a criança responde às frustrações. A primeira processa-se de acordo com as cargas de identificação projetivas que o bebê emite através das diversas formas de linguagem corporal, à espera de serem acolhidas pelo ambiente materno. O preocupante aqui é o possível estágio de desistência da criança que fica apática, depressiva e, no caso analisado, também desesperançada em relação a seu futuro nascimento.

> *Quando as necessidades básicas do bebê não são compreendidas e satisfeitas pela função materna, sobrevém um incremento da pulsão de morte que seu ego incipiente não consegue processar, provocando o surgimento de fortes e insuportáveis angústias de aniquilamento. (BION, 1992 apud ZIMERMAN, 1999, p. 99-100)*

Já os vínculos são definidos pelo autor como elos emocionais entre duas pessoas ou mesmo entre duas ou mais partes de uma mesma pessoa. Vínculos esses que se desenvolvem em uma interação progressiva entre: o amor, o ódio e o conhecimento. Forma de relação vincular primitiva que posteriormente é repetida por toda a vida. A forma como se responde às frustrações iniciais também tem consequências na vida adulta. Esse conceito será aprofundado no decorrer da análise.

Não ter o desejo satisfeito leva à frustração por não ter sido atendido. Concomitantemente, leva ao sentimento de ódio por se perceber altamente vulnerável, ou seja, dependente do objeto. O narrador sabe que não conseguiria viver sem o objeto, sem o seu olhar, seu amor e seu cuidado. Dias (2014) fortifica a ideia ao dizer que o bebê não tem como ignorar a existência da mãe, pois é sabido que depende da relação com ela para a manutenção da sua existência. Aqui se processa a relação narcísica, que o bebê não reconhece – questão que será aprofundada na sequência. Contudo, o sentimento de contradição somado à convicção da dependência lhe gera angústia e, depois, culpa por considerar a mãe "egoísta, malvada, cruel. Mas, espere, eu a amo, ela é minha divindade e preciso dela. Retiro tudo o que eu disse! Falei por me sentir angustiado" (p. 23).

Fica claro que sente raiva da mãe por saber que necessita dela para viver, visto tratar-se de uma pessoa maldosa e cruel. Constata toda sua crueldade, pois, além de projetar o assassinato do seu pai, planeja abandoná-lo, sem por um instante pensar em seu bem-estar, em seu direito a uma existência minimamente harmoniosa e feliz, condenando-o a um futuro de perda e fracasso: "Mãe cruel! Essa vai ser minha perdição, minha queda, pois só em contos de fadas bebês indesejados melhoram na vida" (p. 50). Sentimento reforçado também pela fala após a consolidação do plano de assassinato: "Muito deprimente aceitar de segunda mão qualquer sentimento de minha mãe e me envolver ainda mais com seu crime. No entanto, é duro me separar dela quando preciso dela" (p. 119).

No início da trama ainda nutria uma esperança pela figura do pai, que deseja salvar e, ao mesmo tempo, ser salvo por ele, mesmo que isso signifique, em última instância, morrer com ele: "Querido pai, me salve desse Vale de Desesperança! Me leve com você. Deixe que eu seja envenenado a seu lado em vez de colocado em algum lugar" (p. 51).

Quando percebe que o pai tampouco se preocupa com ele, intensifica-se a pulsão de morte e inicia-se o desprezo pela vida do próprio pai, como se verifica claramente no trecho transcrito adiante. É essencial aqui pontuar que, para Soifer (1980), o amor paternal não é inato, e sim adquirido, e que este vai se instalando por meio de relatos da mãe durante a gestação (sobre os movimentos e sensações com o bebê), depois se fortalecendo pela identificação com o pai e pela relação conjugal, situações que John não conseguiu estabelecer durante a gravidez de Trudy, deixando seu filho completamente desamparado e numa relação exclusivamente dual com a mãe, que o submete a uma visão obscura do futuro.

> *Meus pensamentos giram com o mundo de minha mãe. Minha rejeição por meu pai, seu possível destino, minha responsabilidade no caso, e depois meu próprio destino, minha incapacidade de alertar ou agir. [...] Daí a imagem de prisão que tem me perseguido. Começar a vida numa cela, sem conhecer a beatitude, sendo o tédio um privilégio pelo qual cumpre lutar. [...] Não vejo nenhuma opção, nenhuma escapatória plausível para a possibilidade de ser feliz. Queria não nascer nunca... (p. 83)*

É válido aqui ressaltar a correlação com a pulsão de morte, que, de acordo com Freud (1920-1922/1996), é uma pulsão que se apresenta em oposição às pulsões de vida, vindo a reduzir as tensões até à recondução do sujeito a um estado anorgânico, o retorno ao estado anterior – ao repouso absoluto. Uma destruição das unidades vitais. É uma pulsão que pode ser voltada para o interior, para a autodestruição, como se nota no exemplo anterior, assim como na tentativa do feto de se suicidar com o cordão umbilical, por não ter esperança em seu futuro e por ter convivido durante toda sua existência com a forte perspectiva da morte: "Para me suicidar, vou necessitar do cordão, três voltas em torno do meu pescoço num laço mortífero. [...] A ficção do suicídio de meu pai servirá de inspiração para minha própria tentativa. A vida imitando a arte. Ser um natimorto" (p. 131). Ato que está sendo cometido quando a mãe está tendo uma relação sexual com o amante. Desde o início da narrativa essas relações têm uma pulsão sexual altamente ligada a uma pulsão de morte interpretada pelo narrador; ele a todo o momento se sente no paredão da morte, com um intruso quase perfurando o seu crânio.

> *Claude está acelerando, agora a galope, respirando asperamente. Meu mundo está se sacudindo, mas o laço se encontra no lugar, minhas mãos agarram o cordão, puxo forte para baixo, as costas encurvadas, com a devoção de um tocador de sinos. Que fácil! Alguma coisa viscosa apertando minha carótida, um canal vital adorado pelos cortadores de gargantas. Posso fazer isso. Mais forte! A sensação de queda vertiginosa, do som se transformando em gosto, o toque se transformando em som. Um negror crescente, mais negro do que jamais vi e minha mãe murmurando suas despedidas.*
>
> *Mas, óbvio, matar o cérebro é matar a vontade de matar o cérebro. Tão logo começo a perder a consciência, minhas mãos enfraquecem e a vida ressurge. (p. 132)*

Posteriormente, a pulsão volta-se para o exterior sob a forma de destruição e agressão em relação ao objeto. Aqui se destaca o assassinato de John, que foi um elaborado ato de destruição, em que Trudy colocou para fora toda a sua raiva, ódio e pulsão de morte, reforçada pelas mesmas pulsões de Claude.

Igualmente, observa-se a confirmação inicial da pulsão de morte, seguida da pulsão de vida, da mesma forma como afirma Freud (1920-1922/1996), ao registrar que primeiramente o indivíduo tem o Tanatos – pulsão de morte – e só depois, com determinado investimento de vida, desenvolve o Eros – pulsão de vida; essa foi a mesma percepção do feto quando sentiu sua primeira dor. Como esta não foi compartilhada com a mãe, ele não conseguiu nenhuma ajuda para aliviá-la. Uma dor causada pela própria mãe por não manter uma alimentação apropriada, por conseguinte o feto conclui que a dor é geradora de consciência.

> *Para evitar danos graves, uma simples criatura precisa desenvolver estímulos e incentivos de um circuito subjetivo, de uma experiência anterior. Não apenas uma luz vermelha de alerta na mente – quem estará lá para vê-la? –, mas um acicate, uma dor, algo que machuca. A adversidade nos obrigou a ter essa capacidade de percepção, e funciona, ela nos aferroa quando nos aproximamos demais do fogo, quando amamos demais. Essas sensações são o começo da invenção do eu. E, se isso funciona, por que não sentir repugnância por fezes, temer a beira do precipício e gente estranha, relembrar insultos e favores, gostar de sexo e comida? Deus disse: Que seja feita a dor. E depois se fez a poesia. (p. 53)*

A evitação de danos graves se daria sob o desenvolvimento dos mecanismos de defesa que, segundo Fiori, são diversos tipos de processos psíquicos com o objetivo de afastar um dano gerador de angústia da percepção consciente. "Os mecanismos de defesa são funções do Ego e, por definição, inconscientes. Como sede da angústia, ele é mobilizado diante de um sinal de perigo e desencadeia uma série de mecanismos repressores que impedirão a vivência de fatos dolorosos" (*apud* RAPPAPORT; FIORI; DAVIS, 1981, p. 30).

Já a capacidade de percepção funciona como um sinalizador que tende a advertir de um mal maior. Funciona como uma advertência de certa forma dolorosa que alerta o indivíduo para que este não mergulhe nas profundezas do fogo ou do amor, pois qualquer tipo de excesso, seja de frustração ou de gratificação, pode levar a um desequilíbrio.

Essa ausência ou presença de um estímulo agradável aplicada de forma demasiada tende a desestruturar a formação do aparelho psíquico. Porém, se for destinada ao sujeito de forma adequada – em qualidade e quantidade –, vem a ser um fator elementar nesse processo de formação, já que ambas se referem a uma ação específica do objeto sobre o bebê. De acordo com Zimerman (1999), as frustrações são úteis e indispensáveis, visto que a capacidade de tolerância às frustrações do sujeito depende das condições constitucionais em que o bebê as processou. E, se estiverem adequadas, contribuirão para promover o crescimento, levando a criança desde cedo a achar soluções para problemas, assim como propiciarão uma gradativa capacidade para simbolizar e pensar. No entanto, se forem consideradas excessivas ou até injustas, acabarão por promover uma intensidade de sentimentos agressivo-destrutivos.

A gratificação segue a mesma lógica – sendo funcional –, uma gratificação suficientemente boa serve, conforme aponta Klein, de base para a construção das relações com os objetos externos e como fundamento da apreciação do que há de bom nos outros e em si mesmo. É basicamente a satisfação de suas necessidades de forma adequada que forma a base da gratidão e até mesmo da capacidade de amar, pois, quando o sujeito internaliza objetos bons, consegue ser grato, vindo a constituir toda a sua felicidade subsequente, tornando "possível o sentimento de unidade com a outra pessoa. Tal unidade significa ser plenamente compreendido, o que é essencial para toda relação amorosa ou de amizade felizes" (KLEIN, 1991, p. 219).

Pode-se pensar, no entanto, que as sensações que são o começo da invenção do eu seriam provenientes da estruturação do aparelho psíquico. As pulsões do id – que querem agir sem levar em consideração a realidade – só serão de certa forma barradas a partir da triangulação e da estruturação do ego, que passa a regular as ações do id de forma também consciente. Esse processo de vetar leva a uma adaptação, por meio dos mecanismos de defesa, para o afastamento da dor, já que o inconsciente tende a determinar as atitudes do indivíduo sem que ele perceba. O inconsciente é o local das emoções extremas, onde somente se considera a realidade interna sem levar em consideração a realidade externa, a lógica, a questão temporal e até mesmo a contradição. Para Freud (1920-1922/1996) trata-se da instância psíquica mais arcaica do aparelho onde existem as pulsões e elas o dominam.

Somente a partir da estruturação do ego é que se consegue controlar as pulsões, visto que ele é a parte mais consciente, aquela que vem trazer o equilíbrio necessário do aparelho psíquico para a sobrevivência e adaptação dos seres humanos em sociedade. Em relação a seu surgimento, adota-se a posição de Klein (1991), que afirma que ele não se forma desde o id, conforme definiu Freud, e sim que é inato e tem sua própria energia, interagindo com a mãe desde o nascimento.

Já o ego é a parte mais organizada do self influenciada pelo id, com o propósito de estabelecer e manter a relação com o mundo externo. Atua como um mediador entre os processos internos do id, o superego e a realidade com a finalidade de adequação. Sendo ainda, conforme Bion, o responsável pelos mecanismos de defesa, formação de símbolos, processamento da formação da angústia, sede das representações e das significações, bem como "processa a formação das identificações e do sentimento de identidade; reconhece as emoções e processa o seu destino; é a sede das funções mentais conscientes – as sensoriais e as motoras" (*apud* ZIMERMAN, 1995, p. 176).

Nesse contexto, Klein (1991) acrescenta a importante tarefa de defender-se da ansiedade gerada pela luta interna e por suas inúmeras influências, ideia reforçada por seus seguidores:

> *Já existe um, inato, esboço de ego, [...]. No recém-nato, existe a presença e funcionamento de arcaicas* fantasias inconscientes, *por conseguinte, também a existência de fortes "angústias de aniquilamento", com as respectivas defesas primitivas do ego. [...] O que ninguém discorda é o fato de que o bebê está à mercê de estímulos de toda ordem – físicos e psíquicos; sensoriais e cinestésicos, prazerosos e desprazerosos. (ZIMERMAN, 1999, p. 91)*

"Que seja feita a dor. E depois se fez a poesia" (p. 25), conclui a reflexão do narrador de que primeiro surgiria a dor (representada pela inibição da pulsão – do princípio de prazer) e depois a consciência (estruturação do ego – gerido pelo princípio de realidade), que primeiro surgiria a pulsão de morte e depois a pulsão de vida. Corrobora Zimerman (1999) que o princípio de prazer demanda uma gratificação imediata, sem levar em conta a realidade exterior, é simplesmente a satisfação de um desejo, uma busca por evitar o desprazer e proporcionar o prazer. E Freud (1920-1922/1996) acrescenta que o princípio de prazer parece servir aos instintos de morte.

Já o princípio de realidade considera as exigências e necessidades da realidade externa, como um princípio regulador do princípio de prazer. Laplanche (2001) acrescenta que sua instauração se correlaciona com uma série de adaptações que o aparelho psíquico sofre, entre elas o desenvolvimento de funções conscientes, atenção, juízo crítico, memória e nascimento do pensamento.

> *A passagem do princípio de prazer para o princípio de realidade não suprime, porém, o primeiro. Por um lado, o princípio de realidade garante a obtenção das satisfações no real e, por outro, o princípio de prazer continua a reinar em um amplo campo de atividades*

> *psíquicas, espécie de domínio reservado entregue à fantasia e que funciona segundo as leis do processo primário: o inconsciente.* (LAPLANCHE; PONTALIS, 2001, p. 369)

Bion (*apud* ZIMERMAN, 1995) também acrescenta que os dois princípios que sucedem o psiquismo estão sempre presentes de forma simultânea e interagem ao longo da vida do sujeito determinando a formação dos pensamentos.

Pensando sob o prisma do princípio do prazer, chega-se ao núcleo conflituoso das pulsões sexuais, expresso por meio da metáfora do pênis que surge como um elemento ameaçador da vida, pois durante as relações sexuais de Trudy com seu amante o narrador se sente aniquilado, relatando muitas vezes que o pênis do inimigo vai furar seu cérebro e um esperma maldoso lhe contaminará, podendo penetrar em seu ser, sem qualquer possibilidade de reversão. "Estou me encolhendo. Isso é feio, com certeza vai dar errado, muito tarde na gravidez. Venho dizendo isso há semanas. Vou sofrer" (p. 110).

De forma muito sutil Ian McEwan explicita que o narrador é do sexo masculino, o que fica um pouco mais evidente por seus interesses, pelo forte sentimento de querer destruir Claude e por não interromper o plano de assassinato de seu pai. Interessante destacar a defesa do escritor em relação à liberdade de escolha de gênero.

> *Bem cedo na minha vida consciente, um dos dedos, que à época eu não controlava, tocou de passagem numa protuberância entre minhas pernas semelhante a um camarão. Embora guardassem distâncias diferentes de meu cérebro, o camarão e a ponta do dedo reagiram*

> *simultaneamente, uma curiosa questão que a neurociência chama de problema de ligação. [...] Dois sexos apenas. Fiquei desapontado. Se os corpos, as mentes e os destinos humanos são tão complexos, se temos mais liberdade do que qualquer mamífero, por que limitar o espectro de possibilidades? [...] Um curioso estado de espírito tomou conta dos jovens. Eles se mostram mobilizados, por vezes raivosos, mas sobretudo carentes, e desejam a bênção das autoridades, a validação da* identidade *que venham a escolher. Talvez o declínio do Ocidente sob novo disfarce. Ou a exaltação e liberação do eu. Uma rede social chamou atenção ao propor setenta e uma opções de gênero. (p. 148-149)*

Entretanto, é valido pontuar que o complexo de Édipo pode acontecer tanto com meninos como com meninas. E, como apresenta Freud, comporta-se de duas formas: positiva e negativa. A primeira funda-se no desejo sexual pelo genitor do sexo oposto e o desejo de morte pelo do mesmo sexo, que é o que se vê em *Enclausurado*. E a forma negativa consiste no desejo amoroso pelo genitor do mesmo sexo e um ciúme e desejo de anular o outro.

A importância da sexualidade edípica vem a ser determinante na relevância dos fatores narcisistas da formação da personalidade e mesmo na determinação de psicopatologias, ressalta Zimerman (1999), afirmando que é ele um reflexo das complicações – fixações – das fases anteriores, vindo a representar um fator essencial para organização da personalidade, por quatro razões fundamentais.

Uma delas é o caminho para a triangulação, a inclusão de um terceiro objeto para se interpor na díade mãe-bebê. No caso estudado, o terceiro é representado pelo amante da mãe – o tio do feto – e não pelo pai. Processo que o leva à renúncia da possessividade onipotente e a aceitação das diferenças de sexo, potência e geração.

A segunda razão determina a formação das identificações, um aspecto essencial na formação da personalidade e do sentimento de identidade. Aqui já se percebe uma identificação do feto com o pai biológico por meio do gosto pela poesia e pela apreciação artística.

A exclusão da criança da cena primária é a terceira razão, a qual pode gerar sentimentos intensos de abandono, traição e ódio e, por consequência, outros como medo, culpa, elaboração de planos de vingança, excesso de identificações projetivas, ansiedades paranoides e angústia de castração. Essa exclusão com um teor de frustração é algo que se percebe claramente retratado em *Enclausurado*, em suas expressões de ódio pela dupla (mãe × amante), angústia de castração e mesmo aniquilamento quando os dois praticam relações sexuais, culpa tanto por fazer parte do plano cruel que assassina o seu pai como também por não ter conseguido salvá-lo. Porém, se analisarmos pelas entrelinhas, essa atitude de passividade pode remeter ao fato de que ele inconscientemente desejava o pai morto para poder ficar de posse da mãe. Algo a que ele alude no final do livro: quando Claude se exclui da cena, o feto comemora, visto que o pai já morreu e o amante a está abandonando, deixando o caminho totalmente livre para ele. O feto triunfou.

A quarta razão, em compensação, destaca "uma exitosa resolução da conflitiva edípica que torna possível o ingresso em uma genitalidade adulta" (ZIMERMAN, 1999, p. 95). Caso contrário, uma má resolução ou fixações mesmo que parciais poderiam resultar em uma pseudogenitalidade.

É importante destacar que, "por mais que sejam bons os sentimentos da criança em relação a ambos os pais, a agressividade e o ódio também se mantêm em atividade. Uma expressão disso é a rivalidade com o pai" (KLEIN, 1991, p. 286). Rivalidade essa que se torna triunfante na fase edípica, em que o pai ou o amante, no caso analisado, retira do narrador o amor e a atenção da mãe.

A expressão, para Zimerman (1999), indica o conjunto de desejos amorosos e hostis que a criança experimenta com os pais. Hostilidade que pode ser vista na descrição do feto sobre Claude:

> *Como homem, ele é um artefato, um aparelho construído por si mesmo, um instrumento destinado a realizar uma fria impostura, tramando contra Trudy enquanto trama ao lado dela. [...] ele é o que parece ser, uma concha vazia, um conspirador tão honesto quanto ela, só que menos inteligente. (p. 31)*

Na relação edípica triunfa o narcisismo, considerado também como um elemento estruturante da personalidade – o qual faz menção ao mito de Narciso –, o amor pela imagem de si mesmo. Laplanche e Pontalis (2001, p. 51-52) acrescentam que o sujeito começa a tomar o seu próprio corpo como fonte e como objeto de amor, permitindo uma unificação das pulsões sexuais:

> *Eu vou armazenar grãos, ser rico, ter um brasão. [...], e o meu direito é o amor de uma mãe, sendo assim absoluto. Nego meu consentimento às maquinações de abandono dela. Não serei exilado, mas ela será. Tratarei de prendê-la com este cordão escorregadio, ameaçá-la no dia do nascimento com o olhar estonteado e furibundo de um recém-nascido, um grito solitário de gaivota para arpoar seu coração. Então, coagida por um amor agressivo a cuidar de mim constantemente, sua liberdade não mais que uma costa cada vez mais distante, Trudy será minha, e não de Claude.*

Como dentro do útero ele está sozinho e dominante num ambiente confortável de temperatura e luminosidade constante, gentilmente estimulado pelos movimentos da mãe, protegido de ruídos mais intensos, alimentando-se sem esforço, ele desenvolve e fortalece o narcisismo primário. Pois, conforme Maldonado (1982), todos os nutrientes necessários chegam pelo cordão umbilical e a maioria das funções, como respirar, é desempenhada pela placenta da mãe. Levando-o, segundo Dias (2014), a acreditar de forma alucinatória que a satisfação na vida intrauterina ocorre por meio dele mesmo, já que suas necessidades são atendidas sem que ele perceba. Conclui Zimerman que o protótipo mais fiel do narcisismo primário é mesmo a vida intrauterina e, amparado em Freud, argumenta que existe uma total indiferenciação entre o ego que está submetido e confundido com id e com a realidade exterior. "A mãe não é mais do que um prolongamento dele, e basta emitir um 'pseudópodo mental' que ele conseguira fagocitar tudo o que necessita, porque 'nessas condições tudo é posse exclusiva dele mesmo'" (ZIMERMAN, 1999, p. 79).

A relação do investimento narcísico pode tanto estar revestida de gratificação como de frustração:

> *Ela pousa uma mão tranquilizadora na protuberância que me contém, perto da parte de baixo das minhas costas. Um gesto de esperança amorosa para o nosso futuro. Como ela poderia pensar em me dar para alguém? Vai precisar de mim. Vou iluminar a penumbra de inocência e compaixão que ela vai desejar manter ao seu redor. Mãe e filho – uma grande religião teceu suas melhores histórias em torno desse símbolo potente. Sentado no colo, apontando para o céu, vou torná-la imune a acusações. Por outro lado – como odeio esta frase –, nenhuma preparação foi feita para minha chegada, nenhuma roupa, mobília, nada de arrumar compulsivamente o ninho. Não me recordo de haver*

> *entrado numa loja com minha mãe. Um futuro amoroso é fantasia.* (MCEWAN, 2016, p. 62)

Reflexo claro da relação narcísica, em que ele se considera o centro de tudo, podendo salvar a mãe de todos os males e culpas. Isso também se evidencia no momento do nascimento do protagonista, que antecipa sua chegada em duas semanas, com o intuito de impedir a fuga da mãe e de seu amante. Ele não evita a morte do pai e agora força sua chegada, até com o objetivo de afastar/destruir o amante, que tenta fugir sozinho, abandonando Trudy na hora de dar à luz. Trama que segue o ditado popular "'o rei morreu, viva o rei', que une a ideia do nascimento da criança à morte do pai" (SOIFER, 1980, p. 29). Criança que agora é o rei da história e vem para assumir o lugar mais importante ao lado da mãe.

> *Mas eles não vão. Depois de todas as minhas considerações e revisões, lapsos de percepção, tentativas de autoaniquilamento e tristeza pela passividade, tomei uma decisão. Chega. A bolsa amniótica é o saco translúcido de seda, bom e forte, que me contém. Preserva também o fluido que me protege do mundo e de seus pesadelos. Não mais. Hora de entrar em ação. Acabar de uma vez por todas. Hora de começar. [...] Consigo enfiar a ponta da unha [...], até que por fim minha mão fechada abre caminho e atrás dela vem um grande volume de líquido, a catarata do começo da vida.* (p. 192-193)

Maldonado (1982) corrobora que o desencadeamento do parto depende de fatores maternos e de fatores fetais, cujas características procedem dos dois, entre eles o ritmo, mais lento ou mais rápido. Bem como se este será vivido mais como uma experiência gratificante ou frustrante. Caso seja vivido como uma experiência negativa, é preciso ser visto pelo seu aspecto enriquecedor, apontando as limitações e não a soberania absoluta da existência humana.

Começa o trabalho de parto permeado pela angústia de Trudy, que não poderá pegar o trem para fugir da incriminação pela morte de John. A isso se anexa a angústia de aniquilamento, ao perceber que Claude quer fugir, abandonando-a sozinha na hora do nascimento do filho e com a acusação do assassinato, do qual foi coparticipante.

Soifer complementa que a angústia do trauma do nascimento invade o ego fragmentando-o, e que a qualidade opressora dessa angústia se propaga pelo meio, em maior ou menor grau. "Surgem comportamentos hostis, às vezes francamente sádicos, por parte dos familiares" (SOIFER, 1980, p. 55). No caso de *Enclausurado*, verifica-se por parte de Claude comportamentos totalmente sádicos e narcisistas, pois no momento em que se rompe a bolsa a primeira pergunta que ele faz é "Onde está meu passaporte?" e, quando percebe que Trudy não vai lhe entregar, começa a ameaçá-la de só chamar a ambulância, como ela deseja, se lhe devolver o passaporte. Trudy não cede às pressões: "Não. Se eu cair, você também cai" (p. 90). Ele, então, desconecta o telefone da tomada. Ela se recupera de forte contração e diz sem emoção da voz: "Então você vai ter que fazer o papel de parteira" (p. 90).

O parto, que para Maldonado (1982) é um fenômeno de alta complexidade, envolvendo fatores biológicos, sociais e psicológicos, vem a ser um processo psicossomático por excelência em que as angústias, medos e tensões da mãe têm um peso direto em seu desenrolar. "A hipótese básica levantada é de que as mulheres que apresentam maior grau de dificuldade em sua história pessoal têm os piores partos" (CHERTOK *apud* MALDONADO, 1982, p. 90).

Outro fator levantado refere-se às características da personalidade da mãe, que passam a ser determinantes na qualidade da gravidez e do parto.

Como bem expõe Read (*apud* MALDONADO, 1982), a dor do parto normal surge da ativação do sistema nervoso provocado pelo medo, que produz um acúmulo de tensão no útero.

> *O medo provoca também a diminuição da circulação sanguínea no útero, prejudicando o curso natural do parto e aumentando o desconforto. [...] Embora a dor possa ser um fenômeno sensorial, o medo e ansiedade podem aumentar a percepção de sua intensidade. [...] Rof Carballo encara a dor como uma reação e uma percepção, sendo ao mesmo tempo uma forma de expressão altamente individualizada e que varia de pessoa a pessoa; é também uma manifestação emocional que depende da experiência e da história passada da pessoa. (MALDONADO, 1982, p. 81-82)*

Essa manifestação emocional, abundante em histórias de vidas que se transmutam em dor, é constatada também na descrição do parto feita pelo narrador:

> *Assim seguem as coisas, onda atrás de onda, gritos e gemidos, súplicas para que a agonia tenha fim. [...] Forças cruéis da natureza pretendem me achatar. Atravesso uma região que, eu sei, um pedaço do meu tio frequentou com demasiada frequência indo na direção oposta. Não me preocupa. O que nos dias dele era uma vagina agora tem o orgulho de ser um canal de nascimento, meu Panamá, e sou maior do que ele,*

> *um imponente navio de genes, enobrecido pelo avanço sem pressa, transportando minha carga de informações antigas. [...] Durante algum tempo, fico surdo, cego e mudo, tudo me dói. Mas a dor é maior para a minha mãe, que, aos gritos, faz o sacrifício de todas as mães por suas crias de cabeça grande e pulmões vigorosos. (p. 196-197)*

Salienta-se aqui também a questão narcisista do feto, na qual se compara ao tio e constata ser *maior* e mais *imponente* que o adversário. E que a mãe, no seu caso, assume um glorioso papel de ser um canal de nascimento, que com o amante assumia apenas um papel de coadjuvante. Todavia, no momento que ambos começam a se separar – ele percebe que ambos sentem dor, mas talvez de intensidades diferentes –, estabelece-se, aqui, o princípio do rompimento intrauterino. Maldonado (1982), nesse contexto, apresenta as contribuições de alguns estudos que sugerem que o comportamento materno pode ser alterado no momento da separação/parto, assim como o bebê é altamente afetado pelo isolamento, já que afirmam que, independentemente da história pregressa, e mesmo se a mãe é canhota ou destra, após a separação pós-parto, instintivamente ela tende a segurar os recém-nascidos só pelo lado esquerdo, próximo ao coração.

Klein considera que as relações de objeto iniciam no nascimento, e que o papel da mãe, amando, ajudando, alimentando e amparando a criança, torna-se o primeiro objeto bom do seu mundo interno. Sugere que até certo ponto é uma atitude inata da progenitora e que "a possibilidade de o bom objeto vir a ser parte relevante do *self*" (KLEIN, 1991, p. 285), a partir dessa atitude amorosa da mãe, contribui para o sucesso desse processo, em que um elemento de força é agregado ao ego. "Pois eu suponho que o ego em grande parte desenvolve-se em torno desse objeto bom e que a identificação com as características boas da mãe torna-se a base para identificações benéficas ulteriores" (KLEIN, 1991, p. 285).

Atitude positiva e amorosa que se percebe em Trudy quando está orientando Claude como deve proceder no momento do nascimento do feto-narrador:

> *Quando ele sair, vai vir com o rosto para baixo. Você pega o bebê com as duas mãos, bem delicadamente, apoiando a cabeça dele, e põe em cima de mim. Ainda com o rosto para baixo, entre os meus seios. Perto de onde bate o coração. Não se preocupe com o cordão. Vai parar de pulsar sozinho, e o bebê começa a respirar. Ponha umas duas toalhas em cima dele para mantê-lo aquecido. (p. 196)*

Considera-se a fala da mãe um divisor de águas – no desenvolvimento emocional primitivo do feto – exatamente quando a mãe começa a apresentar alicerces amorosos e de proteção para que o filho venha ao mundo, permitindo a possibilidade de integração entre os elementos bons e maus pelo feto. Klein (1991) ampara essa questão dizendo que a posição é um conjunto de parâmetros que define a forma como o sujeito se comporta na vida, envolvendo ansiedades, defesas, afetos e relações objetais.

A posição esquizoparanoide (PEP), no entanto, refere-se a defesas primitivas e de natureza narcisista, para se livrar da ansiedade de aniquilamento, resultante das pulsões sádico-destrutivas ligadas às pulsões de morte e de completa cisão entre os objetos bons e objetos maus, vendo-os somente em sua parcialidade. Já na posição depressiva (PD), começa-se a identificar o objeto total, de forma a discriminar, reconhecer e integrar os aspectos antes clivados da mãe, bem como conseguir estabelecer graus de diferenciação entre o eu e não eu. "A própria experiência dos sentimentos depressivos, por sua vez, tem por efeito uma maior integração do ego, porque resulta numa maior compreensão da realidade psíquica e melhor percepção do mundo externo, como também maior síntese entre situações internas e externas" (KLEIN, 1991, p. 33).

A possibilidade de integração do objeto evidencia-se a partir da *importância do contato epidérmico*, uma vez que é por meio desse primeiro contato que o bebê se relaciona com o mundo, abrindo-se para novas experiências. A pele vem a ser o órgão vital do ser humano. "É o órgão sensorial primário do bebê e a experiência tátil é a fundamental para o seu desenvolvimento" (MONTAGU, 1971 *apud* MALDONADO, 1982, p. 62). Em contrapartida, quando se é privado do contato epidérmico, evidenciam-se distúrbios graves na esfera física e emocional. Visto que o contato corporal é a origem do bem-estar, da segurança e da afetividade do bebê, e esses elementos permitem que ele tenha a capacidade de procurar novas experiências (MALDONADO, 1982), o qual tem total conexão com o holding, uma vez que, de acordo com Winnicott, leva em conta a sensibilidade cutânea - o tato, a temperatura, a sensibilidade visual e auditiva –, constata-se que, aqui, Trudy desenvolve com o filho o holding físico, aquele já pontuado como essência do cuidado materno e a forma que a mãe tem de demonstrar seu amor.

> *Com "o cuidado que ele recebe da mãe" cada lactente é capaz de ter uma existência pessoal, e assim começa a construir o que pode ser chamado de continuidade do ser. [...] Se o cuidado materno não é suficientemente bom então o lactente realmente não vem a existir, uma vez que não há continuidade do ser; ao invés a personalidade começa a se construir baseada em reações e irritações do meio. (WINNICOTT, 1983, p. 53)*

E quando o *olhar do feto encontra pela primeira vez o olhar do objeto*, buscando uma referência para o mundo que o espera aqui fora, já que, segundo o autor, o primeiro espelho da criança é o rosto e o olhar da mãe – quando o bebê se olha no espelho do rosto materno, ele vê a si mesmo e a partir daí é visto, existe e permite-se olhar o mundo, ou seja, em *Enclausurado* busca no fundo dos olhos da mãe uma esperança, mesmo sabendo que da forma como a história de desenrolou não será possível um final feliz, como acontece nos contos de fada.

> *Minha mãe me muda de lugar para que possamos trocar um longo olhar. O momento pelo qual esperei. Meu pai tinha razão, é um rosto adorável. [...] Acho que vejo o mundo inteiro neste rosto. Belo. Amoroso. Assassino. [...] estou pensando na nossa cela – espero que não seja pequena demais – e, mais além de sua pesada porta, nos degraus gastos que sobem: primeira a tristeza, depois a justiça, enfim o significado. O resto é caos. (p. 198-199)*

Todas essas especulações no universo da psicanálise foram permitidas por se tratar da análise de uma obra de ficção, porém, se fossem levados em consideração apenas o feto e sua mãe, sem suas narrativas, seria viável talvez apenas a correlação com a equação etiológica, postulada por Freud em 1916, como elementar para a construção da personalidade tanto saudável como patológica. A qual, de acordo com Zimerman (1999), poderia ser classificada em três fatores: os fatores hereditários e inatos, as experiências emocionais primitivas e as experiências traumáticas da realidade atual da vida adulta. Destacam-se os fatores hereditários e inatos que se referem a tudo que engloba a vida uterina, ou seja, todas as ocorrências com a mãe, desde alimentação, cuidados, ambiente, desejos e até expectativas que são geradas no bebê durante a gestação. Aqui o feto é totalmente passivo não tem o poder de decisão, nem mesmo de influenciar nas decisões da mãe, tampouco a respeito de suas características herdadas.

Bion (1992 *apud* ZIMERMAN, 1999) afirma que nas células embrionárias há uma ressonância das flutuações dos estados físicos e emocionais das mães que ficam impressas em seu psiquismo fetal, retomadas na vida adulta na forma de enigmáticas psicossomatizações. No caso do protagonista, seriam intensificadas com o contexto atual de caos em que vive, no qual a dinâmica de seu cotidiano se interpõe a experiências traumáticas, recheadas de veementes atos de crueldade, violência e desamparo. Em que os atos de contemplação do belo, da paz e da felicidade são quase inexistentes.

## Que mundo o narrador vê

A relevância de se contemplar o *mundo que ele vê* se deu fundamentada na afirmação de Hall, Lindzey e Campbell (2000, p. 60), na qual constatam que a grande dinâmica da personalidade é em sua extensão governada pelo imperativo de gratificar as próprias necessidades por meio de transações com objetos do mundo externo: "Além do seu papel como fonte de suprimentos, o mundo externo desempenha um papel importante como moldador do destino da personalidade". O ambiente externo contém inúmeros elementos, sejam eles de perigo e/ou de insegurança, que podem tanto ameaçar como satisfazer – produzindo dor, aumentando a tensão ou produzindo prazer através da redução da tensão – "Ele perturba, assim como conforta" (HALL; LINDZEY; CAMPBELL, 2000, p. 60).

Sentir medo dessa perturbação, entretanto, é sentir-se com o ego inundado pela ansiedade em relação às ameaças externas de dor, destruição e frustração, o que leva o sujeito a sentir-se ameaçado, esmagado e sem controle. Os autores trazem a contribuição de Freud (1926) em relação aos três tipos de ansiedade, que nada mais é do que um sinal para o ego. É um estado de tensão produzido por causas externas, uma pulsão de acaba protegendo o ego de ser aniquilado: "ela pode fugir de uma região ameaçadora, inibir o impulso perigoso ou obedecer à voz da consciência" (FREUD, 1926, p. 61). Sendo a primeira delas geradora das outras duas: a *ansiedade da realidade*, que é nada mais do que os medos de perigos reais do mundo externo.

As outras duas também foram de certa forma contempladas na primeira parte deste trabalho, quando vimos as questões referentes ao mundo interno do feto-narrador. São elas: a *ansiedade neurótica*, que se refere ao medo de que os instintos escapem do controle, ou seja, que se tome uma atitude e que se seja posteriormente punido; e a *ansiedade moral*, que é o medo da consciência, levando o sujeito a sentir culpa por um ato que praticou ou até mesmo por pensar em uma ação que seja contrária aos códigos morais.

Supõe-se que um universo empírico que se constitui na consciência do feto-narrador apresenta uma enorme vastidão. Se, nos primórdios do texto, seus vínculos se dão quase exclusivamente no plano sensorial com a figura materna, pouco a pouco, a realidade vai se tornando mais complexa e aquilo que era algo nebuloso torna-se mais ou menos nítido, revelando uma multiplicidade de paixões humanas e de aspectos problemáticos da existência. Claro que o eixo da narrativa –, como o eixo de nossa própria vida, é dado pela vida familiar. Nesse microcosmo o mundo se reflete assim como ele é, surpreendente e complicado. O feto conhece de imediato a perfídia, a traição, a ambição, o desprezo pela vida e outros sentimentos pouco recomendáveis. As primeiras impressões acerca do que está fora de sua subjetividade são de espanto, mas esta situação infernal cujo clímax é o assassinato do pai lhe desperta um aguçado senso crítico a respeito daquilo que transcende a própria família. Ele enxerga o mundo com uma visão desconfiada e rebelde, visto que consegue adquirir algumas noções éticas e morais da existência, talvez influenciado pela personalidade de seu pai. No trecho que segue se percebe todos os âmbitos de atuação do narrador: o espectro subjetivo, familiar e social.

> *Além disso, em meu confinamento eu tinha outras preocupações: meu problema com a bebida, aborrecimentos de família, futuro incerto em que estava defrontado com a possível sentença de prisão ou uma vida aos "cuidados" do descuidado Leviatã, que providenciaria tudo para eu ir morar no décimo terceiro andar. (p. 149)*

De alguma maneira, o drama familiar não passa de uma primeira camada a sustentar a reflexão do feto-narrador sobre o espaço no qual está prestes a chegar. Toda a agitação de sua interioridade relaciona-se não apenas com os vínculos distorcidos que estabelece com a mãe, mas também com o desenvolvimento de uma impactante consciência da realidade fática que aparece para ele como um território complexo e ameaçador, gerido pela ambição de um mundo materialista. Sua consciência parece a de um intelectual crítico e não o de um ser no útero materno, mas a elaboração do romance é tão bem-feita que se aceita como verdade esta dimensão ética adulta que parece ser a do escritor. Levando o leitor a reflexões sobre as paixões e os embates da existência humana, repleta de situações conflituosas, como a questão das guerras, dos imigrantes, do preconceito, da intolerância, das quais os próprios sujeitos querem se abster:

> *Esses desastres são obra das nossas naturezas duplas. Inteligentes e infantis. Construímos um mundo complicado e perigoso demais para poder ser administrado com o temperamento aguerrido que temos. [...] O pessimismo é fácil demais, até mesmo delicioso, o emblema e enfeite dos intelectuais em toda a parte. Exime as classes pensantes de buscar soluções. (p. 34)*

O olhar até certo ponto pessimista do narrador, focado em um mundo violento, assustador e opressivo, praticamente não estabelece nenhuma idealização das circunstâncias objetivas da vida. Não vê no mundo sentimento de bondade e solidariedade, apenas está envolto por notícias e atitudes desfavoráveis. "A palestrante mostrou uma visão sombria da nossa espécie, em que os psicopatas constituem uma fração permanente, uma constante humana. A luta armada, justa ou não, os atrai. Eles ajudam a transformar desavenças locais em conflitos mais amplos" (p. 32). Num panorama da situação do mundo, a especialista em relações internacionais afirma categoricamente que o mundo não vai bem, já que analisou dois estados de espírito comuns entre os indivíduos – a autocomiseração e a agressividade, e conclui: "sua população está nervosa, obesa, com medo, atormentada por uma raiva que consegue exprimir, desprezando o governo, assassinando o sono com novas armas de mão" (p. 33).

Klein (1991, p. 284) de certa forma fundamenta as conclusões narradas pelo feto, ao afirmar que o mundo interno é parcialmente o reflexo do externo: "Isto é, o duplo processo de introjeção e projeção contribui para a interação entre fatores externos e internos". O que, todavia, tende em resultar em um julgamento da realidade que nunca consegue ser livre das influências do mundo interno.

Poucos são os momentos vivenciados pelo protagonista que fogem do mundo cruel e perverso; talvez fossem esses momentos amparados por resquícios do comportamento bondoso do pai, que age como contraponto à brutalidade geral que ele percebe e o faz ver e sentir o mundo de uma forma mais poética, artística e benévola. Contemplando atos do cotidiano de maneira sublime.

> *Ela o deixa na cama e vai tomar banho. Em meio ao calor, ao tamborilar monótono das gotas de água e ao som do cantarolar afinado de minha mãe, sou invadido por um inexplicável sentimento de alegria e excitação. Não posso evitar, não tenho como manter a felicidade à distância. [...] Vejo o mundo como algo dourado [...]. Mas dourado soa bem, sinto isso quando a água quente corre veloz atrás do meu crânio. Não me lembro de um prazer tão radioso. Estou pronto, estou chegando, o mundo me acolherá, porque não pode resistir a mim. Vinho tomado na taça e não através da placenta, livros sob um abajur, música de Bach, caminhadas na praia, beijos ao luar. (p. 164-165)*

No final da narrativa, após o feto conseguir sentir o amor, o amparo e o holding da mãe, estando prestes a efetivar a integração dos objetos bons e maus, é que ele consegue, pela primeira vez, contemplar o belo no mundo externo. E, apesar de ainda contaminado por densos sentimentos de ódio e vingança, ele compreende que algo de positivo existe na realidade que agora vislumbra em sua plenitude:

> *A luz do sol do início da noite de verão atravessa as folhas de um plátano e projeta no teto desenhos tremulantes. Ah, a alegria de esticar as pernas, de verificar no*

> *despertador sobre a mesinha de cabeceira que eles jamais pegarão aquele trem. Mas não tenho tempo para saborear este momento. (p. 198)*

## *Considerações finais*

Toda a estratégia de construção do texto está fundamentada em uma ambivalente e complexa análise da condição humana, que é sempre problematizada nos grandes romances. O autor realiza uma fascinante especulação sobre a vida, suas paixões, seus conflitos, e, neste caso, valendo-se de uma surpreendente perspectiva, pois o narrador sequer nasceu e, obviamente, todas ou quase todas as suas cogitações sobre a realidade são fantasiosas do ponto de vista da verossimilhança exterior.

Mesmo assim, pela linguagem e pelo domínio técnico do escritor, os leitores acreditam na narrativa, sendo convencidos de que ela é verdadeira e esquecendo que aquela situação – um feto descobrindo a vida e debatendo seus mistérios – não tem sustentação na objetividade dos fatos e somente poderia se realizar, quem sabe, por meio de uma criança de 9 anos ou 10 anos de idade. Mas, como afirma Pereira (2014, p. 16), "a ficção é o lugar ou a força dinâmica que coloca em jogo a possibilidade de uma transformação da realidade por um ato".

Em outras palavras, uma ficção bem elaborada pode distorcer elementos lógicos do mundo real para melhor mostrá-los. Por isso, o feto convence os leitores de suas angústias e inquietações, levando-os a compartilhar suas descobertas de uma forma fascinante. O texto oferece elementos suficientes para que o pequeno ser em formação se torne um personagem concreto, que ganha vida aos olhos dos leitores, de tal maneira que estes passam a torcer por ele, querendo que nasça logo e tenha um futuro longe da prisão. A referida conversão da fantasia em realidade parece acontecer porque o escritor consegue condensar no personagem formas representativas que traduzem aspectos presentes no inconsciente individual de todos os homens. Um deles seria a existência de um significativo vínculo entre a mãe e o bebê desde a vida intrauterina.

Ao se analisar o romance do ponto de vista puramente psicanalítico, fora do seu efeito de sedução literária, pode-se constatar a irrealidade do estágio de vida mental do protagonista, mas é importante considerar que, por outro lado, o texto estimula o leitor a refletir a respeito do vínculo objetal mãe e bebê que se iniciaria desde a sua concepção. Até porque algumas pesquisas já indicam que os fetos são afetados pela tensão emocional e pela ansiedade da mãe, embora não se possa afirmar que sejam capazes de distinguir atos, pensamentos e sensações e de desenvolver articulações mentais, sejam elas conscientes ou inconscientes. A obra, entretanto, induz os leitores a pensar na possibilidade de uma existência mais complexa nesses seres ainda não completamente formados, o que abriria um novo leque de interpretações da existência intrauterina. Isso talvez nunca fique cientificamente comprovado e, se levarmos em conta a maioria dos estudiosos, é mais fácil supor que haverá, no futuro, alguma comprovação definitiva de que a vida no útero materno é composta apenas de obscuras sensações inconscientes. Mas, muitas vezes, na história humana, a literatura e as artes antecipam processos inovadores, descobertas e acontecimentos até então inimagináveis. Quem sabe se, um dia, a capacidade imaginativa do escritor não se transformará em certeza psicológica? Disso também resulta parte do fascínio de *Enclausurado.*

Para finalizar, este trabalho resultou de uma aproximação entre a literatura e a psicanálise: Ian McEwan e os aspectos psicanalíticos presentes em seu romance. Ambas as atividades lidam com a mesma matéria, a complexa alma humana e suas relações com a família e o contexto social. Ambas querem um esclarecimento da realidade, a literatura de forma simbólica, fazendo mais perguntas do que trazendo respostas, e a psicanálise de forma mais direta, tentando uma maior inteligibilidade dos dramas existenciais por meio de interpretações do inconsciente. Ambas partilham do mesmo solo comum – a linguagem –, mas se na literatura essa linguagem é poética e ambígua, na psicanálise ela é mais conceitual e científica. Quando as duas maneiras de examinar o espírito humano se entrelaçam, o resultado final é sempre uma iluminação de nós mesmos, como indivíduos, e da complexa vida humana de todos os seres humanos.

## *Referências*

ASSOU, P. L. *Littérature et psychanalyse*. Paris: Elipsis, 1996.

BERGERET, J. *Personalidade normal e patológica*. Porto Alegre: Artes Médicas, 1998.

BRENNER, C. *Noções básicas de psicanálise*: introdução à psicologia psicanalítica. 4. ed. Rio de Janeiro: Imago, 1973.

CORSO e CORSO. Vertigem do desejo. *In:* EDLER, S. P. B.; FREITAS, L. A. P.; ALBUQUERQUE, J. D. P. (orgs.). *Escritos sobre psicanálise e literatura*. Rio de Janeiro: Companhia de Freud Editora: Sociedade de Psicanálise Iracy Doyle, 2009. p. 113-120.

DIAS, H. Z. J. *Narcisismo*: uma breve revisão. Trabalho apresentado no Seminário Freud II, Curso Formação Psicanalítica de Adultos, Instituto de Psicanálise da SPPA, Porto Alegre, 2014.

EDLER, S. P. B.; FREITAS, L. A. P.; ALBUQUERQUE, J. D. P. (org.). *Escritos sobre psicanálise e literatura*. Rio de Janeiro:

Companhia de Freud Editora; Sociedade de Psicanálise Iracy Doyle, 2009.

ESTEVAM, C. *Freud*: vida e obra. Rio de Janeiro: Paz e Terra, 1976.

FADIMAN, J.; FRAGER, R. *Teorias da personalidade*. São Paulo: Harbra, 1986.

FREUD, S. (1906-1907). Delírios e sonhos na Gradiva de Jensen. *In*: FREUD, S. *Edição Standard Brasileira das Obras Psicológicas Completas de Sigmund Freud*. Rio de Janeiro, Imago, 1980. v. 19.

FREUD, S. (1907-1908). Escritores criativos e devaneios. *In*: FREUD, S. *Edição Standard Brasileira das Obras Psicológicas Completas de Sigmund Freud*. Rio de Janeiro: Imago: 1980. v. 19.

FREUD, S. (1920-1922). *Além do princípio do prazer, psicologia de grupo e outros trabalhos*. Rio de Janeiro: Imago, 1996.

FREUD, S. (1926). *Inibições, sintomas e ansiedade*. Rio de Janeiro: Imago, 1996. p. 81-176.

HALL, C.; LINDZEY, G.; CAMPBELL, J. *Teorias da personalidade*. 4. ed. Porto Alegre: Artmed, 2000.

KLEIN, M. *Inveja e gratidão*: e outros trabalhos (1946-1963). 4. ed. Rio de Janeiro: Imago, 1991.

LAPANCHE, J.; PONTALIS, J.-B. *Vocabulário de psicanálise*. 4. ed. São Paulo: Martins Fontes, 2001.

MALDONADO, M. T. *Psicologia da gravidez*: parto e puerpério. Petrópolis: Vozes, 1982.

MCEWAN, I. *Enclausurado*. São Paulo: Companhia das Letras, 2016.

MEZAN, R. *Sigmund Freud*: a conquista do proibido. 2. ed. São Paulo: Brasiliense, 1982.

PEREIRA, L. S. (org.). *A ficção na psicanálise*: passagem pela outra cena. Porto Alegre: Instituto APPOA, 2014.

RAPPAPORT, C. R.; FIORI, W. da R.; DAVIS, C. *Teorias do desenvolvimento*: conceitos fundamentais. São Paulo: EPU, 1981. v. 1.

SOIFER, R. *Psicologia da gravidez*: parto e puerpério. Porto Alegre: Artes Médicas, 1980.

THOMÉ, L. *A investigação da natureza humana*. Conferência Em busca do real. [S. I./s. d.]. Disponível em: https://www.fronteiras.com/ativemanager/uploads/arquivos/agenda_conferencias/5f0948d6d6f2f66935e593973c58da3e.pdf. Acesso em: 01 ago. 2023.

WINNICOTT, D. W. *O ambiente e os processos de maturação*: estudos sobre a teoria do desenvolvimento emocional. Porto Alegre: Artmed, 1983.

ZIMERMAN, D. *Bion da teoria à prática*: uma leitura didática. Porto Alegre: Artes médicas, 1995.

ZIMERMAN, D. *Fundamentos psicanalíticos*: teoria, técnica e clínica. Porto Alegre: Artmed, 1999.

Impressão e Acabamento
Bartiragráfica
(011) 4393-2911